证券公司
数字化转型

科技从赋能到引领的探索与实践

毛宇星　沈云明　罗秋清　陆颂华　编著

清华大学出版社
北京

图书在版编目（CIP）数据

证券公司数字化转型：科技从赋能到引领的探索与实践 / 毛宇星等编著. —北京：清华大学出版社，2022.9

ISBN 978-7-302-61901-7

Ⅰ.①证…　Ⅱ.①毛…　Ⅲ.①证券公司—数字化—研究　Ⅳ.①F830.39-39

中国版本图书馆CIP数据核字（2022）第178338号

责任编辑：张　莹
封面设计：于秀坤
责任校对：王凤芝
责任印制：杨　艳

出版发行：清华大学出版社
　　　　　网　　　址：http://www.tup.com.cn，http://www.wqbook.com
　　　　　地　　　址：北京清华大学学研大厦A座　　邮　编：100084
　　　　　社 总 机：010-83470000　　邮　购：010-62786544
　　　　　投稿与读者服务：010-62776969，c-service@tup.tsinghua.edu.cn
　　　　　质量反馈：010-62772015，zhiliang@tup.tsinghua.edu.cn
印 装 者：涿州市京南印刷厂
经　　销：全国新华书店
开　　本：170mm×240mm　　印 张：19　　字　数：317千字
版　　次：2022年10月第1版　　印　次：2022年10月第1次印刷
定　　价：128.00元

产品编号：096551-01

本书编委会

主　编：毛宇星

副主编：沈云明　罗秋清　陆颂华　王　东　王晓平
　　　　任　荣

编委会其他成员

余　鸣　娄达吟　江洪捷　乐剑平　竺　涛　王安年
欧冬晨

（以下排名不分先后）：

丁　力　于　鹏　马　冰　王伟利　王征宇　王　施
王朝阳　王　媛　卢　敏　朱小明　朱诗来　刘存光
刘青竹　刘金美　刘郭洋　刘　博　刘舒婷　孙　栋
许红涛　李文珺　李　游　李　强　李鹤晨　杨亚斌
杨　兵　杨琦路　吴存松　吴保杰　余学周　邹小军
应　原　沈笑天　张连连　张　鑫　陈　亚　陈　颖
范良云　林剑青　金宗敏　姚　振　袁　康　钱志强
徐庆童　徐斌勋　高　青　黄元茂　曹叙风　崔　巍
韩　彬　鲍　清　蔚赵春　戴　斌　魏安林　魏　勇

随着各类新兴数字技术的发展与应用，我们正迎来以数据为基础、以算法为核心、以算力为支撑的数字经济时代。习近平总书记指出，数字经济具有高创新性、强渗透性、广覆盖性，不仅是新的经济增长点，而且是改造提升传统产业的支点，将成为构建现代化经济体系的重要引擎。发展数字经济，推动新一代信息技术加速创新突破，促进数字经济与实体产业融合，是我国实现高质量发展的战略选择。

近年来，证券期货行业有序推进交易系统建设、优化通信网络、强化后台设施、完善中介机构信息技术服务设施、推进公共基础设施建设、加快整合中央监管系统等重点任务。在这一过程中，证券经营机构积极拥抱数字化变革浪潮，以金融科技为抓手，全面配套数字化治理及管理，驱动业务转型升级，取得了良好的效果；金融科技在经纪业务、财富管理、风险管理、科技运营等领域的应用场景不断拓宽，助力行业合规风控能力显著提升；数字化治理体系逐渐优化，数据治理得到重视；高质量的信息技术基础设施不断夯实，行业内基础设施资源的合理共享显著加强，科技生态日趋完善。可以说，证券行业数字化转型的"四梁八柱"已基本建成。

《国民经济和社会发展第十四个五年规划和 2035 年远景目标纲要》中指出，要稳妥发展金融科技，加快金融机构数字化转型；强化监管科技运用和金融创新风险评估，探索建立创新产品纠偏和暂停机制。这为"十四五"时期证券期货业数字化转型与科技监管提出了新要求，指明了发展方向。2021 年，中国证监会科技监管局组织专业力量，开展行业科技发展顶层规划设计，编制发布了《证券期货业科技发展"十四五"规划》，该规划秉承国家"十四五"规划和 2035 年远景目标纲要的数字化发展理念，阐明了证券期货业数字化转型与科技发展的指导思想、工作原则，明确工作重点任务和举措。

目前，证券行业已步入数字化转型的深水区，依然面临着诸多挑战。比如，对于创新的研究支持力度以及落地应用转换效率仍需提升；新兴数字技术的技术标准与规范建设仍需加强；数据要素的价值有待进一步发挥；数据安全和数据治理有待进一步深化。前方山高水阔，脚下任重道远。行业核心机构和经营机构要不断在关键领域重点发力，形成加速转型的核心动力，让数字化更好地促进行业高质量、可持续发展，同时要不断叩问转型初心，坚持金融向实、科技向善。

这本由海通证券编写的《证券公司数字化转型——科技从赋能到引领的探索与实践》一书，重点讨论了证券公司在数字化转型过程中需要思考和回答的基本问题，分享了海通实践、贡献了海通经验，理论与实践并重，对整个行业具有较好的借鉴意义。海通证券作为行业数字化转型的探索者、先行者之一，是中国证券期货行业数字化建设的主要见证者和参与者，尤其在金融云、人工智能、区块链等领域起到了积极的示范效应。

希望在数字经济发展的战略机遇期，整个证券行业的科技同仁们共同努力，坚持以习近平新时代中国特色社会主义思想为指导，积极贯彻落实新发展理念，以发展金融科技为抓手，聚焦数字化能力提升，引领业务模式创新和管理模式变革。同时，不断加强开放合作，为行业数字化转型和科技发展贡献智慧和力量。

是为序。

姚前

中国证监会科技监管局局长

2022 年 3 月

习近平总书记指出，我们要坚持把科技创新摆在国家发展全局的核心位置，全面谋划科技创新工作，充分发挥科技创新的引领带动作用，努力在原始创新上取得新突破，在重要科技领域实现跨越发展，推动关键核心技术自主可控，加强创新链、产业链融合；要顺应第四次工业革命发展趋势，共同把握数字化、网络化、智能化发展机遇，共同探索新技术、新业态、新模式，探寻新的增长动能和发展路径。

"十三五"期间，人民银行提出了"打造数字央行"的宏伟蓝图，国内金融机构也纷纷提出"数字化转型"的发展战略，金融业推进数字化转型应当做好三方面的基础工作。

一是持续加大投入，保障金融科技创新的可持续发展。中国金融业已经走过了40多年的信息化发展历程，成绩有目共睹，但挑战依旧存在：新兴技术应用带来的技术风险不容忽视；金融科技可能引发的业务风险外溢仍需关注；网络信息安全、金融交易安全等形势依旧严峻。同时，数字化转型的迫切要求，需要金融机构通过科技与业务紧密协同、双轮驱动、持续发力。但发力需要底蕴，需要掌握新技术、驾驭新技术，才能更好地与金融业务相结合。因此，我们要持续加强科技投入，注重对新技术发展的跟踪与研究，推动新技术在金融业的应用落地。

二是不断深化改革，提升金融创新效能、增强自主可控能力。金融机构应当深入思考如何通过科技体制创新为科技创新营造更加良好的氛围，更加解放思想，激发科技人员的创新活力，进而为金融创新提供驱动力。创新体系是一个复杂的系统，提升创新整体效能也是一个系统工程。要坚持"引进来"和"走出去"并重，加强创新能力开放合作。创新本身是开放的，走开放创新之路是大势所趋。我们要以全球化的视野来谋划和推动创新，加快构建开放创新体系，在开放合作中提升创新的质量和效率。

三是推进"政产学研用"融合，加快专业化人才队伍培养。前沿科技的研究单位要通过与政府部门、产业合作方、高校和研究院所及金融科技应用单位开展联合创新，集聚产业界优势科技资源，推进金融业的科技创新和成果应用。只有在创新中更加注重锻炼、培养优秀的技术和业务团队，才能更好地服务于实体经济发展的需要。

党中央、国务院已经为金融业指明了方向，即大力发展普惠金融、绿色金融、服务实体经济的发展。只有牢固树立"科技引领金融创新"的理念，加强新兴技术的研究与实践，全面提升金融科技综合实力，并推进在金融服务中的场景应用，才能有效提升普惠金融的可获得性，支持绿色金融服务体系的建立，让更多的小微企业和科创企业成为金融服务的受益者，从而践行金融服务实体经济的方针指引。

证券业作为金融业的重要组成部分，证券公司的数字化转型正在日益深化。海通证券通过对自身实践的总结和思考，在证券公司数字化转型的趋势判断、通用框架构建、发展路径选择以及转型方法提炼方面都做了有益的探索和尝试，相信一定会对证券业乃至金融业同行们有所裨益、有所启发。

柴洪峰

复旦大学　教授

中国工程院院士

中国信息化百人会成员

2022 年 4 月

序 三

改革开放以来，我国资本市场从无到有、从小到大、从弱到强，机制体制不断健全，管理制度持续完善，实现了自身的跨越式发展。同时，股权分置改革顺利完成、多层次资本市场的框架基本形成，注册制改革等一系列重大措施顺利实施，资本市场发展取得了巨大成就。证券行业作为资本市场与实体经济的桥梁，迎来广阔的空间和机遇，国内证券公司也进入了高质量发展的新阶段。无论是新业务拓展、传统业务转型，还是合规风控水平提升，都将对证券公司的数字化能力提出更多、更高、更新的要求。因此，积极有效地应对行业的变化趋势，以科技驱动证券公司高质量可持续发展，加速推进数字化转型，已成为行业共识。

在三十多年的经营中，海通证券始终坚持"务实、开拓、稳健、卓越"的经营理念和"稳健乃至保守"的风险控制理念，成功度过多个市场和业务周期，各项核心业务指标持续保持行业前列。公司党委高度重视金融科技工作，长期秉承"科技引领"的发展战略，随着公司"十三五"科技发展规划的全面落地，公司科技综合实力明显增强，具体表现在以下五个方面。一是科技治理机制更加健全。由信息技术治理委员会及下属的信息技术管理办公室和数据治理办公室构成了公司"一委两办"的科技决策层架构。二是科技组织架构更加完善。公司调整建立了金融科技部、软件开发中心、数据中心的"一部两中心"新架构，推动科技走专业化发展方向。三是科技制度和风控体系更加完备。办法、细则、手册三级科技制度体系涵盖了科技工作的各个领域，科技、合规、稽核三道科技风险防控体系也基本建成。四是科技基础设施不断夯实。历时五年建设，海通证券自建的张江科技园区正式启用，标志着公司科技基础设施达到了行业领先水平。五是科技赋能业务成效日益显著。零售、机构、投行、投资、资管、自营等前台业务已全面实现数字化,运营、数据、技术中台日臻成熟,财务、人力、办公管理的集约化、智能化程度不断提升。海通证券已逐步实现从行业金融科技的"跟跑者"到"并跑者"再到局部"领跑者"的巨大转变,成为行业数字化转型的探索者、先行者之一。

为了全面总结在数字化转型过程中的成果和经验,更好推动公司"十四五"科技发展规划的实施落地,海通证券科技部门组织编写了本书。我觉得本书有以下三个特点。一是新。目前行业证券公司还没有出版过类似数字化方面的著作,对我们来讲也是一次全新的挑战和尝试。二是全。本书对数字化转型的讨论比较全面,基本覆盖了证券公司从业务到管理,从前台到中后台,从总部到分子公司的方方面面。三是实。本书不仅对行业金融科技发展的现状、趋势做了总结提炼,更可贵的是提供了大量海通实践的一手案例,可谓是真材实料,这也许对行业来讲更有参考价值。

作为新生事物,本书肯定会有这样或那样的不完美,但科技部门这种勇于尝试和乐于分享的精神是值得鼓励和肯定的。也希望更多行业同仁一起,为中国证券行业科技水平的提升携手努力,为中国证券公司实现高质量发展做出更大的贡献。

周杰

海通证券股份有限公司董事长

2022 年 3 月

中国证券行业从发展之初，就深度依赖信息技术。近年来，人工智能、大数据等新兴技术的蓬勃发展和场景应用的深入，给行业的业务发展和经营管理带来了深刻的变化。深化金融科技应用与数据价值发挥，加速推进行业数字化转型已成为实现行业高质量发展的重要驱动力。

数字化转型是数据和数字技术双轮驱动的战略性变革，其核心是业务转型，最终目标是创建新的商业模式、变革和优化企业的管理手段、提升客户体验和创造更多社会价值。

过去几年，海通证券以公司"集团化、国际化、信息化"战略为核心，以"统一管理、自主可控、融合业务、引领发展"科技发展思想为指引，基本建成了数字海通的"四梁八柱"，主要体现在以下四个方面。

第一，强化治理，打造数字海通创新之源。

公司在行业中首创了"一委两办"的数字化转型决策架构，实现信息技术工作和数字化转型工作的统一管理和协同推进。同时，公司还优化了科技执行层面的组织架构，首家成立了"一部两中心"（金融科技部、软件开发中心、数据中心）组织架构，推动科技管理、研发、运维向专业化方向发展。2021年公司还首批通过 TMMi 3 级国际认证，成为当时唯一同时拥有 ISO 20000、ISO 27001、CMMI 3 级、TMMi 3 级四大国际权威认证的证券公司，标志着海通证券科技建设进入标准化、流程化、规范化发展的新阶段。

第二，夯实底座，打造数字海通发展之基。

硬件方面，行业规模领先、设施先进、管理智能的张江科技园区于 2021 年正式投产运营，其中，数据中心按照国内最高等级机房标准和国际最新绿色机房标准建设，可容纳 3 000 多个标准机柜，是目前证券公司中唯一一家通过国际权威 LEED V4 金级认证的数据中心。

软件方面，2016 年公司在行业中率先提出了混合金融云战略，根据"开源开放、化繁为简、敏捷交付"的规划目标，打造了行业首个安全可控的混合金融云平台"e 海智云"。目前，"e 海智云"总节点数超过 400 个，资源交付时间小于 2 分钟，规模和技术均保持行业领先。

同时，公司还打造了企业级智能运维平台"e 海智维"，对超过 5 000 台设备、近 200 套信息系统进行主动监控，日收集数据超过 1TB，生产事件主动发现率达到近 90%，配置自动化脚本超过 7 万个，例行作业自动化率超过 95%。

第三，构建中台，打造数字海通支撑之纽。

首先，公司 2017 年在行业中率先启动了新一代核心交易系统自主研发工作。该系统基于"分布式、全内存、高并发、低延迟"技术架构，支持灵活部署方式和水平扩展能力，快速迭代，端到端交易延迟从毫秒级提升至微秒级，委托并发处理能力从 6 000 笔 / 秒提升至单节点 20 000 笔 / 秒，有效提高了业务处理能力，大幅提升了整体性能。

其次，公司基于"1+3+N"大数据战略，打造了一体化、安全可控的企业级数据中台。目前，该平台已构建主体、账户、资产、交易、产品、合同、公共、渠道等八大基础数据模型和汇总数据的企业"数据湖"。基于数据管控平台，海通证券加强数据和元数据的质量管理，从完整性、准确性、合理性、一致性、及时性 5 个维度，生成了十二大类，超过 7 000 个校验规则；推出统一企业级资讯平台，实现 300 余张资讯数据表的推送，可提供 130 多个资讯数据的 API 服务。

再次，公司打造了行业领先的企业级人工智能平台。依托大数据平台，该平台提供一站式机器学习服务，涵盖数据输入、特征工程、机器学习、深度学习、图计算、可视化、模型评估等完整领域，在产品智能推荐、资产风险预警、可疑交易智能监测等方面应用落地。在此基础上，公司还建立了汇集 1.4 亿家企业及个人工商户、100 多个维度的实时动态全量数据平台"e 海智信"，全面支持客户身份识别，支持通过股权关系、受益所有人关系、事件关系、疑似关系等进行关联穿透查询。

最后，公司还建设了行业领先的企业级区块链金融平台。该平台同时对接了中国证券业协会联盟链、上证链等联盟链，涵盖了网上开户、股票质押、积分商城、资管直销、基金托管、App 隐私协议、应用系统日志等多个业务场景，日均上链 3 万笔，上链数据超过 1 000 万条，公司也成为行业首家区块链通过中国电子技术标准化研究院测评的证券公司。

第四，全面赋能，打造数字海通业务之本。

财富管理转型赋能方面，坚持零售业务"线上化、智能化"的战略方向，不断提升自主研发的"e海通财"品牌影响力，App和PC端月均平台活跃数超575万户，线上交易占比超过99.4%，各项指标均保持行业领先；在行业内率先建立统一的企业级资讯中心，先后推出个股诊股、资讯推荐、语音播报、科创专区、首席分析师直播、通财学院等多种资讯服务功能；持续深化智能服务能力，先后推出智能选股、智能盯盘、智能图谱、预约打新多项智能推送服务以及自主研发的智能搜索引擎，实现对非结构化数据以及图表的智能检索。

机构化转型赋能方面，公司围绕客户机构化趋势，以客户为中心构筑一体化服务生态。为专业机构投资者提供了自主研发的"e海方舟"一站式智能交易平台，集高可靠行情、高可靠交易、组合交易、ETF套利、策略交易、算法交易、量化交易、风控管理等功能服务于一体，支持TWAP、VWAP、POV等多种交易算法，2020年累计交易金额近1.4万亿元，持续位居行业前列；聚焦机构客户综合金融服务需求，整合集团业务链资源以及服务优势，打造一站式机构综合金融服务平台"e海通达"。目前，该平台已涵盖研究、融券、大宗交易、资讯、托管等服务，投产以来注册用户已超2 600户，融券业务成交金额累计超过162亿元。

投行业务转型赋能方面，公司根据对大投行业务条线信息化建设的统一规划，实现了对所有投行项目的全周期电子化管理，改变了原有的以纸质底稿为主的业务模式，全面实现底稿电子化，为投行业务快速增长提供了强有力的支持。同时，公司还打造了拥有多项发明专利的金融文本智能处理平台，在格式文档解析、文本再生、智能复核等方面实现创新，应用延伸到写、读、查、审等文档处理全周期，形成较好的示范效应。

智慧财务平台建设方面，公司推动财务管理从核算型向管理型转变，实现财务职能向价值创造转型。公司建设的网报系统和智能商旅平台，支持票据扫描、网络报销、银企直联、一键打卡等功能，有效赋能分支机构改革转型和财务集中；公司建设的业财管理系统通过细化预算管理，优化经营成本分摊方式，提高成本管理效率，同时加强考核数据管理，实现绩效管理指标自动计算，支持经营决策；公司建设的智能财务报表，能够实时展示经营情况、税务筹划、网报动态等信息，为决策者提供更为直观、及时的财务数据支持。

合规风控管理方面，按照"集团化、准实时、全覆盖"的建设目标，公司建立了统一风险管理门户，推进风险数据集市的集团级数据整合，对集团内同一客户进行识别与管理，系统 T+1 自动生成境内外子公司风险报表及指标，落地 16 个面向不同行业、自然人的内部评级模型，实现集团信用风险的授信管理、评级计算、违约管理、风险监测与预警等功能。

为了系统地总结多年来海通证券在数字化转型方面的成果和经验，我们组织编写了这本有关证券公司数字化转型的著作。这本书理论和实践结合非常紧密，案例分享更翔实、具体，全面聚焦证券公司的业务和管理。

本书前瞻性地提出了证券公司数字化转型的通用体系框架，并以此为指引，逐层分解、逐篇展开，全书共分为 4 篇 18 章。第 1 篇（第 1~4 章）为规划蓝图篇，介绍了证券公司数字化转型的背景、转型顶层设计框架以及转型的保障机制。第 2 篇（第 5~9 章）为数智底座篇，围绕信息技术基础设施、大数据平台、人工智能平台、区块链平台等领域，介绍了证券公司数字化转型的底层基础能力建设。第 3 篇（第 10~13 章）为业务赋能篇，阐述数字化能力如何为财富管理、机构客户服务、投行投资、资产管理等业务领域的转型赋能。第 4 篇（第 14~18 章）为管理提升篇，介绍如何通过数字化转型提升证券公司的管理能力。这些管理领域涉及业务运营管理、财务管理、办公协同管理、合规与风险管理、科技管理以及网络与信息安全管理。

本书的编写过程中，得到了行业领导、专家以及公司管理层和业务部门同事的大力支持，他们在百忙之中，不仅提供了自身多年积累的经验体会，还提出许多中肯而富有建设性的意见，我们深受启发、受益匪浅。同时，我们也要特别感谢清华大学出版社的各位编辑和相关工作人员，是他们的专业和敬业使得这本书面貌一新，并在最短的时间内得以与大家见面。

最后，虽然本书编委会全体成员尽了最大的努力，反复地推敲和打磨，由于受到认识水平和实践经验所限，书中难免存在不足之处，恳请广大读者尤其行业同仁不吝赐教，我们也将认真研究，并在后续版本中不断完善。

毛宇星

海通证券副总经理兼首席信息官

2022 年 3 月

数智底座篇

业务赋能篇

规划蓝图篇

第1章
中国证券公司的发展历程

资本市场与证券行业是市场经济发展的必然产物，实现了资金融通、价格发现、资本配置、风险分散等功能。经过三十多年的探索和发展，中国多层次资本市场的基础框架已经形成，证券行业也逐渐进入高质量发展的新阶段。在全面深化改革、加快转型升级的新形势下，资本市场与证券行业的重要作用必将进一步发挥。

证券公司既是资本市场重要的中介服务机构，也是市场中重要的机构投资者。虽然在发展初期，证券公司的数量激增，业务量不断增加，引发了一系列问题，但随着综合治理的有序开展和监管措施的不断完善，行业的规范化运作水平不断提升，行业机构的展业更加规范，投资者权益得到有效保护。证券行业经历了探索和规范化，逐渐进入高质量发展的新阶段。

总体来说，资本市场作为证券公司开展服务的主战场，前景广阔、潜力巨大，证券公司的发展必然以资本市场的发展为依托，也将迎来良好的发展机遇。而证券公司的数字化转型，必然与资本市场的发展相辅相成。

本章从介绍证券行业的发展历程入手，简述了每一阶段行业发生的标志性事件及其影响。之后，以海通证券为例，介绍了其在行业发展每个阶段的主要历程。本章的最后将分析证券公司发展的未来趋势。

1.1 证券公司发展的三个阶段

在中国证券监督管理委员会（以下简称"中国证监会"）编著的《中国资本市场三十年》一书中，我国证券公司的发展被大致分为三个阶段：1987年至

2003 年为早期设立与清理规范阶段；2004 年至 2007 年为综合治理与风险处置阶段；2008 年后，证券行业进入了规范创新与高质量发展阶段。

早期设立与清理规范（1987 年至 2003 年）

证券公司的发展必然以资本市场的发展为依托，从总体上看，中国资本市场的萌生源于中国经济转轨过程中企业的内生需求和公众对可支配收入管理的需要。在发展初期，市场处于一种自我演进且规范性相对不足的状态，各方对资本市场的发展在认识上也存在一定的分歧。党中央、国务院从经济社会发展全局和改革开放大局出发，明确了发展资本市场的战略意义，为其发展和壮大破除了思想障碍，也为其改革发展指明了方向。

作为资本市场的主要中介机构，证券公司在资本市场的运行中发挥着重要作用，它既是投融资服务的提供者，也是市场重要的机构投资者。

1987 年，我国第一家专业性证券公司——深圳特区证券公司成立。此后几年，在证券经营业态上，混业经营的特征比较明显，兼营证券业务的机构和专门经营证券业务的证券公司并行存在。1995 年，我国第一部《商业银行法》的颁布，对银证混业经营做了明确的规定。1997 年，中国金融体系进一步确定了银行业、证券业和保险业分业经营、分业管理的原则。1998 年，中国人民银行对证券经营机构的监管职能被划入中国证监会。

1998 年以前，证券公司得到了快速的发展。1992 年国泰证券、华夏证券和南方证券这三大证券公司的成立标志着全国性证券公司开始兴起。20 世纪 90 年代中期，国家对银行、证券分业经营的要求推动了证券行业的大规模重组，超过 760 家证券营业部与银行等原有母体脱钩，并入证券公司或信托管理公司。截至 1998 年年末，国内共有证券公司 90 家，证券营业部超过 2 400 家。

在快速发展的同时，证券行业积累的一些问题也逐渐暴露。部分证券公司挪用客户交易结算资金、账外经营等问题制约了资本市场的健康发展，也引起了有关部门的重视。

1999 年，中国证监会明确了对证券公司监管的要求，规定了经纪类证券公司和综合类证券公司的最低注册资本要求，制定了证券公司管理、客户资金监控、内部控制等工作的管理办法，也加强了审计和监管。此后，规范发展成为了行业发展的主旋律。

综合治理与风险处置（2004 年至 2007 年）

从 2001 年开始，中国的资本市场进入了连续 4 年的调整阶段，沪深股市大幅下挫，新股发行和上市公司再融资难度加大。在这样的市场环境下，证券公司的经营业绩受到了较大影响，行业出现了连续 4 年的总体亏损。

为积极推进资本市场改革开放和稳定发展，国务院于 2004 年 1 月发布《关于推进资本市场改革开放和稳定发展的若干意见》（简称"国九条"），首次就发展资本市场的作用、指导思想和任务进行了全面明确的阐述，对发展资本市场的政策措施进行了整体部署，将发展中国资本市场提升到国家战略任务的高度。"国九条"的发布，标志着证券行业进入综合治理阶段。

综合治理给证券公司经营带来了积极的变化。一方面，证券公司的历史遗留风险被彻底化解，财务状况明显改善，合规经营意识不断加强，风险管理能力显著提高；另一方面，对证券公司的监管法规和制度逐步完善，资本市场基础性制度的改革取得了实质性进展，日常监管、市场退出和投资者保护的长效机制初步形成，监管的有效性、针对性明显增强。综合治理为证券公司实现从"站起来"到"大起来"夯实了基本盘，也让其逐渐步入了良性发展的轨道。

2005 年起，为解决困扰中国资本市场多年而启动的股权分置改革有序推进，A 股市场逐渐进入"全流通"时代，为实现市场化定价和股市长远发展奠定了坚实的基础，也给证券公司的进一步发展创造了良好的外部环境。

规范创新与高质量发展（2008 年至今）

这一阶段，行业创新业务扎实开展，行业经营机构的业务范围不断扩大。在传统经纪业务、股票承销和证券自营等业务的基础上，证券公司可以开展报价回购、约定式购回、私募股权投资、融资融券、股票质押式回购等业务。随着创新业务的不断扩展和其占收入比重的持续增加，证券公司的收入结构得到有效优化，这也一定程度上改变了原先证券公司对资本市场行情过度依赖的窘境。

我国资本市场与境外市场双向打通的步伐进一步加快，国际影响力明显增加。2014 年 11 月"沪港通"正式开通，交易标的数量从 2014 年的北向沪股通596 个和南向港股通 273 个扩大至 2020 年的北向 963 个和南向 325 个。深港通于 2016 年 12 月启动，交易标的数量从 2016 年的北向深股通 881 个和南向港股通 417 个扩大至 2020 年的北向 1 347 个和南向 498 个。继"沪港通""深港通"前期实践后,"沪伦通""债券通"又进一步为我国资本市场和境外市场建立了连接渠道。

行业监管部门赋能证券经营机构高质量发展的力度进一步加大。2009 年,中国证监会发布《证券公司分类监管规定》,确立分类监管的框架和指标体系,引导证券经营机构突出主业、发掘特色;同时,提升风险管理能力。2014 年,中国证监会印发《关于进一步推进证券经营机构创新发展的意见》,从建设现代投资银行、支持业务产品创新、推进监管转型三个方面明确了推进证券经营机构创新发展的主要任务和具体措施。

多层次资本市场体系日益完善。2019 年 7 月,科创板并试点注册制改革顺利实施,一批具有关键核心技术的企业在科创板上市。2020 年 7 月,新三板改革进一步深化,在新三板中新设立"精选层",并允许符合条件的"精选层"公司转板上市,形成新三板"基础层—创新层—精选层"的梯次结构;同年 8 月,创业板改革并试点注册制正式落地,支持传统产业与新技术、新产业、新业态、新模式深度融合。

在这样的行业背景下,证券公司的综合实力显著提升,截至 2020 年年末,我国共有证券公司 138 家,总资产近 9 万亿元。2020 年,证券行业实现营业收入 4 484.79 亿元,实现净利润 1 575.34 亿元(数据来源:中国证券业协会)。

1.2　行稳致远、由大到强的海通证券

在三十多年的经营中,海通证券是中国境内 20 世纪 80 年代成立的证券公司中唯一一家至今仍在营运并且未更名、未被政府注资且未被收购重组过的大型证券公司。海通证券伴随着国家改革开放的历程,抓住了每一个转瞬即逝的机遇,跨过了站起来、大起来的阶段,取得了令人骄傲的成就,在综合实力、业务覆盖、团队能力、科技发展等各方面都位于行业"第一梯队"。秉承行稳致远的理念,海通证券经历了从"建起来"到"站起来"(如图 1-1),再到"大起来"的发展阶段,正满怀信心地迈向"强起来"的新征程。

1988 年,海通证券成立于上海,当时公司的名称为上海海通证券公司,注册资本为人民币 1 000 万元。1994 年,海通证券改制并发展成全国性的证券公司,

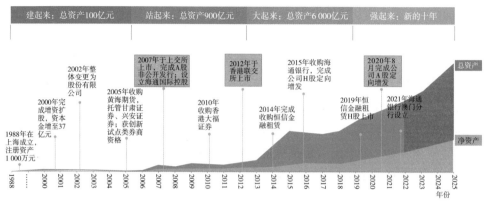

图1-1 海通证券从"建起来"到"强起来"

意味着其进入了全面、高速的发展阶段,为后续"大起来""强起来"打下了扎实的基础。2002年初,海通证券整体改制为股份有限公司。同年,在完成增资扩股后,其注册资本金增至87.34亿元,成为当时国内证券行业中资本规模最大的综合性证券公司。

在行业的综合治理与风险处置阶段,海通证券抓住证券市场创新的机遇,不断深化改革,加快创新,从"站起来"的阶段逐步迈向"大起来"的阶段。2005年,海通证券成功托管甘肃证券和兴安证券,经营规模和客户群体得到有效扩展;同年,被批准为创新试点类证券公司。2007年,海通证券在上海证券交易所挂牌上市并完成定向增发。

2010年,海通证券成功收购香港本地老牌券商——大福证券,并将其更名为海通国际证券。通过收购,海通证券不仅深化了在港的业务布局,拓展了金融服务链条,还为后续的国际化发展打下坚实的基础。

党的十八大以来,海通证券抓住了历史机遇,经过深耕细作,逐步完善了集团化、国际化、信息化的战略布局,基本建成涵盖证券期货经纪、投行、自营、资产管理、私募股权投资、另类投资、融资租赁、境外银行等多个业务领域的金融服务集团,核心经营指标稳步提升。一是2014年至2020年期间,累计实现营业收入2 091亿元,归母净利润658亿元,分别达到了公司1988年成立以来至2013年累计25年的营业收入和归母净利润的2.5倍和2.2倍。二是核心收入构成持续优化,"十三五"期间费类收入以及利息净收入较2014年之前的"十二五"平均水平接近翻番。三是通过完成200亿元定向增发,母公司的资本实力进一步夯实。四是大投行业务紧抓历史机遇,打造行业领先的专业化全能投行品牌。五是持续深化财富管理转型，打造差异化的财富管理服务品牌，建立了覆盖全目标客群的客户服务体系。六是资管业务管理规模不断扩大，主动管理能力显著增强。七是机构服务与交易能力明显提升，积极构建本金投资和资本中介双轮驱动的业务体系。八是集团化战略实施进入收获期。集团子公司归母净利润的占比从2015年的23%逐步上升，2020年达到历史最高的42%。九是稳健发展，搭建了覆盖全公司的风险管理体系，建立了风险隔离机制和预防机制；通过不断完善独立、集中化的内部审计及合规体系，合规管理进入全覆盖、多维度、实质性管控阶段。十是数字化转型全面起航，数字海通1.0的"四梁八柱"基本建成，科技投入和综合实力明显提升，已成为行业数字化转型的探索者和先行者之一。

1.3 证券公司发展的未来趋势

行业迎来广阔的发展机遇

证券公司的高质量发展离不开行业发展的大趋势。在中国经济高质量转型和资本市场持续发展的过程中，经济结构不断优化、现代化经济体系加速建设、国家战略持续推进、金融改革逐步深化、市场及客户需求朝着多元化发展，证券行业作为资本市场与实体经济的桥梁，迎来了广阔的空间和机遇。

机遇一：中国经济发展的"转方式、调结构"步伐正在加快

党的十九大对今后的改革发展和现代化建设做出了新的战略部署，随着中国经济进入高质量发展阶段，经济发展的目标将从总量扩张向结构优化转变，经济增长由劳动力驱动转向资本与创新驱动。同时，在"去杠杆"等经济导向性政策的大背景下，防范化解金融风险的能力不断增强，金融资源配置效率得到提升。在经济结构优化发展的过程中，中国经济总量必将跃上新台阶，资本市场必将发挥更大的作用，为证券行业未来发展打开空间。

机遇二：现代化经济体系基本建立

现代化经济体系建设以"创新、协调、绿色、开放、共享"的新发展理念为指引，以大力发展实体经济为核心，深化供给侧改革，加快实施创新驱动战略，着力发展开放型经济、深化经济体制改革。在现代化经济体系建设进程中，对于证券行业的大力整顿及风险防范将为行业的创新与发展奠定基础。

机遇三：国家战略稳步推进

"一带一路"等国家倡议的持续推进将进一步加速中国企业的国际化进程，这需要既有本土经验又有国际视野的金融机构提供全方位的金融服务。近年来，中国企业对外直接投资及并购数量和金额不断增长，境外投融资需求持续扩大，跨境业务不断增长，证券行业将拥抱更广阔的市场机遇。同时，国内金融服务提供者将更直接地与境外同业形成广泛竞争，未来中国证券业必将基于更加国际化的视角完成蜕变与成长。

机遇四：金融改革不断深化

在多层次资本市场体系中，沪深交易所、新三板市场、区域股权市场、场外柜台市场等相辅相成、有序衔接。随着科创板持续发展与注册制在创业板中推行，中介机构职责、投资者结构、退市机制等一整套制度体系有望在改革中日益健全，直接融资比重将进一步提高，多层次资本市场的改革大幕已经拉开，资本市场对内全面深化改革、对外加速开放的双主线日渐明晰，为证券公司业务发展提供了机遇。另外，依法、从严、全面的监管环境强化了证券公司全面合规与风险管理体系的建设，为证券公司的持续发展夯实了基础，创造了条件。

机遇五：市场需求多元发展

一方面，不断积累的居民财富将持续催生大量对各类金融产品的强烈需求。根据社科院的统计，2020年年末中国居民财富总量达549万亿元，居民财富年复合增长率为12.38%，预示对金融产品的需求具有较大的成长空间。另一方面，随着我国经济社会的持续发展，企业客户的不断发展壮大正驱动着综合多元金融服务的需求。同时，各种前沿技术的发展应用也为传统业务升级及新兴业务发展提供了机遇。

证券公司高质量发展的主要趋势

中国经济正处在新旧动能的转换过程，旧经济模式正在逐渐失效，新经济模式的动能增量尚显不足，正在进一步寻求新的发展引擎。在这样的背景下，证券公司的经营环境也正在发生深刻的变化。受行业监管持续向"建制度、不干预、零容忍"方向推进、金融互联网迅猛发展、资管新规实施等因素的影响，证券公司的盈利基础和行业生态正在加速转变；外资投行牌照放开引发的鲶鱼效应以及商业银行券商牌照的试点可能会打破中国资本市场的竞争格局。而实体经济和客户对证券公司提供金融产品、金融服务需求的日益多元化与证券公司现有供给能力、供给模式之间的不平衡问题依然突出。证券行业内的竞争将步入专业化和差异化时代。

这些经营环境的变化都要求国内证券公司能够居安思危，根据自身特点进一步明确发展战略，不断提升公司的核心竞争力，以应对日趋复杂的市场环境。笔者认为，立足当下看未来，中国证券公司的发展需要顺应以下六个方面的趋势。

趋势一：从通道型中介向资本型中介转型

无论是从国际投行的发展轨迹看，还是从国内综合性大型证券公司正在推进的举措看，通道型中介向资本型中介的转向已是大势所趋，也是国内证券公司走向国际投资银行市场的必由之路。随着牌照的日益放开以及互联网证券等业态的兴起，证券行业当前以通道型中介业务收入为主体的盈利模式将逐渐向基于资本优势、客户基础以及专业服务能力的资本型中介模式转型，证券公司已经进入重资本型业务与轻资本型业务深度融合的发展阶段，以更好地满足客户多元化的金融需求、服务实体经济。

趋势二：从以业务为中心转向以客户为中心

在证券公司以交易通道为核心、基于牌照及业务资格优势的传统盈利模式逐渐难以为继的同时，与资本市场和证券公司一同成长的客户，也在自身专业能力、议价能力持续提升的过程中，衍生出更为综合化、多元化以及个性化的需求。面对市场环境、竞争格局的变革，客户资源的竞争必将日趋白热化，以客户为中心的服务体系将成为现代投资银行构建差异化竞争优势、取得行业领先地位的核心基石之一。

趋势三：客户结构从以散户为主到逐步机构化

当前，证券公司正面对着日益膨胀、空间巨大的资产管理与财富管理市场。一方面，国内可投资金融资产规模伴随社会经济的高速增长迅速提升；另一方面，作为中国资本市场走向成熟的必然趋势，散户机构化将为资产管理与财富管理市场引入大量的资金，并激发出更多的客户需求。此外，中国资本市场的国际化进程将衍生出大量跨境资产管理与财富管理的综合服务需求。而在资产管理与财富管理市场中，证券公司还要面对来自银行、保险、信托、基金公司等金融机构的激烈竞争。若想在偌大的市场中分一杯羹，作为资产管理核心竞争力的主动管理能力和产品设计能力亟须提高。

趋势四：应对市场从以境内为主转向境内外联动发展

在国家战略和政策的引导以及资本市场双向开放、资本配置国际化进程加速、客户跨境投融资需求增强等多方因素推动下，市场和客户从境内向境外的延伸将极大推动证券公司业务发展的国际化进程，为满足客户全球综合金融服务需求，跨境联动将日益深入。如何更好地推动境内外联动发展将成为证券公司未来国际化战略布局的又一难点。

值得一提的是，自 2020 年 4 月 1 日起，证券公司外资股比限制正式取消，此后，国外资本加快了在中国证券业布局的步伐。2020 年年末，国际投行巨头高盛率先启动程序，收购其在华合资公司高盛高华证券 100% 的股权。此外，还有多家合资券商的外方股东公开表态，将谋求 100% 持股。然而，面对外部挑战，以证券公司为代表的国内传统金融机构，存在内生性创新不足、产品与服务同质化等问题。因此，必须开辟新的发展路径进行转型发展。

趋势五：行业合规与风险管理的要求更细更严

合规与风险管理是证券公司业务持续发展的支柱和基石。近年来，随着各项证券业务资格的放开，各家证券公司集团化、国际化战略的不断推进，再加上客户各类综合化金融服务需求的不断延伸，证券公司业务在产品种类、服务模式、地域覆盖等各方面的复杂程度显著提升。中央经济工作会议明确提出防范化解金融风险的工作要求，"依法、从严、全面"监管已成为中国资本市场的主旋律。《证券公司全面风险管理规范》《证券期货投资者适当性管理办法》《证券基金经营机构信息技术管理办法》等法规纷纷颁布，各级监管机构基于各种前沿技术丰富金融监管手段，强化监管科技应用实践，对于跨行业、跨市场交叉性金融风险的甄别、防范和化解能力的重视达到前所未有的高度，也对证券公司的合规与风险管理能力提出更高要求。

趋势六：新兴技术正加速推进证券行业的数字化转型

无论是面向客户服务的业务发展和转型，还是合规与风险管理等中后台职能管控效率的提升，都需要打造强大的科技能力，实现科技从服务业务向推动业务和引领业务的转变。移动互联、大数据和人工智能等新兴数字技术，将不断重构证券行业发展的引擎，加速推动证券行业数字化进程。而应用好这些数字技术，并使之成为公司数字化转型的重要推手，无疑是证券公司在其改革转型过程中的一项关键举措。

第 2 章
数字化转型进入全面加速期

对证券行业来说，推动数字化转型是证券公司应对发展挑战、提升竞争力的必要手段。本章将从全局角度、历史角度，就证券公司数字化转型的基本问题展开讨论。

数字化从诞生之日起就伴随着行业的发展。过去的三十多年，国内证券公司通过科技发展，实现从手工处理到全面电子化、从分散处理到运营集中化、从线下交易到全面线上化的三大跨越。本章首先就上述的三大跨越分别进行介绍；之后结合相关文献和证券公司自身的转型实践，对数字化转型的相关概念、数字化转型的内涵特征进行总结和提炼；并分析进入行业高质量发展的新阶段后，数字化转型内外部的重要驱动力。

2.1　三次历史跨越奠定坚实基础

在三十多年的历程中，笔者认为证券公司的科技发展主要经历了四个阶段（如图 2-1），实现了三大跨越，在每个阶段都有标志性业务或管理创新，以及支持这些创新的核心数字技术，为证券公司数字化转型全面加速奠定了基础。

2000 年以前，证券公司的业务办理实现了全面的电子化。2000 年至 2012 年，行业的数据处理从分散走向集中，实现了交易柜台、资金管理、业务运营和财务处理的集中。2012 年至 2015 年，随着移动互联网技术的日益成熟，线下交易开始迈向全面线上化。

2015 年以后，人工智能、大数据、区块链等技术的兴起，进一步推动了证券公司业务创新和管理变革，行业开始进入全面拥抱数字化转型的重要机遇期。

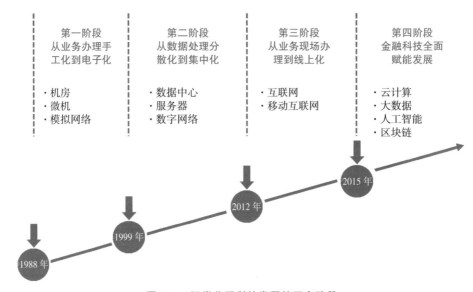

图 2-1 证券公司科技发展的四个阶段

第一次跨越：从手工处理到全面电子化

中国证券行业从发展初期开始，就深度依赖信息技术。行业核心机构通过引入电脑撮合系统、卫星广播行情系统等技术手段来提高市场效率，奠定了中国证券市场无纸化交易的基础和电子化的方向；证券经营机构通过柜台交易系统化，实现了全行业证券交易客户端在资金存取、委托下单、对账查询等各个环节的电子智能化、远程自动化和虚拟无纸化。

1. 实现交易撮合电子化

三十多年前，国际上通用的证券交易模式有三种，分别为口头竞价、书面报单（也称作写板报单），以及刚刚兴起的电子计算机交易或者计算机辅助交易。

20 世纪 80 年代中后期中国资本市场刚起步时，股票交易主要依赖场外柜台模式，完全依靠"人 + 算盘"的手工作业完成。具体做法是通过白板手写报价进行撮合，并由柜台人员手工记录交易台账。股票交易的资金通过现金收付，并通过在纸质的股票凭证上背书，来完成股票过户的操作。这种一个个割裂的小规模市场信息沟通不畅，市场的公平性和交易效率无法得到有效保障。

随着上海证券交易所（简称"上交所"）、深圳证券交易所（简称"深交所"）相继设立，证券交易模式从场外柜台交易走向场内集中撮合。沪深交易所在筹办之初，便将通过计算机自动撮合配对进行交易规划作为开业后主要的交易模式。上海证券交易所在筹办时，便选择摒弃国外沿用了百年的口头竞价与书面报单的交易模式，依靠国内技术团队，在全球率先启用计算机撮合系统，成为世界上第一家开业便直接采用计算机自动撮合配对系统进行证券交易的交易所。深圳证券交易所筹建资料汇编中，便已完整收入了未来深圳证券交易所拟采用的计算机辅助交易规则，开业后不久，深交所的自动撮合系统就正式上线，并推出了全球首创的无形席位。1992 年 5 月，深交所与深圳同城的证券公司营业部之间搭建起了国内第一个 64Kbps 的数字网络，通过自动报单系统，营业部可以利用网络直接将股民的股票委托报到交易所的撮合系统里。

沪、深交易所的计算机交易系统建设为行业发展奠定了技术基础，也在行业的科技发展领域起到了示范的作用。同一时期，证券公司也在尝试通过信息化的手段解决柜台交易过程中过多的手工操作流程导致交易效率低下等问题。

1991 年年底，深圳国投证券部上线第一版柜台交易系统，尽管这个采用了局域网技术的柜台交易系统在现在看来很简陋，但是它帮助重构了业务流程，结束了报单员先前高强度、标准化程度不足的状态，有效解决了当时交易过程中的效率问题。不久，作为行业核心机构的深圳证券登记公司（后并入深交所）组织几家证券公司的技术人员，在深圳国投第一版柜台系统基础上快速开发了一套通用版柜台交易系统，并使其成为能被其他证券公司使用的电子交易系统。这套系统成了部分证券公司的第一套电子化交易系统。

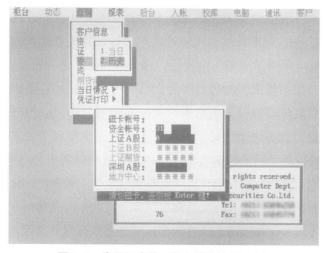

图 2-2　海通证券第一代交易系统 HTACC

也正是在 1991 年年末至 1992 年年初，海通证券自主研发的第一代交易系统先后在 6 家营业部投产使用，这套计算机系统能够记录、管理客户的交易和证券持仓，海通证券也因此迈出了证券交易电子化的第一步。图 2-2 展示了海通证券的第一代交易系统。

2. 提升交易撮合效能

首先，是推进"无纸化"交易的创新模式。在沪、深两个交易所成立之初，使用的仍是实物股票。1991 年年初，实物股票的使用就已经难以为继——因为实物股票的交收需要极为烦琐的手工操作，即使当时采用的是"T+4"交易制度（即当天买入的股票在 4 个交易日后才能卖出），股票的交收有时也不能按时完成。为有效改善交易效率，无纸化交易开始在沪、深两地正式启动。1991 年 4 月，上交所推出的电子化股票账户为淘汰实物形态的股票凭证打下了基础。股民只要在上交所开设一个股票账户，股票过户等操作便可以通过计算机完成，免去了以前冗长的实物凭证交收过程。不久之后，上交所出台了"没有股票账户的股民不能在交易所里交易"的相关规定，并设法收回了散落在股民手里的实物股票。至此，资本市场"无纸化"交易的创新模式正式落地。

其次，是拓展交易渠道，解决股民报单难题。虽然交易所的自动撮合系统与自动报盘系统通过采用电信分组交换网等技术手段，解决了交易所与证券营业部系统对接效率的瓶颈，让跨省异地交易的全链路延时达到秒级，但证券营业部柜台与股民的交互效率仍旧不高。当时，股民有时甚至需要半夜去营业部排队，才能在第二天买卖股票。当时，证券公司的每个营业部最多仅有 8 个至 10 个柜台，而每个柜台每天最多只能完成 200 个客户的报单，远远无法满足市场的需求。1992 年，行业开始启用通过电话进行证券委托买卖的模式，股民的买卖委托指令被"翻译"成数字信号后，直接进入证券公司营业部的报盘系统，然后再由证券公司对接交易所进行撮合交易。电话委托与自动报盘的交易模式巩固了使用无形席位进行交易的机制，让证券公司与登记公司之间通过磁盘传递数据成为历史，也解决了股民只有去证券公司的营业部柜台才可以买卖股票的问题，极大地提高了股票买卖的便捷性和股票交易的效率。

最后，是持续优化技术系统，提升交易撮合效率。随着沪、深交易所在 1993 年分别完成基于当时领先技术的交易系统切换，行业核心机构的交易撮合性能明显提升。深交所的天腾系统在上线当天交易成交笔数超过 9 万笔，创深市开市以来的最高纪录；上交所也在 1996 年经受住了每天 360 万笔交易的考验。

3. 转变行情通信手段

虽然在 1992 年前后，上海证券交易所的会员单位已经将营业部开设到全国各地，但当时完全依赖长途电话线路传送股市行情的模式，对不在交易所所在城市的股民来说，不仅会出现行情滞后，有时甚至会出现行情接收不到的情况。

因此，优化行情接收模式，逐渐实现对当时相对落后通信手段的替换也迫在眉睫，而采用卫星通信的方式成为替换当初通信手段的主要方案。1993 年 4 月，深交所和上交所的单向卫星站先后开始向异地广播实时行情和成交数据，证券公司只需要在营业部建一个卫星小站便能够接收实时行情，由卫星构成的天网也逐渐成为证券行业的主要通信网络，而原先使用的地面通信网络被用作备份网络。不久之后，双向卫星站又在国内广泛推广，地域差异带来的行情接收延时等问题得到有效解决。

4. 支持清算模式变革

在上交所发起股票无纸化交易创新之时，深圳证券登记公司也在 1991 年末建设了一套单机版的清算系统。虽然该系统上线时只能简单地进行股票登记，对于过户等环节还需要手工方式辅助，但随着服务器版清算系统的推出，过户业务也逐渐实现了自动化。

1995 年，上海证券中央登记公司和深圳证券登记公司分别启动对清算系统的升级改造。在升级重组过的清算系统支持下，上海和深圳方面回收了原先散落于各地的清算权，确立了二级清算制度。这项变革保障了登记公司和证券公司的资金利用，大大规范了营业部对资金的管理。

中国证券业科技发展经历的第一次跨越过程中，在世界范围内创造了很多纪录，具体包括：第一个实现证券发行、交易、清算的全程无纸化；第一个实现证券交易所席位的无形化；第一个实现实时成交回报；建立了世界最大的证券卫星专用网等。

而许多后来在国内资本市场发挥核心作用的信息系统，最早都是由规模有限的开发团队自行研制，中国证券行业的信息化建设筚路蓝缕，克服了重重困难，在多个领域实现从无到有的蜕变，国内的证券公司也完成了从手工处理到全面电子化的第一次跨越。

值得一提的是，我国证券信息化建设的高起点起航和持续快速发展，不仅依赖于行业核心机构和经营机构的辛勤付出，那些为行业提供信息技术服务支持的服务商也功不可没，这些专业、敬业的合作伙伴为证券行业的发展夯实了技术底蕴，也为行业培养了大量的科技人才。吃水不忘挖井人，他们的努力和汗水也必将给这个行业带来深远的影响。

第二次跨越：从分散处理到运营集中化

在证券公司数字化建设基本完成向全面电子化跨越的同时，其规范化管理的基础也逐渐夯实。1999 年 7 月《证券法》的实施，奠定了我国资本市场基本的法律框架，而随后的一系列行业法规和政策措施的制定，也进一步促进了资本市场的规范发展和对外开放。推进行业机构治理结构完善也是其中重要的一环。然而，在行业综合治理背景下，信息系统建设集中化的征程才刚刚开始，这也正是下一阶段行业数字化工作的重点。

尽管从 1994 年起，就不断有证券公司先后尝试在总部建立集中式的技术系统，但由于受技术手段、管理模式以及证券公司各自历史遗留问题等多方面因素的制约，交易集中化的推进过程一开始相对缓慢。

不过，来自行业的顶层设计和监管部门不断细化的监管要求，为推进证券公司的集中化起到了促进作用。为提高行业信息系统安全管理水平，有效防范和化解技术风险，中国证监会在 1998 年发布了《证券经营机构营业部信息系统技术管理规范（试行）》。这份规范中明确提出，证券经营机构的计算机信息技术工作必须实行统一归口管理，针对当时证券行业技术管理方面规范化程度相对较低的情况，通过完善制度体系，帮助经营机构推进对信息技术工作的集中管理。

在行业开展综合治理的同时，技术的发展也让证券公司交易系统应对更大的交易负荷成为可能，推进证券公司自身交易系统集中建设的各项条件日趋成熟。各证券公司开始普遍寻求公司层面的业务集中化管理，通过信息系统的统一建设、集中部署和一体化运维，逐步实现数据、运营和管理的集中，并以此来提升自身的信息技术风险管理能力，降低合规风险。

21 世纪初，国内证券公司的集中交易系统从最初的区域集中到现在的全国大集中经历了一个从尝试到大规模发展的过程。而为了促进该项工作的推进，中国证券业协会于 2006 年专门发布了《证券公司集中交易安全管理技术指引》予以引导。到 2008 年年末，国内主要的证券公司基本实现了交易系统的集中、统一建设和管理。

随着交易系统大集中工作的不断推进，证券公司完成了从营业部分散制到总部集中制的跨越。也就是在这一阶段，切实可用的备份系统成为标配，规范化的技术文档管理体系得以建立，营业部技术从业人员的轮岗制度开始执行，而证券行业各类机构与交易相关技术平台的整合与撮合能力提升，也为行业在随后经历股市"大行情"的考验做好了技术储备。

在证券公司从分散处理过渡到运营集中化的过程中，证券公司完成对交易柜台的统一，实现了交易的集中；客户资金从存管在营业部，到由证券公司集中存管，再到第三方存管，实现了资金的集中；业务处理功能从营业部集中到区域中心，实现了业务运营的集中；财务组织从分散在各个分支机构，到建立财务共享中心，实现了财务的区域集中。

海通证券也紧跟时代发展的步伐，在那个时期实现了业务运营集中化的跨越。2001 年，海通证券完成了综合管理业务系统的建设，实现了风险数据的汇聚，支持风险监控、非现场稽核、财务状况分析、业务经营动态分析等工作的开展。2003 年，海通证券集中财务系统正式上线，进一步提升集团财务信息化管理能力。同年，海通证券启动集中交易系统建设，并于 2005 年完成首家营业部切换。随后，交易系统的技术底座也从基于分散在各营业部的 PC 服务器逐步切换到总部集中的小型机体系。2007 年，海通证券全面实现了所有营业部的集中，进入了经纪业务集中交易时代。图 2-3 展示了海通证券集中交易系统的早期建设历程。

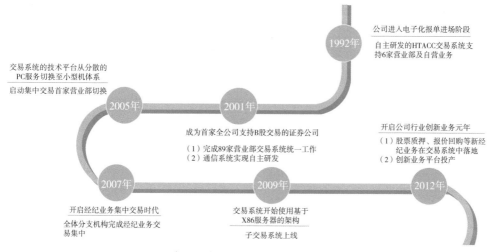

图 2-3　海通证券集中交易系统的早期建设历程

尽管早期的集中交易系统顺应了业务发展的需要，但随着资本市场的快速发展，特别是 2007 年左右的牛市行情带来的高成交量，交易系统性能方面的挑战又再次浮现。行业部分有前瞻性的经营机构便又开始着力优化交易系统的架构。其中一个主要的方向是部署多个交易中心，并通过将客户按一定的规则分拆后安排至不同的交易中心进行交易，来解决单交易中心的性能容量问题。从 2009 年开始，行业机构的集中交易系统也将随着业务和技术的发展而不断地进行升级进化，引发了交易技术的又一轮革新。

在这一阶段，客户的交易模式和交易习惯也发生了颠覆性的变化。2000 年 3 月，针对当时刚刚崭露头角的，比电话委托更加高效、易用的网上交易模式，证监会颁布了《网上证券委托暂行管理办法》，开始将证券网上交易纳入统一规范的监管体系，标志着国内证券行业开启了网上交易的新时代。随后，网上交易的软件得到快速发展，网上交易的模式开始在全国范围内流行，到 2008 年，网上交易已成为市场投资者主要的委托方式。委托笔数占整个市场委托笔数的比重已经超过了 65%。此时，证券业务全面线上化的趋势已经开始萌芽。

第三次跨越：从线下交易到全面线上化

到了 21 世纪第二个十年，各种互联网技术愈发日益成熟，行业进入了改革发展的新阶段，也开始了从线下交易到全面线上化的跨越。

2013 年，中国证券业协会发布《证券公司开户客户账户规范》，明确证券公司可以通过见证、网上及证监会认可的其他方式为客户开立账户，随后多项法规指引相继出台，非现场开户的限制被放开。以此为契机，越来越多的证券公司通过自建 PC 客户端、App 等方式将投资交易各项业务逐步迁移到线上。据统计，目前证券公司网上开户总数中，移动端占比超过九成；月活跃用户中，客户端占比超过七成。特别是移动 App 已成为金融新零售的重要载体，也是企业触达客户的最重要抓手。

截至 2014 年年末，共有 35 家证券公司获得互联网证券业务试点资格，证券公司将产品、服务等进行互联网改造，如搭建网上商城，把产品对接到互联网平台进行销售等。为了促进互联网证券业务的创新发展，实现线上线下业务的连通与融合，各家证券公司还纷纷成立电子商务部或互联网金融部，专注于开拓互联网金融平台相关业务。

海通证券敏锐地把握住了行业发展的潮流，积极拥抱和应对变化，2012年投产了移动证券交易系统，2013年全面支持网上开户业务。目前，海通证券线上交易量占比超过99.4%，2020年年末，自研的网上交易和移动交易品牌"e海通财"，已占整个线上交易量的76%，成为行业领先的互联网证券平台之一。

中国证券行业的科技发展经历三大跨越，方兴日盛。信息系统建设从投资交易、投行承销、风险管理、机构业务等各层面更全面、深入地展开，整个行业基本实现了全面线上化，各种业务完成了从线下到线上的转移。也正是从这个时期开始，数字化转型受到越来越多的关注。

2.2 数字化转型的认知不断深化

时代的发展越来越呈现出非线性的态势，当今世界充满着复杂性和不确定性，对各行各业造成了一定的压力。过去花费大量时间才确立的各种模式，如果跟不上时代的变化，将会在短时间内被淘汰。对于企业来说，只有持续不断地自我变革，才能跟上时代发展的步伐。而如今，数字化转型已成为各行各业在谋求发展过程中的必然选择。

本书的主题是证券公司的数字化转型，讨论数字化转型需要先理解其基本含义、内涵和外延。一般认为，数字化转型和"信息化""数字化"有着千丝万缕的联系，因此本章以信息化和数字化为切入点开展讨论。

信息化

根据相关考证，信息化一词源自于20世纪60年代的日本，随后传播至世界，进入90年代后，这一概念在我国获得了国家层面的重视。目前在我国，"信息化"往往与"现代化""工业化"等概念一同出现。

广义上的信息化，是指充分利用信息技术，开发利用信息资源，促进信息交流和知识共享，提高经济增长质量，推动经济社会发展转型的历史进程。

本书着重讨论的是企业的信息化，属于狭义上的信息化。企业信息化强调在企业生产经营的各个环节，采用信息技术，开发利用企业的内外部信息资源，实现信息共享，改进业务流程，使得企业的运作和管理更加规范化，进而提升企业竞争力的各项活动，是信息技术在企业采用与进行扩散的过程。

虽然信息化的概念从不同层面、不同维度会有各自的理解，但是它们有一个共同点，即信息化的实现需要借助信息技术。

数字化

关于"数字化"的定义或描述，也存在着多样化的理解。一般的观点认为，数字化是为以数字形式表示（或表现）本来不是离散数据的数据。具体地说，也就是将图像或声音等转化为数字码，以便这些信息能由计算机系统处理与保存。

Gartner认为，数字化是利用数字技术来改变商业模式并提供新的收入和价值创造机会，也是转向数字业务的过程。

在波士顿咨询的研究报告《2018年BCG全球挑战者——数字化驱动：一日千里》中，提炼了数字化的四个特征：一是通过新兴技术提高生产力、优化核心业务；二是专注于数字化的客户体验，提供个性化的服务、强化客户参与度，与客户建立长期合作关系；三是追求商业模式创新，打破现有的价值池；四是将某些需要数字技术支持的职能，嵌入组织中。

以上几种描述的核心在于数字化依托数字技术，将真实世界中的信息、业务发生过程中的元素经过编码后作为数据存储，并把这些数据变为生产要素，以创造新的价值。

信息化和数字化的不同侧重

目前，关于数字化与信息化的区别联系，各方面尚未形成统一的认识。比如，某些观点认为信息化涵盖数字化，数字化属于信息化中的高级阶段；某些观点认为信息化和数字化两者之间的概念是可以相互通用的。而在《银行数字化转型》一书中，作者认为，信息化只是提取真实世界的关键信息放入计算机世界，而数字化则要将真实世界完整地放入计算机世界。数字化基于信息化成果产生，更强调虚拟化或者所谓"数字孪生"，是科技与社会更深度的融合，能够提供远超信息化的改善体验。根据上述描述，数字化也可以被认为是信息化的"第二曲线"，即信息化发展至一定程度后才产生了数字化，随后数字化又能够超越信息化，在提升生产效率、改进业务模式方面发挥更大的作用。也就是说，根据这个观点，数字化会做得比信息化更"深"。

数字化与信息化都是非常宽泛的概念，涉及面很广，包括国家、城市、行业、企业、家庭和个人等不同层面。从宏观到微观，不同的层面对于数字化与信息化的理解显然是不一样的。

本书结合企业，尤其是金融企业数字化的转型实践得出结论：信息化比较侧重信息技术的运用，来对企业已有的业务和管理行为进行系统化实现，目标是为企业降低成本和提升效率；而数字化则更侧重数据和数字技术（区别于传统信息技术的新兴技术）的综合运用，来实现对企业已有业务和管理流程的再造和创新，目标是为企业创造新价值。从这个角度来讲，数字化可以被认为是信息化的高级阶段，并以信息化为基础。在实践工作中，信息化往往被表述为信息化建设，而数字化则被表述为数字化转型，也充分体现了两者在内涵方面的差异。

表 2-1 从目标定位、主要抓手、IT 组织、涉及范围和核心目标 5 个方面，总结了数字化与信息化之间的区别。

表 2-1　数字化与信息化的不同侧重

比较维度	信息化	数字化
目标定位	实现业务需求	创造企业价值
主要抓手	信息系统	技术与业务双轮驱动
IT 组织	支撑型	融合型
涉及范围	关键业务领域	全部业务和管理领域
核心目标	降本增效	促进业务和管理模式变革

图 2-4 即通过证券公司线上融券业务流程变革的案例，来说明传统业务模式和数字化转型后业务模式的区别，并分析转型为企业带来的价值。

融券业务是指证券公司向客户出借证券以供其卖出的业务。早期，融券业务通过人工撮合、手动管理的模式开展，管理成本较高，而且，有融券需求的客户只能通过点对点的方式联系融券专员，申报自己的意向和需求。在既无法及时、有效地获取券源池的情况，也没有途径实时跟踪交易对手方的意向

图 2-4　券源管理的数字化转型案例

和相关券源的状态下，融券撮合的效率较低，客户申报的意向难以得到及时匹配。

　　近年来，一方面是机构投资者对于融券需求的不断增加，另一方面是社保基金、养老金管理机构、上市公司、公募基金等出借券源的积极性提升，为了更好地在供需端为各类客户提供优质的融券服务，证券公司推出了连接券源供给方和需求方的券源管理平台，让融券交易由原先的人工撮合转向线上、智能化的撮合。

　　在创新业务模式方面，券源管理平台能够打通公募、私募、社保、自营等场内外各渠道的券源，充分满足各类用户的需求；在改善用户体验方面，券源管理平台能够实时展示有价值的券源信息，捕捉市场动态，并能提供包括发布预约、展期、锁券等各种意向的渠道，方便市场各参与方掌握市场券源的需求和供给情况；在降低运营成本方面，通过智能算法精准匹配，实现智能、高效撮合，提升撮合的效率，降低交易成本。

　　通过券源管理平台的应用，证券公司实现了线上融券业务的数字化转型。

2.3 数字化转型的内外部驱动力

国家和行业的政策指引

近年来，国家和行业发布了一系列有关数字化转型或金融科技发展的政策或指引，为行业数字化转型指明了方向。

在国家层面，2021 年 3 月发布的《中华人民共和国国民经济和社会发展第十四个五年规划和 2035 年远景目标纲要》中明确提出，要加快数字化发展，建设数字中国，以数字化转型整体驱动生产方式、生活方式和治理方式变革。工业和信息化部在 2021 年 11 月印发的《"十四五"信息通信行业发展规划》中提到，信息通信行业赋能经济社会数字化转型升级的能力全面提升，成为建设数字中国的坚强柱石。2021 年 12 月国务院印发的《"十四五"数字经济发展规划》中，也把加快金融领域数字化转型，合理推动大数据、人工智能、区块链等技术在银行、证券、保险等领域的深化应用作为大力推进产业数字化转型任务中的一项重点关注。

在地方层面，北京、上海、深圳、杭州等城市已成为中国金融科技发展的重要区域。近年来，这些城市相继出台了多项支持金融科技发展的政策与措施。在此背景下，我国涌现出了不少优质金融科技企业，国内市场也日益成为全球金融科技的聚焦点。以上海为例，2019 年 1 月，人民银行会同国家发展改革委、科技部、工业和信息化部、财政部、银保监会、证监会、外汇局联合印发的《上海国际金融中心建设行动计划（2018—2020 年）》中明确提出，要建设金融科技中心，构建金融科技产业生态链，坚持在防范化解风险的前提下推进金融开放创新。2021 年 10 月印发的《上海市全面推进城市数字化转型"十四五"规划》中明确提出，要以数字化推动金融业效率提升，增强机构服务能级，提升资产交易、支付清算、登记托管、交易监管等关键环节智能化水平，推动金融市场高水平转型。

在行业层面，证监会科技监管局组织相关单位编制的《证券期货业科技发展"十四五"规划》于 2021 年 10 月正式发布，紧扣"推进行业数字化转型发展"与"数据让监管更加智慧"两大主题，为新发展阶段的证券期货业的数字化转型提供了纲领性指南，并将推进科技赋能与金融科技创新作为其中的一个主要方向。

经营机构的战略共识

从整体来看，伴随着时代的进步，积极进取的创新意识、尊重个体基础上的协作意识将越发凸显其价值。数字化转型的步伐一旦迈开，开拓创新、合作共赢、智能互联会成为其主旋律，而数字化转型的推动者需要具有如下的思维。

首先，是长远的战略性思维。数字化转型是一场持久战，转型主体的活动需要服务于长远的转型目标。因此，需要舍得投入，以建立更为灵活、扁平的组织结构，推进更为高效的资源共享，维护更加和谐的组织与个体关系。而这些举措从长远来看，都将带来更高的生产效率。因此，需要拓展思维和视野，不仅要关注当下的收益，还要对中长期发展合理布局；不仅要对局部领域深入思考，还要进行全局性的统筹。在达到一定的条件后，数字化转型战略和经营机构的发展战略甚至可以合二为一。

其次，是鼓励连续性与颠覆性创新的思维。数字化转型追求原创性创新而非简单地模仿创新，以求获得跨越式的发展。这就要求打破因过往成绩而产生的懈怠，拥抱变化，自我革新，以开拓和探索的精神改变现有经营模式，并允许试错，在不断的探索试验、迭代优化中谋求突破。

最后，是科技业务双向融合与开放生态的思维。数字化转型的实现需要破界与融合，在组织内部，转型不仅仅是技术部门的任务，更需要技术与业务的双向融合才能有效推进；在组织外部，随着转型的深入，生态融合已是大势所趋，经营机构因此要避免闭门造车的传统思维，树立生态意识，融入生态并帮助共建生态。

目前，证券公司数字化转型的涉及范围逐渐由重视前端应用向前、中、后端并重发展，并更加关注推进业务和科技在转型过程中的协同。同时，科技与金融业务的紧密融合，将进一步驱使业务的创新，催生新的服务模式，进而成为行业经营机构构筑新一轮竞争优势的重要抓手。根据2020年中国证券业协会的专项调查统计，有73家证券公司将数字化或数字化转型列为公司战略，接近调查样本数量的70%。在转型的范围上，这些证券公司的数字化战略逐步由零售经纪业务扩展到机构业务、资产管理业务等多个业务领域。

通过对上市证券公司的年报（见表2-2）进行分析，也可以发现，不少证券公司已将发展金融科技或推进数字化转型放在一个非常重要的位置上。

表 2-2　部分上市证券公司数字化战略的相关描述

证券公司	金融科技或数字化转型战略
中信证券	强化科技赋能，运用大数据、云计算、人工智能、区块链、5G 等新一代技术，加强信息系统全球一体化建设
中信建投	成为境内外综合服务能力突出、管理高效、科技领先、信誉卓著、健康发展的中国一流投资银行
中银证券	贯彻落实"科技赋能，转型协同"的发展战略
中金公司	推进数字化转型，增强发展动能。以数字化蓝图为指引，以敏捷小组为抓手，全面推动数字化转型落地。重点围绕加快金融科技应用、完善 IT 治理体系、推进中后台数字化和打造中金生态圈，加大资源投入，确保各项举措顺利实施。公司致力于建立以客户为中心、数据驱动、智能化的商业模式，通过大数据、云计算、人工智能等技术赋能，加快业务跨越式发展
招商证券	坚持科技引领，大力推动数字化转型
兴业证券	通过线上线下两条曲线共同做大优质基础客群，加快数字化创新转型，重塑客户渠道生态模式；持续建设创造客户价值的专业服务能力，通过金融科技手段提升服务效率，打造财富管理生态圈
申万宏源	公司将全面转型数字化、深入推进平台化、积极部署智能化，提升金融科技在客户服务、业务创新、经营管理方面的应用水平
华泰证券	致力于用数字化思维和平台彻底改造业务及管理模式，着力构建领先的自主掌控的信息技术研发体系，通过全方位科技赋能，让科技的力量穿透前中后台，打造数字化牵引下的商业模式创新与平台化支撑下的全业务链优势
海通证券	建设"数字海通 2.0"，将公司打造成一家科技全面赋能业务发展、管理提升和集团化管控的科技型投行
国泰君安	按照"综合化服务、数字化转型、国际化布局、集团化管控"要求，全力做好推进人力资源改革、深化协同协作、补齐核心业务能力短板、发挥分支机构战略支撑作用、加强财务精细化管理、打造集团化合规风控体系、推进营运模式变革和数字化转型等八个方面的工作，不断推动公司实现高质量发展
广发证券	有序推进金融科技战略，全力推动数字化转型，提高科技赋能业务能力，提升内控体系数字化水平，保障公司稳健、高效运营
光大证券	公司不断通过流程创新、工具创新和平台创新，探索业务创新和科技赋能融合发展之路
东方证券	全面加大金融科技投入，打造"数据＋技术"双轮驱动的信息技术架构，加快服务线上化、数字化和智能化转型步伐。牢守合规风控底线，实现与公司业务高质发展互促共进

（数据来源：相关公司公布的 2020 年年报）

转型工作的资源投入

近年来，国内证券公司对数字化转型给予了极大的关注，并投入了较多的资源。证券行业对信息技术的投入，近几年也保持了较快的增长。

　　资金投入方面，根据中国证券业协会统计，2017 年至 2020 年的四年间，证券行业在信息技术领域的累计投入达到 845 亿元，其中 2020 年全行业信息技术投入金额达到 262.87 亿元，同比增长 21.31%，占 2019 年度营业收入之比已达 7.47%。表 2-3 列出了部分证券公司自 2019 年至 2020 年的营业收入及信息技术投入情况。从绝对数值来看，两年间已有多家证券公司信息技术投入接近甚至超过 10 亿元；从增幅来看，在 2020 年市场行情表现亮眼的背景下，表中所列证券公司的平均营业收入从 168.9 亿元上升至 213.4 亿元，增幅约 26%，而它们的平均信息技术投入从 9.3 亿元上升至 11.8 亿元，增幅约 27%，两方面的增幅十分相近，这也从侧面暗示，近年来行业对于信息技术工作的高度重视。

表 2-3　部分证券公司 2019—2020 营业收入及信息技术投入情况

证券公司	2019 年营业收入（万元）	2020 年营业收入（万元）	营收增幅（%）	2019 年信息技术投入（万元）	2020 年信息技术投入（万元）	信息技术投入增幅（%）
华泰证券	1 772 707	2 124 724	19.86	120 236	194 705	61.94
国泰君安	2 115 410	2 407 308	13.80	123 916	139 828	12.84
中信证券	2 686 687	3 413 952	27.07	113 872	137 395	20.66
招商证券	1 470 160	1 906 338	29.67	74 161	103 263	39.24
海通证券	1 587 672	1 827 948	15.13	85 405	96 078	12.50
中金公司	1 089 570	1 570 129	44.11	77 813	95 345	22.53
广发证券	1 517 989	1 806 346	19.00	83 407	94 294	13.05
中信建投	1 274 026	2 015 277	58.18	63 984	82 446	28.85
平均值	1 689 278	2 134 003	26.33	92 849	117 919	27.00

（数据来源：中国证券业协会）

　　人员投入方面，行业信息技术人才队伍的扩充也进入了"快车道"。在大概十余年前，一个综合性证券公司技术团队的规模仅在数十人左右，且主要是以运维人员为主。而现在，行业综合排名靠前的证券公司，有数百人的技术团队已是标配，加上合作伙伴的援建团队，规模甚至可以达到上千人。然而，即便是这样的团队规模，对于数字化建设和业务转型需求迫切的行业经营机构来说，依旧是捉襟见肘。因此，各大证券公司纷纷将数字化转型人才队伍的建设和能力提升作为未来工作中的一项重点内容。

　　资金支持力度的加大和技术团队的适当扩充，推动了证券公司创新能力的提升，并潜移默化地改变着行业的竞争格局。

当然，证券行业也要清醒地认识到，行业信息技术投入相对不足与投入不均衡的问题依旧突出。

从总量上看，根据中国证券业协会《关于推进证券行业数字化转型发展的研究报告》测算，2019 年我国银行业和保险业的信息技术投入分别是证券行业信息技术投入的 8.4 倍和 1.6 倍。而国内的头部证券公司与知名国际投行在信息技术投入方面也有着非常巨大的差距——2019 年，摩根大通信息技术投入接近100 亿美元，花旗信息技术投入金额也超过 70 亿美元，均占上年度营业收入的 9%以上，折合人民币后更分别是我国证券全行业信息技术投入的约 3.3 倍和 2.4 倍（如图 2-5 ）。

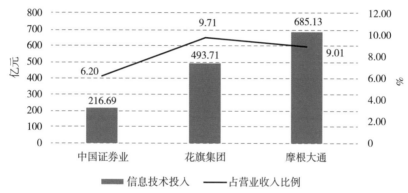

图 2-5 2019 年中国证券行业与国外投行的信息技术投入对比
（数据来源：未央网）

同时，国内证券公司数字化转型投入方面"大者越大，强者恒强"的马太效应也逐步凸显。分析中国证券业协会公布的证券公司信息技术投入情况，2019 年 98 家证券公司中仅有 24 家投入超过当年平均数，2020 年则为 102 家中的 23 家。中小型证券公司能否，或者应当如何应对数字化的挑战，在部分领域形成比较优势，是它们在实践中亟须探索的。

新兴技术的成熟应用

2016 年后，大数据、人工智能等新兴技术在金融行业加速场景应用，并渗透至金融机构运营和客户服务的各个领域，有效提升了客户的体验。这些新兴技术可以主要概括为"ABCDMI",具体是指A——人工智能（Artificial Intelligence，简称AI）、B——区块链（Block Chain）、C——云计算（Cloud Computing）、D——大数据（Big Data）、M——移动互联网（Mobile Internet）、I——物联网（Internet of Things，简称IOT）。它们成为当下大家比较公认的金融科技典型技术，也推动了证券公司业务和管理模式的变革。

1. 移动互联网让网点与服务无处不在

移动互联网在一般互联网的基础上，更强调了实时性、便携性、可定位、多样化等特点。对于证券公司来说，移动互联网能够让随时、随地、快速办理各项业务和咨询各类问题成为现实。移动互联网打破空间限制的同时，也极大地拓宽了业务办理渠道，提高了业务办理效率，增加了客户的获得感。

2. 云计算改变了数字基础设施的形态

根据美国国家标准与技术研究院（NIST）的定义，云计算是一种按使用量付费的模式，这种模式通过可用的、便捷的、按需的网络访问，进入可配置的计算资源共享池（资源包括网络、服务器、存储、应用软件、服务），这些资源能够被快速提供，而只需投入很少的管理工作，或与服务供应商进行很少的交互。云平台的资源在使用者看来可以无限扩展，并且可以随时获取。在云计算模式下，执行任务的"云"（即提供资源的网络）可以在数秒之内处理数以千万计、数以亿计的信息，甚至实现和"超级计算机"同样强大效能的服务；而用户能在任何时间、任何地点通过"云"获取资源，并且可以只需按照实际消耗付费。云平台配置灵活、可弹性扩展等特征，不仅能够帮助证券公司有效应对来自互联网渠道瞬时高并发的行情查询与交易委托需求，还能降低基础设施运营的复杂度，使得支持业务创新的技术手段能够快速就绪。

3. 大数据应用的逐渐深入让数据资源的价值更加凸显

大数据应用是对数量巨大、来源分散、格式多样的数据进行采集、处理和分析，从中发现新的知识，创造新的价值。大数据技术的成熟和在证券行业的广泛应用，一方面可以帮助证券公司更好地为客户提供服务，通过形成客户画像，深挖客户需求、合理进行客户分群，并根据客户类别建立相应的服务体系，避免服务同质化；另一方面也可以帮助证券公司提升经营管理能力，通过内部数据集成打通各类数据，为量化评价体系提供数据支撑。

4. 人工智能的规模应用让金融科技迈向智能时代

人工智能技术可以简单概括为对"人类智能"进行模拟、延伸与扩展，以完成特定任务的技术。作为一门典型的综合性学科,人工智能涉及计算机科学、数学、物理学、生物学、社会学、心理学、哲学以及许多其他领域的研究。支持人工智能应用的技术要素是算法、算力和数据。

人工智能与业务结合的日趋紧密,有助于帮助证券公司形成又一个制高点,结合来自云计算和大数据平台的支持,智能化的应用有了更加充裕的算力,也有了模型训练的数据基础。人工智能通过采用语音识别、图像识别等技术,让业务办理的过程更加智能;而以深度学习为代表的机器学习技术,通过模拟人脑的学习过程,让咨询类的金融服务能够随着市场环境的变化不断自我学习和优化。

5. 区块链技术为可信计算提供了新手段

区块链技术是利用块链式数据结构来验证与存储数据、利用分布式节点共识算法来生成和更新数据、利用密码学的方式保证数据传输和访问的安全、利用由自动化脚本代码组成的智能合约来编程和操作数据的一种全新的分布式基础架构与计算方式。

区块链技术主要用于解决"信任"的问题,它所具有的去中心化、难以篡改、全程留痕、可追溯、集体维护、公开透明等特点,使其成为金融行业的理想选择——它能帮助合作伙伴或交易对手之间实现安全、便捷的交易。目前,各类金融机构已在跨境交易、供应链、身份验证、信用报告等领域使用区块链优化服务。不过,必须承认,相比银行与保险行业,证券行业对于区块链技术的应用与研究还处于较为初级的阶段。

综上所述,宏观方面和行业的政策指引、证券公司战略上的一致认知、合理的资源投入保障以及新兴技术的成熟应用等内外部驱动力,正促使证券公司进入数字化转型的加速期。

第 3 章
数字化转型的顶层设计

数字化转型并非一蹴而就，需要企业的管理者深刻意识到转型对公司发展的战略意义；需要企业引导员工重塑认知模型，培养和确立与创新转型相适应的思维模式；需要技术团队为完成转型目标重构技术引擎，为转型夯实技术底座；还需要各业务线的员工共同努力，切实推动业务和管理模式的转型。

笔者认为，证券公司数字化转型的顶层设计通常会经历如下步骤：首先，要以国家、企业所在城市以及证券行业有关数字化转型或金融科技发展的顶层规划为依据，并对企业自身的中长期发展战略深入解读；其次，要客观、细致地评估企业自身的数字化成熟度和数字化转型所处的阶段；再次，要精准、透彻地分析企业数字化转型面对的挑战，以及企业数字化能力建设在中长期阶段需要提升的关键点；最后，结合企业战略、数字化成熟度评估及和数字化能力差距分析等，完成数字化转型的顶层设计。

基于海通证券的实践，笔者总结提炼了证券公司数字化转型的通用体系框架（见图3-1）。该体系包括了从数字化转型战略、数字化治理、数字化业务、数字化底座、保障机制五大数字化转型推进中需要考虑的核心领域。

3.1 把风向，明确战略定位

导入环境变量

企业的数字化转型以国家、城市和行业层面的转型为依托，因此，对标不同层面数字化转型的趋势，是明确战略定位的前提。本书第 2 章中介绍的国家、地区和行业方面的政策和指引，都是重要的外部环境变量。

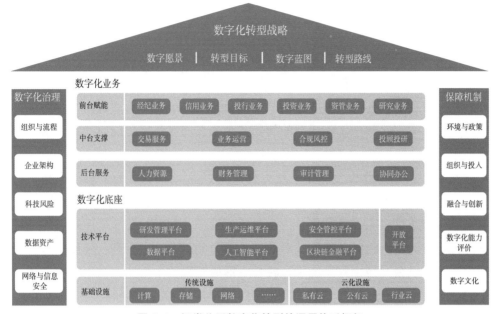

图 3-1　证券公司数字化转型的通用体系框架

剖析公司战略

　　区别于某一领域的数字化工作计划，数字化转型顶层设计需要解决的是企业全局性的、需要重点突破的问题。因此，在进行数字化转型战略制定时，需要将企业的战略作为一个重要输入，通过解读公司战略，掌握公司在业务发展和经营管理上的重点方向。

　　以海通证券为例，公司始终坚持以客户为中心的"12345"（一体两翼、三轮驱动、四根支柱、五大能力）战略。具体来说，是要以经纪、投资银行、资产管理等中介业务为核心，以资本型中介业务和投资业务为两翼；以集团化、国际化和信息化为驱动力；加强合规风控、人才、IT 和研究四根支柱建设；提升资本与投资管理、投行承揽与销售定价、资产管理、机构经纪与销售交易和财富管理等五大能力。

　　根据公司的发展战略，海通证券数字化转型的顶层设计在业务发展上需要重点关注"12345"战略中的"一体两翼"；在经营管理上，应当重点关注四根支柱的建设。

评价自身能级

笔者认为，客观、细致地评估企业自身的数字化成熟度和数字化转型所处的阶段是明确战略定位的基础。一般来说，可以从业务发展、管理提升、数据要素、科技实力和体制机制等五个维度对自身情况进行分析。每一个维度又可以按照当前数字化转型工作遇到的问题和未来发展对数字化能力的新要求两个方面展开。

根据中国证券业协会专题研究小组在 2020 年面向行业所开展的调研，行业经营机构在数字化转型工作中遇到的问题主要有：数据治理水平仍较为基础、跨系统对接难度较大导致数据价值难以更好发挥、数据与技术运用缺乏统一标准等。行业经营机构的转型发展对数字化能力的新要求主要有：建设重点向中后台系统以及公司级别跨系统平台转移、形成重视技术生产力和用数据描述业务的企业氛围与企业文化、加强专业人才培养与改革激励机制等。

同样，海通证券也根据上述五个维度，对自身数字化转型遇到的困难和未来对数字化能力的需求进行了分析，分析的部分关键结果如表 3-1 所示。

表 3-1　五个维度分析海通证券的数字化转型需求

维度	遇到的问题	未来对数字化能力的需求
支持业务发展	面向客户的统一视图需要完善，客户信息的深度、合理应用有待业务场景进一步驱动；促进销售定价和交易撮合的数字化能力有待进一步提高	科技加速赋能公司经纪业务的财富管理转型；支持机构综合服务体系建设，完善面向机构客户的交易撮合服务；借助科技手段推动全能投行建设
提升管理能级	存在企业指标库的指标广度和深度需要进一步拓展，以支持面对快速变化的数据分析环境等问题	强化战略成本管理；提升风控与合规数据的分析应用能力；加强集团业务运营管控和分支机构业务支持
发挥数据价值	数据治理工作需要进一步深化；数据获取、使用和共享存在壁垒。数据文化需要进一步培育	在数据质量、数据关联性、数据共享和数据应用方面需进一步完善，解决科技应用"最后一公里"问题，充分发挥与实现数据对业务的支撑能力
夯实科技实力	科技团队资源配置需要进一步优化，自主研发的着力点需要更加聚焦。"竖井式"系统、各业务线通用功能重复建设等问题依然存在	提升科技管理工作的数字化、规范化水平；深挖科技全局问题、加强企业架构管控
优化体制机制	组织架构、职业发展规划和团队激励机制等配套方案相对滞后，科技与业务之间的专业壁垒仍然存在	加强业务与技术双向融合；完善科技创新激励机制

细致、客观、准确地分析自身数字化能力，能够为后续制定转型重点任务提供有力依据。

3.2　重实效，规划重点领域

结合海通证券的转型实践，笔者认为证券公司的数字化转型要围绕以下三条主线。

夯实数字化技术底座是基础

在基础设施建设方面，需要有效平衡行业基础设施共享带来的资源集约化、运维复杂度降低等优势，与同时可能引发的资源请求灵活度、管理自主性等方面的不足之间的矛盾，发挥行业公共基础设施和自建数据中心的各自优势，夯实经营机构的数字化基础设施底座。同时，通过云计算技术的应用和云平台的建设，推动传统基础设施的转型和传统数据中心的云化。

在网络架构的优化上，通过软件定义网络（Software Defined Network，简称 SDN）、5G 等为代表的前沿网络技术应用，提供性能更优、总拥有成本更低、运维更便捷的网络服务。

当然，在推动业务数字化转型的同时，也要实现科技自身的数字化转型。科技运营过程中科技治理、研发与测试管理、生产运维管理、网络安全管理等领域的技术平台建设也需要大力推进。

深化数据管理与应用是引擎

而对于深度依赖信息技术、有长期数据积累基础的证券行业，数据治理和数据价值发挥是一直以来的痛点和难点，这也导致了证券公司对于自己客户的了解程度往往十分有限，进而限制了基于此的业务应用。提升数据管理和应用能力是实现证券公司高质量发展必须解决的问题。面对这一挑战，证券经营机构需要切实制定与推进数据战略，构建数据服务体系，完善数据自主分析工具，推动面向应用场景的数据应用深化。其中，大数据平台将发挥核心作用——与传统数据仓库主要支持对结构化数据的统计、分析和挖掘不同，其可以帮助证券公司增加数据多样性、促进对客户深入的了解，从而有效支持业务的拓展和经营管理。在数据治理上，要推动建立数据资产目录、数据资产地图，优化数据资产管理工具，加强元数据、指标的全周期质量管理，并通过技术手段实现"硬控制"。

促进业务发展、提升管理能级是方向

数字化转型的重点在于通过数字化赋能业务和管理转型，因此，促进业务发展、提升管理能级是证券公司数字化转型的目标和方向。

在经纪业务领域，财富管理转型的步伐正在加快，以客户为中心、提升客户体验、建设灵活并具有前瞻性的业务能力成为转型的重要抓手。同时，随着交易和业务办理线上化的趋势，满足客户全天候、全渠道交易要求的互联网金融服务平台成为开展业务的基础。证券公司需要强化业务线上化、智能化的发展方向，提升线上业务运营的数字化水平。同时，不断完善客户的服务体系，促进证券公司内部各业务线的服务协同和资源共享。在此基础上，通过发掘与开拓增值服务，寻找经纪业务新增长点。

在投行业务领域，原有以纸质底稿和业务流程台账为主的运营模式亟须改变，证券公司一方面要通过底稿电子化来满足行业对加强投行业务内部控制的要求，另一方面要以数字化手段实现对投行项目"全流程、全要素、全周期、全覆盖"的精细化管理。而人工智能、区块链等新兴数字技术在金融文档审核、处理、防篡改等方面的应用也将全面改变传统投行业务的运营模式。

在业务运营领域，现有的集中运营模式正面临越来越多的挑战，证券公司需要提高业务办理效率和质量，通过业务运营相关的技术系统，实现业务审核、业务处理、业务监控、业务复核等流程的数字化、智能化。

在风险与合规管理领域，通过技术手段，收集和分析风险来源、特征、形成条件和潜在影响，为风险计量提供科学和准确的依据，从而达到对内外部风险的主动识别、动态监控和及时应对，提升风险与合规管理的有效性。

在经营管理领域，高效协同的职能后台将在证券行业数字化转型中扮演越来越重要的角色。在财务管理方面，行业经营机构需要根据业财融合及战略财务管理的发展趋势，不断优化财务管理体系。同时，通过收入与成本管理、损益分析等手段，延伸财务管理职能，为经营决策、产品优化、客户服务等提供支持；在办公协同方面，全渠道、全天候、全线上的智能化办公协同新模式将成为行业经营机构数字化转型的重要助力。

3.3　识远近，制订实施路线

数字化转型的一般路径可以归纳为：首先，通过统一思想，形成对数字化转型战略意义的认识；其次，建立各类技术平台，实现将其作为转型的引擎和动力；最后，回归本源，通过科技赋能业务、优化业务流程、改变业务模式，促进业务创新，来实现某一阶段的数字化转型目标。

以海通证券在国家十三五期间的数字化转型实践为例，其转型的路径可大致分为以下五个阶段。

阶段一：订规划，转理念。这一阶段的重点是制定战略规划和相关的治理准则，转变公司理念，统一思想、凝聚共识。在理念转变上，科技的战略定位将从"重要支柱"转变为"引领发展"；数字化能力建设的模式，将从依赖厂商为主，转变到逐步实现全面的自主可控；科技赋能的领域，将从支持核心业务转变到支持全面数字化；科技与业务的关系将从被动应对转变为主动赋能；应用系统的架构，将从分散独立转变为整合联动；科技发展的模式将从封闭发展逐渐走向开放创新。

阶段二：搭平台，提能力。这一阶段，海通证券一方面着力破除因基础设施方面的不足给当前业务发展带来的制约；另一方面，通过强化技术平台建设，夯实面向未来的数字化转型技术底座。随着各类技术平台的不断落地，海通证券的科技能力明显提升，赋能业务也取得了积极成效。

阶段三：破瓶颈，重融合。数字化转型需要解决全局性的、具有一定复杂度的问题，需要不同的业务部门甚至业务线主动担当，协同推进。在技术平台逐个建立并开始推广后，这一阶段需要重点推进技术平台与业务场景深度融合，推进技术部门与业务部门双向融合，通过科技与业务的双轮驱动，加速推进企业整体的数字化转型。

阶段四：建生态，促创新。随着转型的深入，科技创新的重要性更加凸显，在这一阶段，要避免闭门造车，并树立生态意识，推进科技生态建设。通过优势互补，将科技公司的研发能力和海通证券的行业经验、场景有效结合，形成合力，帮助推动生态内的合作伙伴共同发展、共创未来。

　　阶段五：看成效，谋未来。这一阶段，通过科学的评价方法，对过去几年的转型工作进行总结回顾，分析发展面临的瓶颈问题和未来对数字化能力的需求，谋划未来，并设计下一轮转型的目标、任务和实施路径，形成转型工作从规划、实施到评价的阶段性闭环。

3.4　看成效，建立评价体系

　　在数字化转型的推进中，需要建立可量化的指标体系，对数字化能力和转型的成效提供客观评价。有效的评价体系能够帮助总结转型过程中的提升点，也能够帮助发现转型过程中存在的问题，为下一阶段转型中的过程改进提供依据。

　　笔者认为，评价体系中指标的设计除了要遵循常用的SMART（Specific、Measurable、Attainable、Relevant、Time-bounded，即具体、可度量、可实现、具有相关性和时限性）原则外，还要注意三个关注点。

　　第一，评价指标要有一定的覆盖面。以评价数字化能力为例，指标不仅要能够评价数字技术的发展水平，还要反映数据管理和应用能力、技术系统赋能业务发展的成效等方面。

　　第二，评价指标要尽可能量化。量化指标能够更客观地反映现状，也往往更有说服力，并能够为后续改进提供持续评价手段。

　　第三，评价指标的设计要重实效。每个评价维度也要选取能反映数字化赋能成效的关键指标，而指标尽可能用来评价最终结果，而不过多评价工作过程。

　　盘点已有的国内外最佳实践，对数字化能力评价的体系一般分为两类。一类偏重于对专项工作的评价，比如，生产运行保障领域的《数据中心服务能力成熟度模型（GB/T 33136—2016）》《信息术服务运行维护服务能力成熟度模型（ITSS.1—2015）》等，数据管理和应用领域的《数据管理能力成熟度评估模型（GB/T 36073—2018）》等，研发过程管理领域的软件能力成熟度模型（CMMI）、《研发运营一体化（DevOps）能力成熟度模型（YD/T 1753T—2018）》等。另一类是全局性的评价指标，比如，中国人民银行2020年发布的金融行业标准《金融科技发展指标（JR/T 0201—2020）》，其中对金融科技发展的评价由机构指标、行业指标和区域指标三大类指标构成，涵盖战略部署、资源投入、服务能力、风控能力、研发能力、应用能力等多方面的内容。

对证券公司来说，需要根据自身情况，对国内外评价数字化能力的各种最佳实践和已有模型进行适度裁剪和完善后，形成符合自身特点的能力评价体系，为转型工作的效能评价提供客观依据、指明未来努力方向。

为有效评判转型工作总体成效，海通证券数年前便开始了相应的探索，并结合知名咨询公司的数字化能力成熟度模型和自身特点，从数字化能力提升和赋能业务发展两个视角，对转型进行客观衡量。

站在数字化能力提升的视角，海通证券从信息系统整合共享能力、信息系统处理能力、数字化风险管控能力、科技敏捷创新能力、数字化自主可控能力、科技与业务融合能力等六大能力出发，对转型情况进行评估；站在赋能业务发展视角，海通证券从赋能业务发展、支持经营管理、提升科技自身能级三个方面进行评估。

在评价指标的设计上，海通证券通过探索、试点与调整，建立了涵盖业务赋能成效、技术转换比率、应用研发能力、科技创新成果、运行保障能力、信息安全保障能力、数据治理水平、科技能力输出、科技团队建设、科技资源投入等维度的评价体系，如图3-2所示。

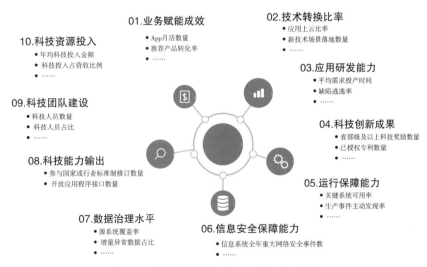

图 3-2　海通证券数字化能力评价体系模型

根据海通证券的数字化能力成熟度评价模型（见图3-3），从2015年至2020年间，海通证券的数字化转型从以分散建设为主的基本级、标准化阶段，进入到以统一管理、集中共享为特点的战略级阶段。

当然，成功的数字化转型还需要有一系列的配套机制，下一章将对此进行讨论。

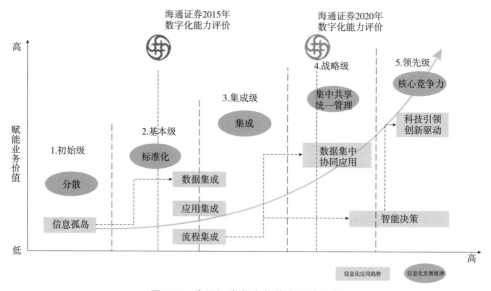

图3-3　海通证券数字化能力评价示例

第 4 章
数字化转型的保障机制

2020 年 8 月，国资委正式印发《关于加快推进国有企业数字化转型工作的通知》，提出"加快企业数字化治理模式、手段、方法升级，以企业架构为核心构建现代化 IT 治理体系，促进 IT 投资与业务变革发展持续适配""不断深化对数字化转型艰巨性、长期性和系统性的认识""统筹规划、科技、信息化、流程等管控条线，优化体制机制、管控模式和组织方式……加快培育高水平、创新型、复合型数字化人才队伍，健全薪酬等激励措施，完善配套政策"，这些要求对如何完善数字化转型工作中的保障机制具有重要参考意义。

笔者认为，数字化转型的顺利推进，需要建立和完善如下的保障机制，包括转型的组织架构、转型的人才队伍、合理的资金投入、良好的创新氛围、业务部门和科技部门的高效协同、良好的文化氛围。本章结合海通证券的实践，从上述几个方面分别展开讨论。

4.1　数字化转型的组织优化

传统的证券公司组织架构（如图 4-1）是根据产品、业务线和相应的管理职能来设定，在业务部门的配置上一般会设有经纪、投行、自营、研究等部门；在职能部门的设置上也会按照经营和内控工作的分类，设置人力、财务、风控、合规、审计、信息技术等部门。

在行业发展的早期阶段，证券公司信息技术部门的自有人员相对较少，证券公司的信息化建设以产品采购和借助信息技术服务商进行基于产品的定制化

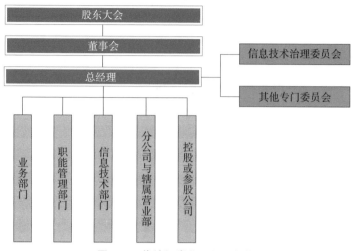

图 4-1　传统证券公司组织架构

开发为主，自主可控能力相对较弱。因此，作为数字化推进主力的信息技术部门在工作职责上，以需求沟通、信息化项目管理和保障信息系统生产运行为主。在很长一段时间内，信息化建设是以为经纪业务服务为主。

然而，随着资本市场的快速发展，一方面，证券公司对通过科技发展打造核心竞争力的内在需求不断增长，科技队伍的规模持续扩充，信息技术部门也逐渐从以支持经纪业务为主，到全面覆盖证券公司各条业务线和各经营管理领域。另一方面，数字化转型推进对数字化治理能力成熟度和治理体系提出了更高的要求，也要求不断增加相关组织的专业性、协同性与适应性。

组织架构的设计一般要考虑企业的战略、文化、规模、所处的行业和企业的发展阶段等要素。组织架构是否合理和科学，直接影响到组织能否高效运转和快速适应环境变化。

为此，证券公司不断尝试优化与数字化转型有密切关系的组织架构，一方面，统筹战略管理、需求分析、架构管控、技术平台建设、项目管理等工作，实现一体化；另一方面，强化科技治理、信息系统建设、生产运行保障和数据治理等领域的细化分工，引导组织架构往专业化方向发展。通过组织架构优化，更好地适应高效协同、"以客户为中心"、打造敏捷组织等行业经营机构的组织架构发展趋势。

同时，行业也出台了规定或指引，对信息技术管理、数据治理等工作的决策机制、建设和管理模式提出要求，具体包括：证券经营机构应当指定一名熟悉证券、基金业务，具有信息技术相关专业背景、任职经历、履职能力的高级管理人员为首席信息官；在公司管理层下设立信息技术治理委员会或指定专门委员会负责制定战略并审议信息技术规划、信息技术投入预算、重大立项、应急预案等事项；建立全面、科学、有效的数据治理组织架构以及数据全生命周期管理机制等。

海通证券实践——强调分工明确、高效协同的数字化转型组织架构

在数字化转型的过程中，海通证券持续优化数字化发展和治理的组织架构，明确决策机制，优化执行层面的组织架构，不断为"数字海通"建设培育新动能。

1. 明确"一委两办"的数字化转型决策机制

在数字化转型工作中，行业通常会在现有科技治理体系中单独建立决策机构，比如数字化转型办公室、金融科技委员会等，但是在执行层面仍然沿用现有的科技和业务部门。为了将数字化转型与现有科技工作有机融合，海通证券统一由信息技术治理委员会（以下简称"委员会"）作为科技管理和数字化转型的决策机构。根据公司董事会和经营管理层的授权，对公司科技和数字化转型重点工作、重大事项进行议事决策。由公司经营管理层担任委员会主任委员，科技部门和相关业务、职能部门的负责人以及部分业务骨干担任委员。

委员会下设信息技术治理委员会办公室和数据治理工作办公室。其中，委员会办公室作为委员会的日常办公机构，负责议事决策事项及部署工作的督促落实；数据治理工作办公室负责执行与落实数据治理的相关工作。图 4-2 简要展示了海通证券的数字化发展和治理的组织架构。

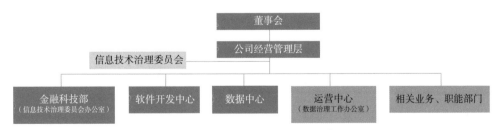

图 4-2　海通证券数字化发展和治理的组织

2. 优化科技执行层面的组织架构

以推动科技管理、研发、运维向专业化方向发展为目标，海通证券建立了"一部两中心"组织架构，将原先的信息技术管理部优化拆分为金融科技部、软

件开发中心、数据中心三个职能部门。在具体职责上，金融科技部负责组织拟订科技发展规划、统筹协调公司信息安全体系建设，并进行公司科技项目及科技专业的统一归口管理，包括科技投入、科技项目、软硬件资产、采购与供应商、技术规范和子公司科技治理等内容；软件开发中心主要负责应用系统的开发、软件研发项目全周期管理、应用系统的功能性和非功能性测试、新技术的前瞻性研究与创新等工作；数据中心主要负责公司生产及灾备系统的统一运维管理、基础设施和运维平台建设等工作。

3. 建立科技创新的实体组织

为满足"打造中国领先的科技型投行"战略愿景、有效赋能业务创新、深化金融科技场景应用，海通证券单独设立了金融科技创新实验室。实验室致力于实现以下两个目标。

第一，发挥科技创新"桥头堡"作用。一是对前沿、热点技术进行预研，探索其在公司业务场景中应用的可能性；二是构建前瞻性的金融科技技术平台，通过创意头脑风暴、系统原型快速实现等方式，将创新成果转换至实际应用场景；三是通过整合公司的合作伙伴资源，发挥合作伙伴各自的领域优势，共同推进前沿技术在证券公司业务中的场景落地；四是通过开展证券业数字化转型引领性项目的预研工作，建立金融科技竞争优势。

第二，打造科技创新的孵化器、加速器。包括通过"创新沙盒"和开展孵化性课题等模式，降低新技术试错的风险；通过实验室催化业务和技术融合化学反应，建立并完善创意到成果孵化的快速通道。

4.2　数字化转型的队伍建设

证券行业是知识密集型的行业，人才的数量和专业能力是行业发展过程中的关键要素，也是数字化转型的关键要素。转型步伐加快对证券公司相关队伍的建设提出更高要求，但正如中国证券业协会在 2020 年发布的《关于推进证券行业数字化转型发展的研究报告》中所描述的：目前，证券行业数字化转型的人才支撑尚显不足。

过去几年，各家证券公司也都在努力推进规模适当、专业能力和综合能力兼备的高素质数字化队伍建设。由于证券行业对科技工作者的要求是不仅具备一定的专业技术能力,而且还要求具备证券从业资格。也就是说,不仅要懂技术,还要懂业务。也就是对进入证券行业的科技工作者设定了更高的门槛和提出了更高的要求。

人才需求特征:日趋多样化

从人力资源管理的视角,人才一般会被分为横向一字型人才、竖向一字型人才、T 型人才和 π 型人才。证券公司在数字化转型时期需要各类人才,其中,横向一字型人才是指具有一定知识面广度,但对各类知识掌握并不深入,是转型推进的基础性人才;竖向一字型人才一般是指专家型人才,在某一专业领域研究得非常深入,就专业问题可以很快做出精准判断,是一家公司重要的支撑;T 型人才兼具了横向一字型人才和竖向一字型人才的优点,这类人才在某一领域具有极强的专业性,同时对大的业务面也有较深的了解;π 型人才是指在技术方面、业务理解和管理方面都具备一定程度的专业性,也称为复合型人才。数字化转型推进工作骨干人员的技能要能够涵盖如下领域:包括领导力、沟通能力、逻辑思维、方法论抽象等在内的通用能力;证券行业的通用知识、专业业务领域知识;数字化方面的通识和数字化工作某一专业线的能力。因此,就证券公司的转型推进现状而言,更需要 π 型人才。这些人才的特点是不仅技术强,对于业务或管理也要有深刻理解。但是,这类复合型人才培养困难,在市场上也往往成为各家证券公司竞相争抢的对象。

行业对数字化人才的需求越来越呈现出多样化、专业化、复合型特征:一是对管理型和复合型人才的需求更加迫切;二是对机构客户服务、交易服务、投资研究、金融风险管理等领域深入了解的数字化人才,特别是高端人才更受青睐;三是数据治理、业务分析、数字化产品设计等专职岗位出现大量缺口。

如何通过岗位设置、人才引进、能力建设、资源配置、激励机制等环节的流程优化和人才选育机制的持续完善,做好人才的"引、育、用、留",是数字化转型队伍建设中需要通盘考虑的问题。

在规模和质量的基础上,队伍建设还要注重向敏捷化转型。各证券公司需要结合自身体特点和体制机制,探索队伍建设模式,制订合适的培养路径。而公司与团队文化、归属感、理念认同度等软环境的打造也是团队建设的同步举措。

人才引进：关注主要年龄段的人才特征

智联招聘根据近几年的调研结果发现，大部分毕业生在求职过程中关注的首要因素并非薪资水平，而是能力培养、个人价值提升等高层次发展机遇。求职者是在乎"钱途"的，但他们更在乎的往往是"前途"。因此，证券公司要同时通过多种方式吸引人才的加入，并通过良好的文化和氛围凝聚人才。

以目前证券公司"90后"年轻员工增多的情况为例，需要根据"90后"员工的特点思考如何切实提高他们的认同感、获得感和积极性。"90后"的员工有自己的特点，他们不那么看重物质，生存对他们来说不再是天天要考虑的问题。他们评判一份工作的好坏，以及决心在一件事情上花费多大的精力，不会只看薪酬，也不是主要看这份工作稳不稳定，他们会更在乎这份工作对他们而言是不是有意义，更加注重工作带来的成就感，更加关注自我兴趣的发展。因此，需要针对主要年龄段人才呈现出的这些特征，提供对应的职位发展机遇。

同时，证券公司也要重点关注科研院所及高校数量较多、科技人才供应充足的城市，把握其科技人才增长红利，探索将其作为企业科技创新的策源地。

人才培育：能力建设与拓宽晋升通道双轮驱动

育人方面，要以能力建设为核心，对人才和相关的团队进行个性化、前瞻性的培养。一方面，是要加强技能培训和辅导，通过专项培训、资深员工的"传、帮、带"和实际工作中的实践，不断提升员工的知识储备和实战能力；另一方面，要为员工职业发展不断拓宽晋升通道。以信息技术专业人员为例，他们多数以深化和提高专业技术水平作为自身发展的目标。因此，打破行政职级发展约束的多样化晋升通道是增加员工归属感、释放员工主观能动性、激发团队活力、营造良好创新氛围的有力保障。

同时，人才梯队的建设和人才梯队结构优化等工作也非常重要。人才梯队一般打造成橄榄形或金字塔形，即以专家力量为牵引力，中间力量为基本盘，不断补充基础性的人才作为新鲜血液。在角色上，应从综合事务管理、横向协调、专业性工作、项目推进管理、前沿创新等功用定位上完善其构成，保证某一团队在完成某项具体任务时可以根据实际需要引入各类角色，同时尊重人才差异，形成各取所长、互相补位、执行力强的队伍。

知人善任：为能力发挥提供最优平台

人才与工作的合理匹配，是用人过程中的主要考量因素。正确用人需要管理者具备对现有人员进行能力识别与选拔的能力，并能够因人而异地安排岗位与分配任务。这样，才能既充分发挥个人特长，又对人员的各方面形成正向反馈的闭环，既能促进其成长，又能促进组织目标的实现。

有效激励：把握矛与盾的平衡

完善考核与激励机制，打造公平的文化，能够帮助团队形成积极向上的工作氛围，也是激发员工主观能动性和留住人才的核心举措；正确评价员工能力、保障员工权益，使得员工可以专注自身工作并充分发挥其价值。有效的激励措施，再结合恰当的职业发展路径，能够让员工"不想走、干得好、有认同"。

海通证券实践——拓宽成长与晋升通道，夯实多元化人才梯队建设

在数字化转型的队伍建设方面，海通证券在优化人才引进模式、强化队伍能力建设、拓宽人才晋升通道、优化激励机制等方面施行了一系列举措。

1. 优化人才引进模式

海通证券通过差异化的方式加大引进力度，创新人才招聘等常规的工作方法，有效提升了人才引进的效率。

针对基础型人才（横向一字型人才），一方面，开展校园应届毕业生招聘会，配合公司品牌形象、工作环境和未来成长空间等进行宣讲，吸引优秀毕业生；另一方面，加强高校合作，通过举办在校学生科技类比赛和实习生计划，增加在学生中的认知度和对海通证券科技品牌的认同感。

针对专家型、跨领域的专业人才（竖向一字型人才和部分 T 型人才），采用社会招聘和鼓励员工内部推荐相结合的方式。内部推荐的应聘人员在职业和技能匹配度方面更贴合实际需要有助于提升人才引进的效率。

针对高端人才（部分 T 型人才和 π 型人才），海通证券通过积极寻求机制的合理突破等方式，推动高端人才的引进。

2. 拓宽人才晋升通道

随着转型战略的深入推进和科技队伍的逐步扩充，科技专业人才的发展问题也显得日益突出。科技条线行政序列的职业发展路径相对狭窄，对科技人员在专业线的发展形成了一定的制约。一方面，信息技术类的工作专业性要求高，从人员数量上来看，技术人员要远大于行政管理人员，单一的通过行政管理序列来进行职业发展提升将成为专业人员发展的瓶颈；另一方面，部分高层次专业技术人员的性格特点也不适合从事行政管理工作，如果必须要通过转任行政职务来实现职位的提升，会不利于发挥其专业特长。

海通证券根据科技人员的实际情况，设置了科技的专业职级序列，使得科技人员不仅可以走行政职级的晋升通道，还可以走专业线的晋升通道。通过推动建立专业序列和管理序列"双线发展、交叉流动"，努力做到人尽其才、人岗配位。

专业序列的设定给公司和科技人员带来如下收益。首先，技术序列参考知名科技企业或领先互联网公司的运作模式，设置了诸如资深技术专家、高级技术专家、资深技术经理、高级技术经理等职级，减少了同业沟通的障碍，增加了技术人员对专业线工作的认同感。其次，通过专业序列方案中的等级评定等机制，减少了对非行政管理人员职级晋升的限制，为科技人员开辟了专业化的晋升通道。最后，通过绩效考核和专业水平评价，实现职级有升有降，保持合理且适当的高级专业人员规模。

3. 强化队伍能力建设

在队伍能力建设上，一是针对不同类型的岗位建立完整的培训体系，给每位新进员工指定职业导师，同时，针对热点和关键技术每年定期组织专项培训，鼓励团队骨干人员多参加与专业或管理相关的或交叉学科的各类培训；二是创造机会让科技部门的员工到业务部门学习，鼓励员工多接触业务部门、分支机构和营业部，多了解一线诉求；三是加强科技部门与业务部门、外部机构的合作，通过合作提高科技人员的专业技术能力和创新能力。

4. 优化激励机制

通过对取得重要科技成果的人员和团队进行奖励等措施，积极营造重视人才、鼓励创新的良好氛围。比如，设立科技专项奖励等。

在工作软环境方面，海通证券通过各种方式持续给予员工关怀和激励，持续创造良好工作氛围，包括开展各项活动增进员工间的交流、管理层通过座谈会等形式了解一线员工诉求等，帮助员工更好地成长和不断获得价值认同，提高归属感。

4.3　科技与业务的双向融合

随着科技逐渐成为证券公司发展转型过程中的关键变量，推动科技与业务的深度融合，成为掌握科技发展节奏、提升科技发展效能，提升企业核心竞争力的重要保障。融合应该是双向的，只有做到双向融合，才能解决诸多难点痛点。

然而，业务与科技之间仍然存在着如下鸿沟。

第一，科技全局发展与业务线差异化需求之间的冲突依旧存在。从科技管理的视角来看，证券公司的数字化基础设施和应用系统建设更倾向于集中化和"统一管理"，但证券公司的各业务线会分别根据业务发展需要提交系统建设需求。这样，一方面容易出现较多的"竖井式"系统和不同业务线数字化能力不均衡的问题；另一方面由于缺少统一管理和整体把控、需求的落地缺少统筹协调，系统间的整合联动和横向打通相对困难，给跨业务线的协同带来一定困扰。

第二，需求增长速度与科技供给能力不足的冲突更加凸显。虽然经过多年的努力，证券公司的科技队伍规模得到扩充，科技服务能力明显提升，支持业务的力度不断增强。但是，科技供给能力与业务日益增长需求间的矛盾依旧存在，业务的快速发展和企业数字化发展文化的不断培育，使得业务发展和经营管理对科技需求的增长速度明显快于科技供给能力的提升。同时，证券业务、企业经营管理的知识体系与科技专业线的知识体系存在较大差异，而业务部门或相关的职能部门在和科技部门沟通时关注的侧重也有所不同。因此，业务部门经常抱怨技术人员无法理解需求的内涵，需求的落地无法满足市场快速变化的需要；而技术部门往往抱怨业务人员对需求描述不清晰或者变更频繁。这种需求沟通过程中的问题使得科技部门经常只能被动地接受业务需求，并疲于应对，也一定程度上降低了需求实现的效率。

所以，促进业务与科技融合发展是数字化发展到一定阶段亟须解决的问题。不少银行和一些规模较大的证券公司都在促进科技与业务融合、协同方面，采取了相应的探索举措，进行相关体制机制的优化，以实现科技与业务对数字化转型的双轮驱动。

目前，国内金融机构采用的融合模式主要有以下四种（见图4-3）。

- **"科技人员前置"模式**。将科技部门中与业务相关的开发团队和测试团队安排到日常工作对信息系统依赖较多的业务部门，使科技团队与业务团队能够在一起办公。此模式方便科技人员深入了解业务和业务发展对信息系统的需求，同时，也能够帮助业务部门提高需求的质量，减少双方的沟通障碍。但这种模式在统一管理和规范化方面存在一定的短板，也容易出现"竖井式"系统和技术系统的重复建设。

- **"业务人员前置"模式**。将业务部门中具有信息技术背景的产品经理安排至科技部门办公，产品经理的工作职能中的一项重点工作是向科技部门传达或导入业务需求，以此来进行产品功能的规划和产品生命周期的设计。

- **"双向深度融合"模式**。在业务部门内组建融合团队，由业务与科技部门的人员融合组成。这个团队的主要任务是打破双方的沟通屏障，对业务需求的有效性进行把控，排定需求落地的优先级，形成标准化的需求表述。对公司来说，融合团队既了解业务又了解科技，成为科技与业务双轮驱动数字化转型的引擎。此模式需要打通现有人员岗位和职责设定，并设置对应激励机制。

- **"独立设置部门"模式**。通过成立独立的职能部门，承担其他业务部门的需求管理和需求完成情况的验收测试工作。

图4-3　科技与业务融合的主要模式

以上四种模式分别从不同的方向上解决科技与业务融合的问题，选择哪一种模式需要清楚地了解每种模式适用的场景或企业数字化转型所处阶段需要解决的核心问题。如"科技人员前置"模式需要为各个业务条线配备独立团队，要求科技团队具有较大的规模（一般在1 000人以上）；"业务人员前置"模式要求业务部门有专业的产品经理团队；"双向深度融合"模式重点解决需求质量和沟通问题；"独立设置部门"模式需要在企业层面对需求进行整合管理和整体规划，通常适用于融合程度和管控能力相对较高的企业。

海通证券实践——依托"双向深度融合"模式，加强科技与业务协同

海通证券清醒地认识到，要积极推动业务与技术的双向融合，需要进行体制机制的优化：从公司层面来看，要强化需求侧与供给侧的精确对接，确保科技赋能方向正确、时效迅速、成效明显；从科技自身来看，需要提高科技内部协同效率，强化服务意识和协作意识，帮助业务部门一起，共同提升业务需求质量和业务创新力度。

第一，转变发展理念，凝聚双轮驱动共识。科技融入业务，首先需要树立技术和业务"不分家"的观念，在数字化发展的过程中，淡化技术和业务界限。公司从上到下都要达成一个共识：科技发展赋能业务的本质是用数字化能力赋能公司业务发展，而不仅仅是科技部门赋能业务部门；数字化转型本质是促进业务的转型，因此它不仅仅是科技部门的工作，更需要公司各业务条线共同参与。

业务部门也要充分认识到，科技并不是简单地代替业务操作中的重复劳动，应用系统建设既可以代替柜员的手工劳动，降低营业网点成本，又可以多渠道服务客户，为客户提供更好的体验，帮助提升客户黏度。

科技融入业务是一个逐渐探索与成熟的过程，信息系统建设需要需求提出方和建设方都对需求进行充分的沟通和确认，这样才能帮助需求有效落地，减少不必要的消耗。只有科技部门与业务部门的密切配合，才能更好地提升协同效率，实现科技为业务赋能。

第二，成立融合团队，构建双轮驱动引擎。为推动融合，海通证券试点在多个业务条线设置"业务技术融合团队"。该团队由业务部门和科技部门分别抽调人员组成，业务能力与技术素养兼备，能够有效承担业务与技术沟通的桥梁作用，带动业务与科技协同发展，形成业务需求与解决方案的"适配器"，共同打造"科技团队中最了解业务、业务团队中最了解科技"的复合型人才队伍。

海通证券业务技术融合团队的职责，包括制订并完善所在部门的数字系统建设规划，统筹和评审本部门和跨部门数字化建设需求、变更评估和协调需求验收等工作，促进业务与信息技术的有效协同与整合，推动本部门的数字化转型。岗位设立和开展工作初期，以遵从需求规范和提升质量、对业务需求和信息系统的架构设计进行统一协调和管理为着力点。

业务与科技双向融合，是海通证券数字化转型过程中的突破性举措，并按

短期、中期和长期三个发展目标实施推进。从短期目标来看，专注于需求质量管理，促进"提质增效"，解决需求与开发"语言互通"问题；中期更强调"优化整合"，实现对需求的统筹规划，打造企业级高阶科技发展路线，深化资源优化和系统整合；长期的目标则更关注对"业务创新"的促进，通过对业务发展、技术创新、行业动态、客户需求的洞察，实现业务创新，全面提升公司核心竞争力。

机制保障上，通过在转型过程中明确业务部门与科技部门需共同承担的数字能力构建职责，并通过科技能力评价体系客观反映，结合绩效管理等措施，形成评价促改进的良性闭环。

这套双向融合的工作机制能够兼顾海通证券近期和中长期发展需求，促进主要业务部门加快数字化转型步伐，推动具有全局性作用的科技基础工作的开展。

4.4　项目与架构的精益管控

数字化转型以公司整体战略为指引，主要的数字化任务一般也以项目为载体去推进。而作为数字化工作高质量推进的重要基础，信息系统的架构管控也将数字化项目管理作为重要抓手。

项目管理和架构管控相辅相成，既可以确保数字化工作方向正确，方法有效，也可以增加信息传递的有效性，降低队伍规模扩张引发的数字化建设标准不统一、沟通效率低等问题。

证券公司数字化项目的精益管理与架构治理的推进机制各不相同，且多处于探索提升阶段。目前，这两方面的工作仍存在如下的挑战，包括相关方法论与治理体系尚需完善、相关角色的分工需要进一步明确、专业化的队伍需要进一步培养、明确的工作标准有待建立、对这两项工作的认同感需要培育等，这些都可以通过优化相应的管理或治理机制来改善。

精益化的项目和架构管控可以更有效地实现项目的目标，避免方向性错误或"技术债"的持续累积。

海通证券实践——强化项目归口管理和系统架构统一管控

为满足数字化转型需求、提高数字化项目建设质量、避免"技术债"的积累，海通证券推行数字化项目的归口管理和信息系统架构的统一管控，致力于培养具有全局意识、前瞻认知、掌握方法论体系、技术架构能力和法律知识等技能，并对海通业务现状和系统全局有深入了解的项目管理和架构管控团队。在开展相关工作时，海通证券也施行了如下的举措。

1. 建立高效的评审决策机制

海通证券以公司立项制度为抓手，结合公司项目联席评审、信息技术治理委员会审议等例行化决策机制，识别真实需求和审核建设合理性。项目进入立项阶段后，由公司内控部门、财务部门、相关业务部门和技术部门组成联合评审小组，对技术方案、合规风险管理情况等进行审核，重要项目按需召开专题会议或提请信息技术治理委员会审议。严谨的评审机制，保证了项目的合理性和方案的科学性，也有助于项目相关方快速统一认知后形成合力。

2. 建立立项、设计与上线评审三道管控线

为确保数字化项目的实施路径与公司转型蓝图、科技的总体发展思想、系统架构原则相匹配，海通证券强化了立项评审、设计评审和上线评审的三道管控线，以确保系统设计的合理性和落地质量。其中，立项评审是第一道管控线，用来评判项目可行性、技术架构的初步方案；设计评审是第二道管控线，旨在明确和优化总体技术实现方案细节，细化非功能性需求的落地方案，确保架构合理性；上线评审是第三道管控线，侧重部署架构的合理性，非功能性需求的落实情况，从而保障生产平稳运行。每道管控线审核视角各有侧重又有着紧密的关联。

3. 加强管控体系、方法论和工具的研究

成熟的管控应借助工具，在无感的状态下对团队和方案形成体系和逻辑牵引、知识和规范灌输，在保证项目顺利实施的同时潜移默化地提升项目团队的能力。在项目和架构管控的过程中，海通证券推行了一定的流程标准和辅助工具，通过建立相应的知识库并进行持续宣贯，提高建设者与管控者的协同效率。

海通证券的项目管理和架构管控机制，可以促进数字化建设在同一蓝图下进行，打通横向协同的壁垒、节约建设成本和长期运营成本，确保数字化项目的建设过程和经验可复制，做到了为数字化转型"保驾护航"。

4.5 守正与创新的科技文化

文化是相对于经济、政治而言的概念，泛指人类全部精神活动及其产品。文化对证券行业而言，是企业的灵魂；文化自信是更基础、更广泛和深厚的自信，是更基本、更深沉和持久的力量。

企业文化是一个企业战略定位、发展理念、专业能力、价值取向、精神品质等各方面的综合表征，是支撑长期稳定健康发展的底气所在、力量之源，是区别于其他企业的重要特征，核心是企业的精神和价值观。企业文化须适配行业文化，以行业文化为依托。

证券行业的文化核心是"合规、诚信、专业、稳健"。其中合规是底线，诚信是义务，专业是特色，稳健是保证。创新是数字化转型科技文化的脊梁，做好创新与数字化转型，需要坚持创新文化、坚守底线防护、牢筑合规意识，并结合应用"沙箱"机制，保护创新、包容试错、可控试点、循序渐进，培育和提供创新的土壤，使创新得以遵照设想有序可控、孵化成长。

海通证券实践——以科技文化继承和拓展公司文化

海通证券自成立以来，始终秉承"行稳致远"的公司发展理念。

"行稳"代表的是海通证券一贯坚持的"稳健乃至保守"的风险管理理念。公司通过搭建覆盖全公司的风险管理体系，切实落实全面风险管理要求，有效地管理市场风险、信用风险、流动性风险和营运风险。海通证券在各业务板块之间建立了有效的风险隔离机制和适当的预防机制，处理潜在利益冲突。此外，还建立了独立和集中化的内部审计及合规体系，以有效检查、监督各项营运和交易的合规性、真实性、完整性和有效性。

"致远"则代表了海通证券"一张蓝图绘到底"的战略引领。公司的战略是海通人集体智慧的结晶，也是海通多年来的发展根基。海通证券在与时俱进的同时，一路坚持"以客户为中心"的12345战略（一体两翼、三轮驱动、四根支柱、五大能力），以打造国内一流、国际有影响力的中国标杆式投行为使命，为员工创造价值，实现美好生活；为客户创造价值，实现共同成长；为股东创造价值，实现卓越回报。

打造一流的科技能力，需铸就优秀的科技文化，使其成为不可复制的核心竞争力。从科技愿景看海通文化，海通的愿景是打造中国领先的科技型投行，而海通科技人的使命是"成就企业、服务行业、赋能生态"。其中，成就企业是基本职责，服务行业是大局观念，赋能生态是共赢之路。

科技文化是科技队伍基于企业文化的工作目标、思路、氛围营造的体现。在数字化转型的过程中，海通证券科技团队始终秉承"务实专业、团结进取、开放创新"的科技价值观，积极弘扬"敢为人先、勇于担当、甘于奉献"的科技精神，持续锻造和坚持守正、包容、创新的科技文化，具体体现在如下八个方面。

- **合规为本**。科技工作的底线，首先，是要坚守合规底线。这是海通证券的基本要求，也是行业对各项工作的基本要求。其次，是要将安全生产作为第一生命线，确保信息系统平稳运行，为业务发展保驾护航，为创新发展奠定基础。最后，是严格遵守国家、行业和公司关于网络安全、数据安全的相关规定。

- **服务至上**。牢记科技工作的最基本职能是要服务好业务发展、为基层的工作提供平台支持、为经营管理提供决策依据。在工作中要经常问问自己是否解决了业务部门关注的问题；是否给公司带来真正价值；是否让客户、公司的业务部门有获得感。科技工作要切实解决有效需求，要不断站在产品设计和用户视角，努力提升用户体验。

- **积极进取**。没有进取精神和不断创新，就没有高质量发展，科技团队要有忧患和危机意识，不断提升自己的专业能力，关注业务、应用、数据、技术、安全、法规、环境等方面的知识更新并应用于实践。同时，海通科技对进取采取包容的态度，建立了创新容错机制，允许针对现体系未能完全涵盖的创新场景，在一定条件下先行先试，允许试错、宽容失败。

- **全局思维**。科技团队在实际工作中，要深刻了解科技发展对公司战略落地的重要意义；要将自己的工作纳入公司科技发展的大局中进行谋划；要时刻关注根据企业级的业务视图、应用视图和数据视图，形成对标的习惯。

- **知行合一**。对形成决议的任务或工作，要坚决、果断落实，过程中要加强沟通协同，保持信息对称、目标一致，保质保量完成，形成团体凝聚力和战斗力。

- **高效协同。**坚持"一个海通"的理念，按照科学的方法论，走专业化道路，在分工的同时，加强协同，保证效率。

- **守信务实。**仅仅依靠自上而下的考核驱动不是科技文化的最优选择。诚信的一个重要表现就是要实事求是，科技工作不能有半点含糊，必须要以事实为依据，客观分析，严谨论证，据实汇报。

- **乐于奉献。**海通证券给员工提供了一个成就事业的平台，要有长远眼光和职业精神，愿意做事，奉献自己，成就小我和大我，追求个人价值和公司价值的共同提升。

本章数字化转型保障机制是数字化转型体系的重要组成部分，而机制的设立需要遵从企业自身的体制。体制是体系、制度、方法、形式等的总和，机制是组织内相互作用的过程和方式；体制是机制的框架约束，机制是体制有效性的保障要素；体制一般相对明确和稳固，机制一般相对灵活。因此，各证券公司应在结合自身体制约束的框架下，与时俱进，努力探索设立合适高效的运作机制，从组织、人员、文化、配套举措等方面做好数字化转型配套保障。

数智底座篇

第 5 章
云数据中心建设

在资本市场改革不断深化的背景下，证券业务的发展对信息系统、数据存储和计算的需求不断加大。同时，行业创新业务必须有序发展，对内控、精细化管理等方面的要求不断提高，这也促使证券公司的信息化步伐不断加快。

目前，国内的大部分证券公司通过托管模式部署基础设施，这种模式虽然可以加强基础设施的集约和共享，但是随着各公司自身信息化建设的提速，托管机房资源存在瓶颈，灵活性不够等问题也逐渐显现。

一方面，国内的大型证券公司，根据行业对基础设施的基本要求和总体布局，结合自身发展需要，开始采用共享行业基础设施和自建数据中心相结合的模式，不断夯实自身数字化转型的技术底座，以更好地为业务发展保驾护航。

另一方面，证券业务互联网化的叠加效应催生出了更加丰富的业务场景，引发更高的交易负载和爆发式的数据量增长。投资者接触信息的渠道更加广泛，获取信息的便利性大大提高，进一步激发用户去主动获取市场行情和投资资讯，加上信息的主动推送，系统的访问量成倍增加，尤其出现爆炸性新闻或行情有较大波动时，会产生瞬间高并发和高网络带宽需求。这些都对信息系统的扩展能力、大规模集群和高效管理能力提出了更高的要求。作为支撑金融科技发展的全新基础设施形态，云计算以弹性扩容、按需配置等特点，正帮助证券公司从容应对因业务高速拓展而面临的基础设施部署、资源共享等方面的挑战，成为当今金融科技基础能力建设的关键抓手。

本章首先介绍了新一代数据中心的四个核心特征：低碳节能、云化设施、统一运维和软件定义；接着，以海通证券为例，介绍了其在节能型数据中心建设、金融云战略实施、实现统一运维管理和应用软件定义广域网上的实践。

5.1 新一代数据中心的四个特征

低碳节能常态化

数据中心的机房基础设施一般特指动力、空调、机柜、布线、通信等非 IT 设施，共同组成了 IT 资源运行的支撑环境。

随着我国信息技术的不断发展，各行业信息系统规模的不断增加，承载各类信息系统的数据中心也愈加受到重视，企业自建数据中心的情况日益增多，且规模越来越大。根据相关统计，2011 年至 2020 年的十年间，我国数据中心整体用电量以每年超过 12% 的速度递增，到 2020 年，用电量已达到约 1 507 亿千瓦时，约合二氧化碳排放量达 9 485 万吨，预计到 2030 年，用电量将突破 4 000 亿千瓦时，能耗形势比较严峻。

2015 年，工信部、国家机关事务管理局、能源局三部委印发《关于公布国家绿色数据中心试点地区名单的通知》，通知确定了北京、上海等 14 地开展国家绿色数据中心试点，主要覆盖金融、生产制造、能源、电信、互联网、公共机构等行业领域。

因此，现代化数据中心的核心是实现环保和节能的常态化，要实现这个目标，除了节能、省地等"显性"因素之外，还包含了安全、无污染、无干扰等"隐性"因素。一般来说，会采取如下三个主要做法。

一是采用模块化机房方式。与传统数据中心机房模块一次建成不同，新一代数据中心往往采取模块化设计方式，支持按需启用、按需扩展。在做模块化设计时，不仅要考虑机房空间，也要对机房空调、UPS 系统、发电机组、冷却系统、开关系统等进行同步规划，确保后续模块启用时，这些配套设施能够相互适配。而一体化机柜、微模块机房、集装箱式机房等也在一定场景下开始应用。

二是采用高效冷却系统。尽管国外数据中心早就采用水冷空调系统进行制冷，国内大型数据中心使用时间则相对较晚。水冷系统不仅比风冷系统节能 20% 左右，而且可以利用自然冷却方式进一步节能。以数据中心比较集聚的上海市为例，一年中有 26% 的时间可以利用自然冷却。其中适合全年部分自然冷却时间是 1 064 小时（当冷却水供水温度低于 17℃时，可以自动转换至部分自然供冷模式）；适合全年完全自然冷却的时间是 1 234 小时（当冷却水供水温度低于 10℃时，冷冻机停机，开启全部自然冷却模式），节省的电费成本十分可观。

三是采用高效 UPS 系统。目前在服务器设备基于直流用电的系统中，很多能量消耗在交流 / 直流的转换过程中，所以采用高压直流供电技术，不仅运行效率高，供电连续性和可维护性比传统交流 UPS 更好。实践证明，采用 380V 直流供电技术，可节省约 7% 的基础能耗和约 33% 的空间，可靠性提高了 200%，总供电容量节省了 15%。对于低等级业务系统和测试研发等设施则可以采用单路或双路市电直入方式，大幅简化 UPS 环节和成本投入。

此外，还可以考虑引入太阳能、照明智能化、日光追踪系统、节能环保建筑材料等措施，这样不仅可以达到国家 A 级机房或 ANSI TIA 942-IV 级的高可靠性要求，还可以达到国家绿色数据中心标准或国际 LEED 绿色认证标准。

基础设施弹性化

云计算技术通过构建跨层级、跨区域、分布式的后台处理中心，实现了资源集中管理、数据集中存储、服务集中维护、应用集中部署，避免了闲置资源的浪费，降低了运维成本，提高了资源集约化水平。同时，通过一定措施，有效隔离数据，确保数据安全。因此，其在各行各业获得了广泛的关注。

而在国家和行业层面出台的一系列政策指引，为证券公司合理布局云计算指明了方向。国务院 2015 年印发的《国务院关于积极推进"互联网 +"行动的指导意见》中明确指出"支持银行、证券、保险企业稳妥实施系统架构转型，鼓励探索利用云服务平台开展金融核心业务"。工业和信息化部在 2017 年和 2018 年连续印发《云计算发展三年行动计划（2017—2019 年）》和《推动企业上云实施指南（2018—2020 年）》，指导企业推进上云工作，引导企业加快数字化转型步伐。2019 年，中国人民银行印发的《金融科技（FinTech）发展规划（2019—2021 年）》中强调，要充分发挥云计算在资源整合、弹性伸缩等方面的优势，探索利用分布式计算、分布式存储等技术实现根据业务需求自动配置资源、快速部署应用，更好地适应互联网渠道交易损失高并发、多频次、大流量的新型金融业务特征。

云化设施对证券公司来说并不陌生，在虚拟化和公有云方面的建设使用为后续在证券公司自建的数据中心部署私有云、混合云提供了宝贵的经验。

虚拟化是企业云化的第一阶段，通过软件技术虚拟出的设备，实现与原有网络和设备进行对接、结合安全隔离和安全防护等措施，构建出差异化的资源池以满足不同的业务需求。这一阶段，通过对原有资源池的纳管和对虚拟化、物理资源的统一管理，实现资源池管理和使用规范化。目前这项技术已经非常成熟，证券公司甚至在十多年前就已经在大量地应用。

为有效应对客户通过互联网交易而产生的高并发压力，证券公司一般会将互联网交易系统的行情查询或其相关功能部署在公有云或者行业云上。以海通证券为例，在互联网交易系统的构建过程中通过公有云部署了大智慧、通达信、同花顺等标准第三方网上交易类产品的行情和资讯服务以及自建行情系统的服务端程序。根据 2020 年年末的统计，海通证券使用的公有云设备近 350 台。

而随着数字化进程的加快，证券公司对基础设施特别是计算资源、存储资源提出了更高的要求。

第一，要简化 IT 架构、提高设备需求响应效率，降低运维复杂度。传统 IT 架构下服务器采购及部署需要一定的时间，部署响应效率早已不能满足业务快速发展的需要。虽然很多证券公司已有一体化监控等工具平台的支持，但相比于虚拟化技术，传统 IT 设备的运维复杂度较大，巡检等例行化工作消耗人力较多。

第二，要控制资源成本、提高资源利用率。证券公司自有的服务器数量基数大且增长速度较快。以海通证券为例，物理服务器数量从 2016 年年末的 3 000 余台到 2020 年年末近 5 000 多台，平均年增长幅度近 7%，平均系统利用率低于 30%。设备折旧和运行维护费用居高不下的同时，受限于传统基础设施的架构，大幅提升系统利用率的难度较大。

第三，要提高资源集约化、标准化管理的水平，保证数据安全。员工信息终端管理方面，作为处理日常事务的主要工具，员工能够通过它访问和操作一些敏感数据，因此信息终端的安全直接影响到企业信息系统和数据的安全，而对员工行为合规性的有效管理也是信息终端安全管理的难点所在。数据隐私保护方面，相比于传统的数据存储模式，云计算平台的统一存储和监控、严格的权限管理等措施能有效降低数据泄露的风险。

于是，推动数据中心基础设施云化转型成为证券公司基础设施建设的必要举措。

生产运维一体化

数据中心的运营不仅仅包括数据中心资源的部署和调整，还包括服务管理和技术管理的工作。对于已经具备一定规模的证券公司数据中心而言，其服务管理工作一般都会按照信息技术基础设施库（ITIL，Information Technology Infrastructure Library）或 IT 服务管理（ITSM，IT Service Management）的理念进行标准化，而对于技术管理工作的标准化则会根据证券公司的实际情况进行实施路径的调整。根据海通证券的实践经验，实现生产运维的一体化需要考虑以下三点。

一是实现业务问题的统一受理和全过程管理。通过设立统一科技服务热线和 IT 服务台，实现业务问题的统一受理；通过规范报障、告警和生产事件的响应及处理流程，提升各级运维人员的服务意识；通过对报障、告警和生产事件等贯穿整个生命周期的全过程管理，明确责任、有效跟踪，避免出现遇到信息系统使用上的疑惑后找不到具体负责人等情况的出现，提高各环节处理效率。

二是实现信息系统的集中监控和及时处理。证券公司需要建立生产运维监控的相关工具平台，并以此为基础，实现对信息系统全天候的运行情况统一监控，告警信息统一护理，基础设备统一管理。在流程上，监控平台要将告警信息在第一时间发送给相关人员并督促解决，形成从一线监控到事件解决环节有效联动，提升信息系统故障及生产事件的主动发现率，避免生产事件发现和处理不及时而造成对客服务异常情况的发生。

三是实现例行化作业的统一处理。为了让信息系统的运维支持人员逐步从重复的日常事务性工作中抽离出来，使其有更多的时间专注于专业技术问题的排查与处理，证券公司可以将自动化、例行化的作业移交至集中运维团队统一执行。同时，通过统一的自动化作业管理平台，实现跨机房、跨地域的统一操作，改变各运行机房"烟囱式"各自为政的管理方式，逐步实现属地解耦合集约化管理。

网络互联软件化

软件定义广域网（Software Defined Wide Area Network，简称 SD-WAN）是将 SDN 技术应用到广域网场景中所形成的一种服务，这种服务用于连接广阔地理范围的企业网络、数据中心、互联网应用及云服务。它以低成本的互联网宽带在一定程度上代替了较低流量、价格昂贵的专线来完成企业站点互联，加上安装运维管理的简易性、全局流量调度和可视分析等特性，可以帮助企业降低广域网（WAN）的成本开支并提高网络连接的灵活性。

相比于传统的网络，SD-WAN 具有以下六个优势。

一是安全可靠。SD-WAN 可在广域网流量传输的过程中对流量进行加密，并通过对网络进行分片来提高网络安全性，确保数据安全。

二是高性价比。SD-WAN 可以让企业有效地利用互联网、4G、多协议标签交换（Multi-Protocol Label Switching，简称 MPLS）专线等多种方式构建高性价比的广域网来满足业务需求，而不用担心维护空闲的备份链路。

三是组网灵活。SD-WAN 路由器可以组合多个广域网连接的带宽，并根据企业不同分支机构的地域分布、规模大小以及实际网络需求等，提供灵活的组网方式。

四是部署敏捷。SD-WAN 可以使 WAN 服务快速部署到远程站点，而不需要 IT 人员去部署，真正实现终端设备的零接触部署、零接触维护和策略自动管理。

五是智能选路。为了避免链路故障带来的网络风险，企业往往会订购多个互联网链路，针对这一现状，SD-WAN 可通过控制器监管链路、网点、应用和设备情况，可基于应用动态智能选择最优网络路径。

六是云网融合。SD-WAN 让企业对网络的管理更加便捷，通过集中监测、分析网络性能和当前状态，促进公有云、数据中心、分支机构和物联网之间的任意互联。

SD-WAN 已经成为网络领域的新风向。根据 IDC 针对 SD-WAN 的相关调研，95% 的企业已经或将在两年内使用 SD-WAN 技术，而 42% 的企业已经完成部署。其中，中国 SD-WAN 应用始于 2017 年，在 2018 年快速增长，2019 年 SD-WAN 市场增速超过 130%，市场规模接近 7 000 万美元，使用涉及金融、零售、制造、互联网、媒体、政府、医疗、能源、电力、教育、交通和服务等多个行业。

5.2　证券公司云数据中心建设案例

建设新一代数据中心

1. 面临挑战：基础设施瓶颈有待进一步突破

新一代数据中心启动建设之前，依托总部自建机房和在上海、深圳等地租用的机房，海通证券"异地多中心"的基础设施布局已基本完成，机房的占地总面积近2 500平方米，拥有机柜数近1 000个。但随着业务规模的不断扩大，新系统和业务数据的不断增多，存量的机房空间和机柜资源开始捉襟见肘，成为制约业务发展的瓶颈之一。

为了从根本上解决机房设施瓶颈，满足未来业务扩展需要，海通证券推动了自有新型数据中心的建设工作，该数据中心坐落在上海张江高科技园区，投产后将取代原本位于上海市中心的公司总部机房，成为海通证券的主生产中心。

自建新一代的数据中心，对海通证券的转型发展，还有如下意义。

1）提升资源调度灵活性

随着业务规模的增加，基础设施保障业务发展需要，支持海量业务数据存储，基础设施需求的快速响应成为海通证券数字化转型过程中的重要挑战。为此，海通证券选择推进新一代数据中心的建设，它能够根据自身的基础设施布局进行"量身定制"，也能够明显提升资源调度的灵活性和可控性。

2）提升科技运营能力

一方面，数据中心由海通证券自主进行运营管理，这使得在沟通环节和应对突发情况的响应、处理速度上具有先天优势，有助于提高运营的效能；另一方面，完善的运营能力需要标准化、一体化的生产运行管理体系和完善的网络安全防御体系作为支撑。自建的数据中心有利于结合自身系统情况和业务特点构建上述两个管理体系，提升标准化运作水平。

不仅如此，自建数据中心并确保其能平稳运行，还需要有一支专业能力过硬，能够对基础环境进行运营和管理的队伍。这支专业队伍的建设需要积累实战经验，而建设和运行自建数据中心的过程，能够帮助这支专业队伍积累经验，提升实战能力。

3）保障业务数据私密性

自建数据中心的另一个优势是能够更好地满足金融企业对于安全性、私密性的管理需要，大幅减少在公共环境下数据被窃取的隐患。

4）实现能源消耗集约化管理

由于对自身运行情况和资源需求有更深一步的了解，自建数据中心更有利于进一步推进集约化的能源管理，支持国家"双碳"战略推进。

2. 新一代数据中心的运营能力

2021年1月，历时5年，海通证券张江科技园（见图5-1、图5-2）正式启用，补全了"异地多中心"布局的最后一块拼图,解决了总部机房在空间、电力等方面的基础资源制约,为公司未来 10 年到 15 年的发展,提供了基础保障。海通证券张江科技园占地面积约 33.8 亩,总建筑面积为 4.2 万平方米,可承载机柜超 3 000 个,已成为行业经营机构数据中心建设的新标杆。

图 5-1　新建成的海通证券张江科技园

图 5-2　位于海通证券张江科技园的企业级总控中心

动力环境方面,科技园数据中心电气系统采用 2N 架构,总装机容量为 27 200kVA,所有变压器为 AB 双路互备。同时,配置 6 台 1 820kW 的 10kV 高压柴油发电机,紧急情况下,柴油发电机可带满载超过 6.5 小时;暖通系统采用 2N+1 架构,并配置了制冷能量相当的板式热交换器用于冬季免费制冷,末端各层精密空调均为双盘管,有效避免单点故障。

生产安全保障方面,海通证券积极探索通过应用多种智能措施,辅助运维人员,做好数据中心机房基础设施的日常运维工作以及关键信息基础设施保护。具体内容主要包括以下三个方面:一是应用 DCIM(Data Center Infrastructure Management,数据中心基础设施管理)系统,打造 3D 可视化智能监控。监控范围包含机房整体环境、机柜微环境、性能容量、机房功耗等,能够全方位保障机房基础设施的稳定运行。同时,可通过 DCIM,持续地对动环各子系统进行信息收集及 PUE 监测,在保障安全的基础上,提供调优建议,指导运维人员进行关键耗能设备的调优,以选择最佳 PUE 运行模式。二是实现机房机器人巡检,打造高效运维模式。以一个有 166 个机柜的机房为例,机房内机器人每 4 小时执行一次巡检任务。根据实际使用情况,机器人单次巡检时长约 2 小时,巡检过程中实时生成温湿度云图并识别机房环境状态,遇到预先设定的告警阈值时,将会同步在本地及远程监控系统上提示性告警，为机房设备的稳定运行增添有力的保障。同时，机房机器人的随工陪同功能，可作为辅助措施，在变更实施人员脱离规定区域或停留时间超出变更申请范围时，机器人将会提示性告警，有效促进数据中心机房内关键信息基础设施的保护。三是通过 DCIM 系统，加强预测性、预防性维护。根据行业规范及各设备技术手册，建立对于全量动环系统及设备的智能化生命周期管理机制，合理规划设备设施预测性、预防性维护，消除已知风险隐患，提升数据中心基础设施安全等级。面对种类繁杂、数量众多的机房基础设施，预测性、预防性维护可以有效消除大部分的设备安全隐患。

低碳节能方面，在保障高可用性的同时，海通证券始终不忘承担低碳节能的社会责任，将节能要求融入到科技园机房的设计、建设与运营的过程中。其一，系统配置板式热交换机组，冬季可充分利用自然冷源替代机械制冷。其二，水冷冷源配置 3 台制冷能力不等的冷水机组，可针对不同负载场景，灵活供冷。其三，系统全量配置变频系统，实时调整频率，节能降耗。其四，机房内采用热通道封闭技术并配置变风量地板，不断优化机房气流组织。不仅如此，为了得到实时的 PUE 和能耗分布情况，通过在总进线配电柜、UPS 输出配电柜、空调及照明输入配电柜中安装智能电量监测仪，实现对各部件用电情况的分类监测，分析机房用电中，有多少被用于生产设备，又有多少被用到于辅助支撑设备，并通过这些数据计算出 PUE 值。基于对各类能耗的计量统计，能够充分了解机房能耗情况，结合主动能源管理的相关手段，持续对机房布局进行优化，真正实现节能减排的目标。

2021 年 4 月，海通证券的数据中心正式获得了由美国绿色建筑委员会颁发的 LEED V4.1 金级证书，成为当时证券期货经营机构中唯一一家成功通过国际权威最新标准金级认证的数据中心。LEED 是由美国绿色建筑委员会建立并推行的《绿色建筑评估体系》，在世界各国的各类建筑环保评估、绿色建筑评估及建筑可持续性评估标准中被认为是最完善、最有影响力的。海通证券数据中心成功通过 LEED V4.1 金级认证（见图 5-3），标志着其不仅在节能方面达到了较高水平，在运行时具有高效能与高效益，同时在节地、节水、节材、室内环境等方面体现整体可持续性。

当月，海通证券获得了中国质量认证中心颁发的国家 A 级机房认证证书（见图 5-4），成为行业少数同时通过国际和国内数据中心权威认证的证券公司。

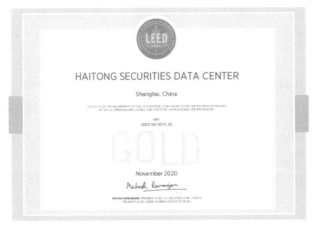

图 5-3　海通证券数据中心 LEED V4.1 金级认证证书　　图 5-4　海通证券数据中心国家
　　　　　　　　　　　　　　　　　　　　　　　　　　　　　　A 级机房认证证书

推进基础设施云化转型

1. 总体设计

海通证券经过深入分析和论证，决定采用虚拟化和软件定义技术，建立服务器、存储、网络设备资源池，实现基础资源共享和自动化管理，为生产、测试、研发环境提供按需服务、按需计量能力；采用容器技术，实现生产、测试、研发环境、应用构件的快速部署，提高系统可用性和部署效率；结合业务具体需求，开展软件云化服务试点；通过金融云的建设，具备为海通证券集团子公司提供多种托管模式和个性化云服务的能力。

海通证券金融云战略的实施围绕着解决以下三个关键问题。

一是公有云、行业云、私有云和传统物理服务器模式如何协同共存。公有云、私有云和行业云各有其优势。公有云或行业云可以借助云服务商或者行业核心机构大量现成的资源快速满足证券公司的需求，并通过专职的人员进行云环境的运行保障，降低运营成本，因此涉及公共数据如行情、资讯等以及一些静态页面资源，通常会使用公有云或者行业核心机构提供的行业云。而涉及客户数据或者公司经营管理的数据，出于行业的相关要求或数据安全性的考虑，证券公司通常会使用私有云。涉及证券行业业务开展的一些特殊要求，如部分交易服务需要支持超低延时，由于云平台暂时还达不到传统物理服务器的效率，一般会考虑使用传统服务器的运行模式。为发挥不同运行模式的优势，海通证券选择打造"私有云 + 行业云 + 公有云 + 传统裸机"的混合云架构。

二是如何避免风险聚集的问题。云平台使得存储、计算资源更加集中，一旦云平台出现故障，可能会引发大规模系统故障，并影响业务连续性。利用云平台多区域、高可用的平台架构，能够在有节点故障时实现流量动态迁移，结合异地多中心的云平台物理环境互备，提升故障应对能力。

三是如何解决上云数据的安全问题。数据的计算与存储上云后，安全性成为所有人最关心的问题之一。一直以来，安全也是金融业务上云的争议焦点。目前主要是通过基于多租户模型的设计方案，实现网络和计算资源的隔离，实现不同租户间、租户与平台外应用间的互访可控和数据安全保护。

2. 迈入"云纪元"

在厘清了三个关键问题的解决思路后，2016 年，海通证券明确要把"稳步建设海通证券金融云"作为基础设施建设的主要任务之一。其后，围绕"开源开放、化繁为简、敏捷交付"的指导原则，一年一个台阶，扎实推进办公桌面云、研发测试云、生产云、灾备云和托管云等五朵云的建设。

2017 年，办公桌面云和研发测试云初步建成并投入试点，海通证券正式迈入"云纪元"。

办公桌面管理由于涉及终端数量众多、员工需求差异化大，一直是企业 IT 管理中的一个难题。基于信息终端安全加固和证券行业员工行为合规管控的目标，海通证券探索并实践了办公上"云"，数据上"云"的办公模式。所有员工的办公环境运行在"云端"的服务器上，本地终端只作为员工远程连接到桌面云的终端工具，不会产生和存储敏感数据，从而解决了传统桌面模式下，每个员工的办公终端犹如一个个"孤岛"，终端的登录密码、屏幕保护、系统补丁、病毒库均由员工自己设置与管理，无法保证其安全性等问题。同时，桌面云实现了 100% 正版化，交付时间小于 10 分钟，不仅大大提升了办公便捷度，整体效能及安全也得到了切实提升。

研发测试云包含 1.6 万核 vCPU，内存超过 28T，存储超过 120T。纯应用环境和带数据库的应用环境交付时间分别仅需 1 分钟和 10 分钟，极大提升了研发测试工作效率，缩短了应用测试的交付时间。研发测试云的使用和推广，也为生产云的建设积累了宝贵的经验。

3. 生产系统上云

2018 年第一朵"生产云"的落地标志着海通证券有足够的能力驾驭云计算相关技术，也意味着海通金融云建设进入一个更具挑战、需承担更多责任的新阶段。截至 2020 年年末，生产云已部署近百套应用系统，节点数量超过 1 100 个，交付时间小于 2 分钟。同年，灾备云以生产云为基础，以"异地多中心"为目标，开始承载应用系统的灾备功能，为应用系统的高可用提供有效的保障手段。

4. 推进集团共享与规模应用

2019 年，以推进集团信息技术资源共享为目标，海通证券的云平台开始为集团子公司和分支机构提供托管云和灾备服务，托管云正式建成。托管云依托统一管理的基础设施资源池，实现覆盖独家子公司和分支机构的稳定、可靠、高效的云托管服务。它的建成也标志着在 IaaS 层，海通证券"五朵云"的建设基本完成。

2020 年，金融云开始在生产环境进行规模化推广，云平台资源池化、高度共享、规模应用的三个主要目标初步实现。

图 5-5 展示了海通证券金融云的实施路径。

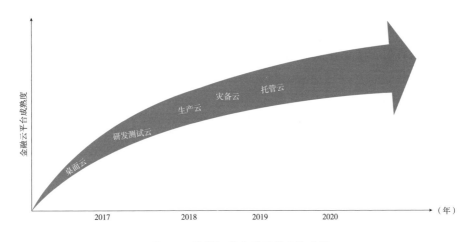

图 5-5　海通证券金融云的实施路径

5. 打造行业首个混合金融云平台

如图 5-6 所示，海通证券从单一的 VMware 资源池到开源 OpenStack+ 公有云混合资源池、从传统的集中式存储池到开源分布式存储池再到容量 / 性能混合存储池、从传统网络架构到新一代 SDN 云网架构、从研发测试环境试点到生产

图 5-6　海通证券金融云平台总体视图

环境大范围推广，打造了中国证券行业首个自主可控的统一纳管、编排私有云、行业云和公有云资源池的混合金融云平台，同时也在以下五个方面进行了创新。

1）异构纳管，统一编排

为了更好地支撑业务创新，海通证券的基础设施资源池一直不断延展，既有大量的物理机资源池，又有基于 PC 服务器和超融合一体机的 VMWare 虚拟化资源池；既有多套基于 PC 服务器和开源分布式架构的 OpenStack 私有云资源池，又有基于上证信息和深证通的行业云资源池，还有基于华为、腾讯和阿里等厂商的公有云资源池。

混合金融云平台不但实现了对多种异构资源池的统一纳管，而且形成了异构资源池的业务流程编排、IT 资源成本分析与管理体系。混合金融云为最终用户提供服务目录、审批流程和自助运维等服务；为运维管理人员提供资源池管理、安全策略、生命周期管理等服务；为决策者提供业务应用分析、优化和预测、计量计费报表等服务；同时还对第三方程序开放了 REST API 接口，可以被第三方集成和调用。这不仅是混合 IT 资源纳管的范畴和能力的提升，更标志着海通证券混合金融云进入了一个自助交付、智能运营的新阶段。

2）基于开源，自主可控

海通证券基于开源 OpenStack 的金融云平台不但能满足用户自主可控、稳定安全的诉求，其健全的生态体系、分享开放的社区、成熟的商业服务模式也有利于持续为技术团队赋能。在架构设计上，金融云平台采用了 Multi-Region

物理隔离和多可用区域（AZ）逻辑分区相结合的高可用方案，为后续金融云平台的大规模扩展、跨数据中心的应用交付提供了的技术保障。

3）云网联动，融合业务

混合金融云平台引入硬件 SDN 方案构建新一代云网联动的架构，使得网络和安全策略可以随业务自动化下发与配置。这种方案构建的网络可以基于业务组定义，实现不同的策略编排，当计算资源发生变更时，网络策略能够自动迁移，无须人工参与，减少了网络运维人员变更端口配置的重复劳动。同时，通过 VxLAN 技术构建的分布式组网架构，支持业务灵活扩展，增强网络可靠性和扩展性，实现应用业务间高性能互访、虚拟机灵活迁移和网络资源的自动适配。

4）性能容量，各取所需

混合金融云平台在设计时，根据需求和业务差异性，按资源类型分别提供"开源分布式存储资源池"和"集中式存储资源池"；按资源性能分别提供"超大容量存储资源池""混合存储资源池""超高性能存储资源池"。通过对不同性能的存储资源进行池化封装、标签定义，并建立放置策略，有效满足敏态和稳态并存的业务应用，进一步确保平台的高效运营与服务交付，为云平台的用户提供极佳的使用体验。

5）流量负载，智能均衡

为进一步提高应用系统的灵活性、可用性和安全性，并且在不改变网络架构的情况下增加网络吞吐量和提升数据处理能力，混合金融云平台集成了负载均衡的硬件设备，用户可以在租户内秒级创建负载均衡对象，通过 PING/HTTP/TCP 做健康检查，优化算法支持轮询、最小连接数、源 IP 等均摊策略，从而更好地进行用户流量分配。

随着金融云平台的大规模推广与应用场景的不断丰富，其价值也逐渐显现在以下四个方面。

1）自助服务、敏捷交付

在基础设施的传统运行模式下，往往无法便捷、低成本地获取服务器等资源，而金融云通过按需提供基础设施资源的方式，有效地解决了这一问题。在金融云平台上，海通证券的员工，不管是技术人员还是业务人员，都可以在配额范围内通过自助服务来按需申请所需资源，使得资源获得周期从数月降低为数分钟，实现了资源的敏捷交付，降低了软件开发周期、提高了运维人员的工作效率。

2）节能减排、降本增效

海通证券的混合金融云平台使用了 400 台服务器，承载了 6 000 台虚拟机，回收率超过40%，平均回收时间30天，极大地提高了资源利用率，每年为数据中心节省近亿元的电力、机柜租赁、运营管理等费用，同时也大量减少了二氧化碳的排放。

3）助力聚焦业务价值创造

混合金融云平台通过提供一系列的"聚合"服务，充分发挥了规模化、集团化、专业化的优势，帮助子公司、营业部创造更多业务价值。以海通证券某营业部使用的某套交易系统的历史库为例，原先营业部要投入专门的硬件、网络资源来部署此系统，运维人员后续还需要做硬件维护、系统升级等工作，成本高且费时费力。通过使用混合金融云平台提供的服务，营业部的相关人员不再需要关注部署、运维等工作，解放了营业部的人力资源。

4）显著提升运营能力

作为企业级的技术平台，海通金融云平台为公司内部提供了统一的云计算组件等，使得企业信息化建设满足合规管理的要求，并兼具标准化与差异化特性。以桌面云应用为例，终端管理需要对众多终端用户的差异化服务需求进行响应，海通证券通过对桌面云部署和实施，在满足了上述要求的同时，实现了对PC终端软件的统一管理，进而提升了终端的运维效率。

随着实际应用效果的显现和行业影响力的提升，海通证券的混合金融云平台近年来获得了行业内外部的多个奖项（见图5-7）。2020年7月，海通证券的混合金融云平台被工业和信息化部评为企业上云典型案例，在全国示范推广。

图5-7　海通证券金融云获得的荣誉

建立统一运维团队

海通证券组建集中的 IT 服务团队，通过对 IT 服务团队架构的完善，依托新构建的"集中受理服务台"和"e 海智维生产运维"两大基础平台，实现了对业务流程、系统运行情况等的集中监控和统一处理，改变了以往单个数据中心"烟囱式"的管理方式，管理逐渐向集约化转型；设立了统一的科技服务热线，向公司总部和所有各分支机构提供统一、全天候的科技咨询、信息系统报障处理等服务，实现了公司业务问题的集中受理，统一跟踪和全生命周期管理。相比于 2018 年科技服务热线启用之初，截至 2020 年年末海通证券统一运维团队的一线解决率上升了 13.39%，平均问题响应时长下降了 1.29 小时，问题解决效率得到明显提升。

构建高速互联通道

1. 海通 SD-WAN 建设背景

网络作为联接各方的基础设施，在企业数字化转型中扮演着重要角色。海通新一代云数据中心对于业务支撑价值的发挥离不开网络构筑的高速互联通道。

目前，海通证券的经营网点遍及全球 14 个国家和地区，在境内拥有近 340 家证券及期货营业部，服务近 1 500 万名客户。图 5-8 展示了海通证券总部与

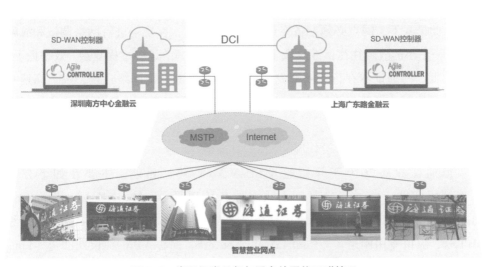

图 5-8　海通证券总部与网点的网络互联情况

网点的网络互联情况。面对如此复杂的经营网络和庞大的客户群，加上行业业务办理线上化、交易渠道互联网化趋势明显，使得公司在数据中心建设规划中需要考虑业务所依赖的高可靠、大带宽、高性价比和低延时的广域网络。然而，传统广域网络在支撑公司未来发展方面存在如下不足。

1）流量需求快速增加，传统专线性价比低

公司引入智能身份识别、高清视频、语音交互等创新金融服务，使业务网络流量激增。而以传统模式采用专线构建的营业部到总部的多级广域网络，不仅带宽小（仅 2~10Mbps）且价格昂贵，无法既经济又有效地满足智慧金融的业务流量需求。

2）单链路适配性差，差异化需求无法满足

随着金融云战略的推进，公司对网络的要求不断提高，不同应用对链路有着不同的需求：证券交易业务要求低时延，高清视频业务更依赖大带宽，而语音交互则对丢包问题更敏感。传统单链路专线无法针对不同应用设置相应的参数，或针对特殊应用的要求提供专门的链路保障。

3）运营模式不灵活，运维复杂度大

海通证券拥有大量轻型营业网点，其经营定位与运营模式灵活，需要顺应周边商业环境变化快速设立或撤并。对于网点的网络建设，若采用传统专线及IPSec 的连接模式，往往需要分派专业工程师进行现场调试、安装、部署，这一过程动辄需要数周甚至一个月。一方面，无法满足轻型营业网点快速变迁的需求；另一方面，烦琐且不透明的部署过程也增加了需求方在等待过程中的焦虑。另外，此模式下，网点必须配备专业的网络工程师，在现场进行网络调试和故障定位，一个小的故障往往就涉及数千行命令行的配置，运维过程复杂、效率低下。

为此，海通证券在行业内率先启动 SD-WAN 新一代网络建设，以"高速互联，品质体验，简易运维"为目标，为公司新一代云数据中心和智慧营业网点构建高速互联的通道。

2. 海通 SD-WAN 建设情况

海通证券从 2019 年开始建设 SD-WAN 网络，目前，主要在如下方面开展探索实践工作：一是灵活引入多业务传送平台（Multi-Service Transport Platform，简称 MSTP）、多协议标签交换（Multi-Protocol Label Switching，简称 MPLS）、虚拟专用网络（Virtual Private Network，简称 VPN）、长期演进（Long Term Evolution，简称 LTE）等多种技术，针对不同业务特点，构建高性价比的

SD-WAN 高速互联通道；二是多链路互备，应用级智能选路，保障关键证券业务体验；三是保障设备即插即用，网络分钟级开通；四是全网集中可视管理，全流程自动化管理，提升运维效率；五是通过异地容灾，控制集群的双重冗余设计，融入海通证券的数据中心整体布局，确保 SD-WAN 控制器高可靠，实现全网集中可视管理，运行状态一目了然。

1）混合链路接入，构建高性价比的 SD-WAN 互联通道

数据中心建设的规划需要考虑总部机房与遍布全国的营业网点，特别是智慧网点的互联情况。

根据中国证券业协会 2012 年发布的《证券公司证券营业部信息技术指引》要求，证券公司根据证券营业部是否提供现场交易服务和是否部署与现场交易服务相关的信息系统，将证券营业部的信息系统建设模式分为 A 型、B 型和 C 型。A 型模式在营业场所内部署与现场交易服务相关的信息系统为客户提供现场交易服务；B 型模式在营业场所内未部署与现场交易服务相关的信息系统，但依托公司总部或其他证券营业部的信息系统为客户提供现场交易服务；C 型模式在营业场所内未部署与现场交易服务相关的信息系统且不提供现场交易服务。

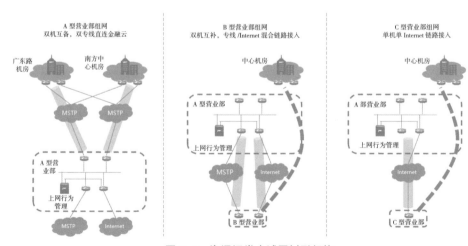

图 5-9　海通证券广域网树形架构

如图 5-9 所示，近年来，海通证券根据实际业务需求，结合 SD-WAN 特点，重新构建全新的广域网络架构。借助 SD-WAN 丰富的组网模型，A 型营业部全部采用专线直连机房的扁平化组网模式，B 型和 C 型营业部可根据业务诉求灵活选择与中心机房建立扁平化或者层次化组网。

基于证券行业业务特点，流量主要以营业网点到中心机房的上下行流量为主，很少涉及分支网点互访，所以组网架构推荐采用星型（即 Hub-Spoke）模型，营业站点（即 Spoke）只与中心机房（即 Hub）通信，无法直接互访。出于可靠性考虑，中心机房选择双设备，营业网点设备按需可单可双，如当前海通已部署的 C 型营业网点为单设备单出口部署。中心机房每台客户前置设备（Customer Premise Equipment，简称 CPE）各连一条运营商链路，而网点侧可根据自身规模，采用单链路或者双链路因特网接入。

图 5-10 是海通证券 C 型营业网点采用单条 Internet 接入数据中心的组网模型。

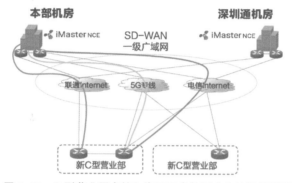

图 5-10　C 型营业网点接入海通证券数据中心的组网模型

2）应用级智能选路，保障关键证券业务的体验

传统网络中，设备无法根据线路质量进行实时切换调整，但 SD-WAN 则不同。海通证券能够应用以下三种选路方式。

方式一，基于链路质量的智能选路：当链路质量低于 SLA 阈值（包括丢包、时延、抖动），网络会自动进行流量切换，转移到质量好的网络上去。

方式二，基于链路带宽流量负载分担：通过应用识别，确定不同业务流带来的链路带宽流量负载，为不同的业务流选择适合它的链路带宽。

方式三，基于链路带宽利用率的智能选路：如当主链路带宽利用率高于阈值上限 70% 时，切换低优先级应用到备链路，当主链路带宽利用率低于阈值下限 50% 时，回切低优先级应用到主链路。

3）打造省内汇聚、省际直连的新型智能网络

以海通证券在某省典型的层次化组网结构为例：省汇聚中心上联通过混合四链路与南北中心互联，构建双星型结构，构建起 SD-WAN 一级广域网；下联通过两条 Internet 与 C 型营业部互联，形成 SD-WAN 二级广域网。省汇聚中心

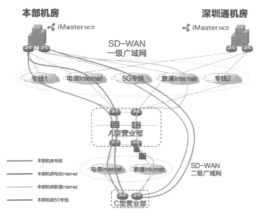

图 5-11　海通证券某省典型的层次化组网结构

作为本区域内统一的互联网出口，通过部署防火墙和上网行为管理设备，进行集中的风险控制与管理，全面提升该省区域的互联网安全，图 5-11 展示了这种层次化的组网结构。

应用链路检测技术精准检测链路质量数据、多样化的应用识别技术匹配应用，通过结合链路质量切换条件、应用优先级、带宽利用率等相关参数的设置，灵活应用智能选路策略实现多场景 SD-WAN 的选路，确保关键应用运行在最优链路上。

场景一：交易等重要业务运行在省汇聚中心到本部机房的专线上，非交易业务和交易非重要的大流量业务运行在省汇聚中心到本部机房的 Internet 线路上。

场景二：当专线出现丢包、抖动、延迟或者带宽利用率超过预设的阈值时，交易业务流量自动切换至双活 Internet 线路（见图 5-12）。

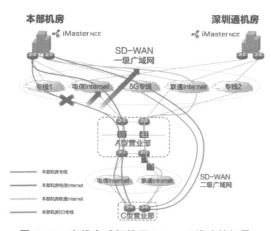

图 5-12　专线自动切换至 Internet 线路的场景

场景三：当省汇聚中心因故障无法接入时，该省内下挂网点的业务自动切换到 5G 专线，一跳到本部机房，确保业务连续性和可用性（见图 5–13）。

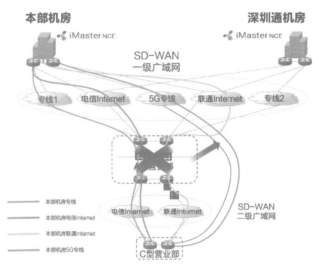

图 5–13　省汇聚中心因故障无法接入的场景

场景四：当本部机房因故障无法接入时，通过接入深圳通机房再迁回至本部机房，确保业务的连续性和可用性（见图 5–14）。

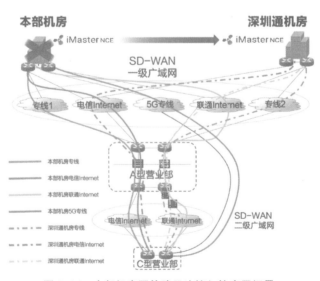

图 5–14　本部机房因故障无法接入的应用场景

4）接触开局，网点分钟级网络开通

在部署 SD-WAN 过程中，海通证券充分体验到了 SD-WAN 部署的 ZTP（Zero Touch Provisioning，零接触部署），利用 USB、邮件、DHCP 等多种方式灵活开局，30 分钟内快速上线网点业务，大大加速了证券业务的快速扩张。

以通过邮件方式开局为例，在部署 SD-WAN 时，总部的 IT 人员只需要提前做好配置数据，然后将配置通过邮件的方式，发给站点开局人员，该员工即可通过邮件内加密链接，完成设备配置部署，不再需要专业 IT 人员到场进行配置安装，实现网点设备"即插即用"，网点应用"随叫随到"。

5）多维度可视运维，降低运维复杂度

海通证券 SD-WAN 在组网完成后，建立了全方位的监控网络，以确保网络正常运转。具体包括站点性能监控、站点间性能监控、应用性能监控等，同时能够借助设备日志管理和故障定位，及时发现问题、解决问题，图 5-15 展示了对 SD-WAN 运行情况进行回常监控的系统界面。

站点性能监控：通过站点维度的监控，管理员可以监控全网站点的健康度情况，根据指定站点的日、周、月不同时间纬度查看设备性能、链路吞吐率及带宽利用率、链路质量、应用的流量和质量、访客的流量和应用等。

站点间性能监控：通过站点间维度的监控，管理员可以监控两个站点之间日、周、月不同时间纬度的链路质量，流量，带宽使用率及应用的流量和质量等。

应用性能监控：通过应用维度的监控，管理员可以监控应用质量的分布情况，应用使用流量排名，应用的客户端数排名，指定应用的日、周、月流量和

图 5-15　SD-WAN 运行情况的日常监控

质量趋势等。

设备日志管理：管理员通过 SD-WAN 控制器部署 CPE 的日志策略后，CPE 上报日志给日志服务器，日志服务器对 CPE 日志进行采集、存储和分析；管理员可分别通过 SD-WAN 控制器或日志服务器对控制器及 CPE 的日志进行查询。

故障定位：管理员通过告警和监控及时了解到网络任一位置异常后，通过简易的故障定位手段即可快速发现问题根因，并由此制定相应的修改策略和解决措施。

3. SD-WAN 建设经验

通过 SD-WAN 网络的部署实践，海通证券积累了如下经验。

一是要看全局、重规划。要充分了解广域网技术尤其是企业现有网络体系结构的发展路径，并站在未来公司业务发展方向来谋划公司网络基础设施的布局。特别要针对服务器虚拟化、云平台的应用、移动端流量激增、智慧网点建设等新趋势，持续优化企业的网络架构需要。在新一代数据中心建设中，提前做好网络方面规划，进行深入分析，针对多层次的网络需求进行评估和设计。

二是要分阶段、重实效。在实施和运维过程中，要选择适合企业自身特点的网络解决方案，SD-WAN 组网绝非一蹴而就，而是要根据不同的业务特点，分步骤、有节奏地逐步推进。如何实现 SD-WAN 跨地域的大规模组网，如何实现其与非 SD-WAN 站点的互联互通，如何确保业务安全，都是实施过程中需要关注的重点和难点。

三是要重合作、提能力。SD-WAN 是一种复杂、强大且不断发展的技术，企业需要选择合适的合作伙伴来共同规划、实施、运营和完善，应重点关注相关生态圈的建设情况。同时，加强自身团队建设，做好人员储备，以应对新型组网对网络架构和人员专业能力的新要求。

海通证券在新一代数据中心建设过程中，通过部署 SD-WAN 网络，优化了公司现有的网络架构，提升网络基础设施的运行和保障能力。同时，通过控制器异地容灾和站内集群技术双重冗余方案设计，提升网络运营的高可靠性。

SD-WAN 可以快速识别知名应用和证券私有应用，合理规划证券交易，通过多链路负载均衡，让证券交易数据始终运行在质量最优的链路上；充分利用 MSTP 与因特网主备链路，避免主链路拥塞，备链路空闲；通过监控工具，实现运营过程的可视化；借助网络自动巡检程序，实现精准告警信息主动推送。基于 SD-WAN 构筑的高速互联通道保障了关键业务流程的高品质体验，已成为海通数据中心建设整体布局中的重要一环。

5.3 云数据中心建设的未来展望

更加节能的数据中心

　　首先，针对机房资源使用不均衡及机房资源浪费的难题，可在数据中心基础设施管理系统定制智能上架模块。通过预设"U 位匹配优先""利用零散空间优先""占用已有机柜优先""设备连续部署优先"等策略，结合智能算法，实现最优上架，弹性、精细化地调整电力、制冷与业务间匹配。确保机房内各项资源的均衡使用，更进一步地实践机房智能化节能管理。

　　其次，太阳能作为一种清洁可再生的能源，无污然、无噪声的特点使其具有其他新能源无法比拟的优势，因此可探索在机房楼部分区域使用太阳能供电的可行性，减少数据中心能耗开销和碳排放量。比如，在数据中心机房供电系统正常由外部市电供电，市电中断时由不间断电源 UPS 及备用柴油发电机组供电的基础上，为照明系统、走道空调以及其他辅助用电增加光伏电源，尽可能采用光伏电站供电。

　　最后，未来的数据中心可以通过计算流体动力学（Computational Fluid Dynamics，简称 CFD）模型进一步优化机房气流组织的可行性。CFD 是一门具有强大生命力的交叉科学，它以电子计算机为工具，应用各种离散化的数学方法，对流体力学的各类问题进行数值实验、计算机模拟和分析研究，以解决各种实际问题。目前，部分数据中心的机房已采用热通道封闭技术有效管理机房气流组织。在此基础上，未来可继续深入对 CFD 模型的研究，进一步改善机房内气流组织，有效提升机房内精密空调的使用效率，基本消除机房局部热点，并在应急状态下，为恢复生产或保障机房内环境温度的稳定提供最优路径。

日趋成熟的云化应用

　　在金融云的深化建设方面，一方面将通过软件定义技术（软件定义计算、网络、存储、安全等）和物联网技术，提供标准化基础资源、信息安全保障等服务；另一方面，逐步将建设重心从云平台的 IaaS 层转向 PaaS 层和 SaaS 层，通过深化云原生技术体系的建设，包括容器化和微服务化等，进一步加强各类资源的统一管理。借助容器云平台推动应用研发运维一体化进程，提升云原生应用的交付能力，构建涵盖云平台、云应用、云服务的软件定义数据中心。同时，将云端的能力融入终端，让数据可以在终端进行本地处理，再通过"云""边"协同，提升整体计算潜力，这也将成为优化现有云架构的另一个探索方向。

不断进化的 SD-WAN

在网络架构优化方面，SD-WAN 正在成为企业网络迭代的必然方向，行业经营机构亦将加快 SD-WAN 覆盖，充分利用人工智能、5G 等技术，不断完善支撑业务发展的底层高速互联通道。

SD-WAN 与各种前沿技术的融合将带来可观的收益。

一方面，SD-WAN 与 5G 的融合，将赋予前者接入超大带宽、超低时延、海量连接的能力，并可极大提升证券网点的接入灵活性，也为证券业务的推广延伸提供了可能。同时，SD-WAN 能够利用 5G 网络的切片功能，对业务流进行识别、分类，实现更精准的智能选路，以应对激增的低时延证券业务需要。

另一方面，基于人工智能技术结合的 SD-WAN 自动化运维技术，将极大简化网络运维复杂度、减少故障定位时间，为分布式、跨地域的证券公司数据中心无人化运维提供可能。

第 6 章
数据中台建设

当前,"数据成为关键生产要素""数据是新时代的黄金"等理念已深入人心。而在证券公司的数字化转型中,数据的价值更是异常凸显,强化数据管理能力提升,推进数据价值的合理发挥已成为证券公司数字化转型过程中的重要举措。

在这样的背景下,证券公司关于"如何把数据真正用起来"进行了一系列的实践,以求充分发挥该项资产的价值。而数据中台建设便成了近年来该领域的热点。

在数据中台建设的各个方面,各证券公司进行了卓有成效的尝试,包括规划最适合的数据中台建设战略与路径;开展数据治理以夯实数据价值发挥的基础;打造大数据平台,为数据采集与汇聚、数据预处理、数据存储与计算等方面提供强劲支持;构建全面的数据服务平台,为各业务条线输出强大的服务。本章就行业数据中台建设情况和海通证券自身实践进行阐述。关于数据中台的建设是一项长期而艰巨的工作,但它必将会给证券公司带来丰厚的回报。

6.1 行业数据资产管理与应用情况

数据资产成为转型关键要素

随着大数据时代的降临,规模海量、流转快速、形态多样、价值总含量极高的数据不断积累,通过对它们的加工,再结合适当的分析决策模型,便能够形成企业数据资产,支持企业深度洞悉客户、业务和管理,辅助企业运营。而这些可以"变现"的数据已成为公认的宝贵资产,即数据资产,更被视作支撑证券行业数字化转型的关键要素。

近年来，国家或行业出台了一系列法律法规和政策指引，明确了加快推进数据管理和应用工作的相关要求。在当前的证券行业，对数据资产的重视已被提升到前所未有的战略高度。

2016 年，中国证券业协会发布的《证券公司全面风险管理规范》中明确提出：证券公司应当建立健全数据治理（Data Governance）和质量控制机制，将数据治理纳入公司整体信息技术建设战略规划，制定数据标准，涵盖数据源管理、数据库建设、数据质量监测等环节。

2018 年，中国证监会发布《证券基金经营机构信息技术管理办法》，其中用单独的章节对数据治理提出 7 项要求，强调了证券基金经营机构应当结合公司发展战略，建立全面、科学、有效的数据治理组织架构以及数据全生命周期管理机制，确保数据统一管理、持续可控和安全存储，切实履行数据安全及数据质量管理职责，不断提升数据使用价值。为引导行业加强数据治理工作，提高行业数据质量、数据应用能力。同年，中国证券业协会也起草了《证券公司数据治理操作指引（征求意见稿）》。

2019 年，人民银行印发《金融科技（Fintech）发展规划（2019—2021 年）》，明确布置了加快完善数据治理机制，推广数据管理能力的国家标准，明确内部数据管理职责等数据治理的相关任务。

2020 年 4 月 9 日，党中央、国务院印发了《关于构建更加完善的要素市场化配置体制机制的意见》，将数据与土地、劳动力、资本、技术并列为五大要素领域，提出了这些领域的改革方向和具体举措，并指出数据作为新型的生产要素为中国的数字经济发展提供了支撑。

2021 年，相关的法律法规、政策指引的发布更进入了加速期。2 月，人民银行印发了《金融业数据能力建设指引》指导金融机构开展金融数据能力建设。9 月，作为中国首部有关数据的法律《中华人民共和国数据安全法》正式实施；11 月，《中华人民共和国个人信息保护法》正式实施，这两部法律的颁布实施意味着数据安全已上升至国家战略高度。

一方面是当下行业对于数据的高度重视，另一方面则是多年来证券公司的信息化建设为数据方面工作的深入开展奠定了基础。

基于资金存取、委托下单、对账查询等证券交易各个环节自动化与无纸化的实现，证券公司在业务开展中积累了大量的数据，这些数据构成行业特有的数据资产。总体来说，它们主要包括以下几类。

一是客户信息数据。该类数据来自证券公司的客户。证券行业是一个典型的能够拥有客户高价值数据的行业。证券公司往往能够拥有客户证件、电话号码、家庭地址、资产情况等关键资料。理论上，客户通过证券公司信息系统进行投资交易的几乎所有行为都可以被后者纳入记录中（尽管实践中由于客户隐私保护要求，部分敏感数据不会采集）。另外，基于大量的客户原始数据，结合其他方面信息，证券公司更能产生关于投资者风险承受能力、信用评级、服务偏好等方面的丰富高阶数据。

二是证券公司自身数据。该类数据主要来自于证券公司自身，包括运营、信用、财务、考核、风险、合规、办公及其发展过程中产生的数据，还有公司员工的各种信息及评价等。

三是投资标的数据。该类数据来自证券行业，大致又可以分为三类：第一类是法定公开资料，主要包括全部行情明细，公开的财务报表及公司各种公告信息；第二类是部分公开但需要收集整理的信息，例如上市公司重点产品在重点区域的经销记录（价格、销量、收益分配方式）、该公司的相关新闻、在社交媒体中有关该公司的评论信息、该公司的重要合作伙伴的信息和线索；第三类是部分不公开但并非重要的信息，例如第三方机构合法提供的部分上市公司高级管理人员综合评价等。

四是外部环境数据。该类数据并非来自证券行业，但可能会对资本市场、证券行业、证券公司和投资者产生一定的影响，包括各种重要事件（战争、政治事件、重要判决等）及其影响分析、宏观经济数据、人口变化情况、气候变化等。

目前，在证券公司经营过程中各类数据的产生和汇聚不断提速。并且，所采集的数据不再像过去一样以结构化数据（即能够通过关系型数据库进行存储和应用的数据）为主，非结构化数据（如内部的客户行为数据、系统运行日志、员工操作记录等，外部的新闻、研报、图片、视频、语音等）的占比日益提高，整体逐渐过渡到结构化、非结构化数据并存的局面。这也意味着行业数据资产的不断丰富与多样化。

面对所积累的丰富数据，源于谋求发展的不懈，国内各证券公司对于其应用的探索早已开始。早在十多年前，部分证券公司便开始对客户资料和交易记录、行情数据进行综合数据分析和挖掘，以提供标准化与个性化兼顾的各方面服务。

多年来，证券公司根据历史、实时行情，结合新闻及环境数据开展的各种技术分析探索，结合其他技术的应用，促进了计算机辅助交易的发展。借助行业数据，证券公司就财务数据、合作伙伴数据、销售数据等内容开展综合对照，挖掘造假信息的特征，以有效发现上市公司财务数据和经营情况的遗漏和造假。另外，证券公司纷纷通过对数据的高效利用，推进人机协同、优化内部流程、提高组织工作效率、降低运营风险。

可以说，通过场景落地，数据资产已经能够为国内证券公司带来可见的影响与显著的效益。未来，数据更将成为其核心财富和创新的原动力。

数据中台成为转型的核心引擎

证券公司业务天然与数据紧密相关，也通过对其的应用探索创造了可观的价值，但是"如何把数据真正用起来"对证券行业来说仍是一项严峻的挑战。目前，各证券公司普遍还不能实现内外部数据及其应用的完全打通，数据资产价值的发挥仍受到了明显的限制。

就当下一般情况而言，证券公司内部的交易数据、客户数据、风险数据、行为数据、产品数据等基础数据较为完善，但是外部的市场数据、工商数据、舆情舆论等扩展数据仍有缺失。而杂乱的技术栈也阻碍了对数据的管理与应用，由于公司级架构管控机制可能存在的缺失，再加上系统供应商纷杂、技术标准不统一、业务管理条块化等问题，各条线系统在技术与数据标准方面往往各自为政，阻隔了数据之间的互通，影响了相关能力的沉淀。另外，目前大部分数据应用局限于相对浅层、初阶的程度，对于更智能、深层次的数据挖掘，虽进行了一定探索，但力度仍有待加强。因此，数据资产虽然丰富，但对其的应用存在一定的浪费，其更深层次的价值尚待发掘。

近年来，作为对上述严峻挑战的一种重要应对，"数据中台"成为业界的焦点。数据中台并不是仅仅一个系统或一个平台，而应是一套全面而完善的体系，目的是让企业持续不断把数据变成资产并服务于业务，即"可持续地将数据用起来"。

与传统数据完全依附于技术系统的模式不同，通过数据中台，一方面，前后台技术系统的数据将逐步整合，不再依附于某个技术系统，进而形成相对独立的数据仓库，甚至是规模化的企业级数据平台；另一方面，数据平台不再是简单的数据存储，还包括了面向业务需求建立的数据模型和服务封装，可以通过数据开发和展示工具，全面支持前台和后台各种个性化数据服务和应用服务的需要。

也就是说，数据中台必须包含两方面的能力：跨域数据汇聚和整合的能力，以及基于数据生成服务进而创造业务价值的能力。相比传统的数据仓库，数据中台距离业务更近，能够为业务提供更快、更好、更全面的服务。

需要指出的是，在数据中台的建设和使用中，极其强调各方面的数据意识。比如，在业务拓展过程中碰到问题或需要进行某些业务决策的时候，要能够主动寻求数据支持来帮助推进工作；在数据的管理和分析应用中，要深刻地认识到数据的各种特性，做到量体裁衣，对症下药；在日常的工作中，要解放思想，不断发掘潜在的数据应用业务场景。因为数据的准确性离不开不断的使用、反馈和修正，数据的完整性离不开不断的汇集、补充和完善，所以数据中台还要求数据的使用者具有回馈意识，在数据的使用过程中需要尽力促成使用、反馈、评价、优化的良性闭环。

总之，数据中台能够将原始数据转变为资产，进而转变为业务领域的生产力；同时，业务领域的数据应用工作也会对数据中台进行反哺。如此不断迭代循环，形成一个数据价值不断提升、变现的环路。数据中台的建设不仅能在技术方面，更能在业务方面为企业带来优势。随着数字化转型的深入，技术与业务双向融合将成为趋势，而同时与两者存在紧密联系的数据中台则将在其中扮演越发重要的角色。

在上述愿景的引领下，很多企业也提出了自己的数据中台战略。在证券行业，那些对于多业务条线的并行发展以及通用能力的沉淀有着极高追求的证券公司，自然也在纷纷布局自身的数据中台建设。

由于在业务发展与场景、数据人才、组织、技术能力、已有系统建设情况等方面存在着不小的差异，各证券公司会根据自身的经营特点，规划专属于自己的数据中台。这就导致了每一家企业的数据中台实际上都是独一无二的，市面上也不存在一个所谓能够解决所有企业需求的、放之四海而皆准的数据中台模型可供直接套用。

但从共性方面来看，各机构的数据中台都需要经历长期、分阶段的建设过程，笔者将其总结为如下阶段。

- 顶层设计阶段。这一阶段，证券公司需要明确数据中台建设的战略愿景，通过评估业务、技术现状和未来发展路线，进行数据创新策略和中台架构选择。

- **试点建设阶段**。通过寻找切入点，针对高优先级场景开展能力建设，并在试点中对关键技术进行可行性验证，以完善相关产品套件及迭代中台全局架构。
- **深化融合阶段**。通过优化和拓展场景应用，建设范围逐渐扩大到业务全域。同时，持续完善数据、算法和算力，在使用中对自身的中台理念和规范不断磨合，构筑数字能力生态，进而重塑企业的数据架构。

目前，对于选择打造一体化、一站式数据中台的证券公司，它们的建设工作普遍涵盖如下几个方面。

- **数据资产管理**。进行数据标准、数据规范管理，提供数据资产目录服务。
- **数据汇聚整合**。支持多样化数据的全方位的采集，支持多类型数据库、不同业务系统来源数据的汇集。
- **数据存储计算**。支持针对超大规模数据的存储计算，以及存储、计算资源的高效配置。
- **数据开发应用**。同时支持对离线数据和实时数据的处理；提供数据服务调用接口，支持前端应用快速构建，为业务用户提供便捷的数据提取调用、分析挖掘服务。

不仅仅是这些能力建设，方方面面的"统一"更是打造数据中台的主旋律，比如统一的数据管理体系、统一的数据开发平台、统一的数据分析平台、统一的数据门户、统一的运维平台等。通过平台化的整合，数据中台为各业务条线输出强大的数据服务，进而更好地发挥数据资产的价值。

在此基础上，一些机构还在数据中台的建设中引入低代码开发框架、可插拔的构建模块、图形化的开发或监控工具、支持异构技术的架构、异构数据源的联邦式交互、丰富的人工智能应用、可视化的服务等要素。这些要素有助于提升数据中台建设的实用性与先进性。

可以看到，近年来，数据应用领域不断出现新的趋势：互联网与物联网数据的大量涌入，令数据来源、数据形式和数据应用模式更加复杂；随着行业转型的推进，各机构业务和数据形态也发生了很大的变化，迫使数据架构设计更加灵活；新兴技术的出现使得驾驭数据的工具更加丰富，但同时也对技术和业务人员的能力提出了更高要求。

伴随着这些趋势，证券行业数据中台的建设模式也正在不断地发生变化，行业内各机构也遵循"具体问题，具体分析"的原则，探索最适合自身的数据中台建设路径。

尽管各方都认识到数据中台的建设会给企业带来巨大的商业价值，但由于其建设的资金和人员投入相对较大，建设周期较长，无法一蹴而就，因此，行业的数据中台建设也可以说是任重而道远。

6.2　证券公司数据中台建设案例

总体规划

海通证券深刻认识到"将数据用起来"的重大意义，因此，在数年前便开始通盘布局，选择依据自身的业务模式和组织架构，制订数据中台规划，并开展相关建设。

在数字化转型过程中，通过数据应用来支持业务拓展和管理提升是企业的从经营管理层到一线员工的迫切需求。海通证券的数据中台建设，基于科学的方法论和实际状况，目标是盘活、打通全量数据，持续完善将数据转化为资产并服务于业务的机制，实现以客户为中心的洞察驱动和以数据为基础的业务创新。其总体建设思路可以概括为："一条主线、两个引擎、五位一体"。

"一条主线"是指以客户为中心，将公司的数据资产进行梳理、共享、挖掘，让数据资产作为生产资料融入业务价值创造过程中，全面赋能客户、产品、风控、合规、运营等各业务领域，实现基于数据驱动的客户旅程重塑。进行对客户的深度洞察和精准画像，基于数字画像提供千人千面的解决方案；优化客户体验和产品研发能力，提高公司运营效率和成效；实现业务链条数字化和管理精细化，前置风险、合规和管控措施，防患于未然。

"两个引擎"是指"数据经营"与"金融科技"。数据经营方面，海通数据中台以数据资产为核心，让数据资产围绕业务价值创造的目标更好地流动、加工、分析、应用，最终产生效益和价值。金融科技方面，数据中台依托大数据、人工智能、云计算等金融科技代表性技术，融入业务场景，以实现技术与数据融合的双源创新。

"五位一体"是指数据中台建设涵盖数据、技术、人员、服务、治理五个方面。

第一，数据是基础。数据中台起源于业务数字化，最终目标是把原本各自孤立的数据互联互通，构建数据资产体系，挖掘数据更深层次的价值。

第二，技术是驱动力。数据中台离不开大数据、人工智能、云计算等技术提供的驱动力。

第三，人员是关键。数据中台建设需要具备数字思维，特别是业务人员要具备科技思维，从而使得理念统一，并形成把数据用好的合力。

第四，服务是核心。将数据资产以服务形式对外提供，数据嵌入到业务场景中随需而动，实现以数据驱动业务，激发数据动能。

第五，治理是保障。数据治理作为数据中台的保障机制，其目标是数据"好用"和"用好"数据，合规、高效地产生数据价值。

海通证券的数据中台包括存储、计算、交换、服务等主要功能，涵盖各项要素，通过图 6-1 层次结构图，其提供了从原始数据开始，经历数据加工、数据存储、服务治理，直至能力输出的完整数据服务流程，目标实现"数据即服务"，让数据的使用方可以根据自己的实际应用需求方便地获取数据服务而无须关注技术实现细节。

图 6-1　海通数据中台功能层次结构图

数据中台建设中的工作重心可以总结为三个方面：数据治理从全局视角统领公司各个层面的数据管理工作；大数据平台负责内外部数据采集与整合、数据预处理、数据存储管理等工作；数据服务平台体系提供数据开放接口、报表与分析、数据质量与权限管控、人工智能、数据门户等丰富的功能，为更上层的各项业务应用提供强力的支持。本章接下来将会进行较为详细的介绍。

数据治理

数据治理的最终目的是为了更有效地应用内外部数据，需要管理层自上而下推动，公司全体配合才能有效推进。数据治理需要加强数据拥有者、使用者、数据以及支撑系统之间和谐的联动，确保各方都能得到及时、准确的数据服务。在数据相关的工作中，海通证券把数据治理放在最高优先级，并贯穿始终。

图 6-2 展示了海通证券数据治理的总体框架，其涵盖组织架构、制度、治理流程和治理工具四个维度，涉及基础类数据标准管理、指标管理、数据质量管理、元数据管理、数据模型管理、主数据管理等细分领域。

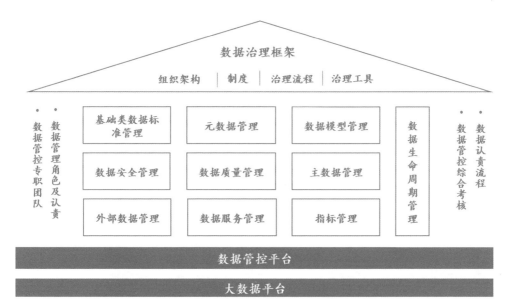

图 6-2　海通证券数据治理的总体框架

基于上述框架，针对行业数据管理工作中所面临的组织架构和制度体系、数据标准管理体系、数据质量管理规范、数据生命周期管理体系等方面的问题，海通证券提出了如下的数据治理工作的要求。

一是完善数据治理组织架构和管理流程，明确业务数据管理部门，科技部门和业务部门在数据治理过程中数据管理、数据技术平台、数据归属的角色和权责，完善和设立相关岗位。

二是加强数据管控，建立统一企业级指标库，完善数据标准，通过对公司现有各条线数据指标的统一管理，建立统一的数据标准，实现元数据和各类指标口径的统一管理，从源头避免指标不一致的问题，以保障各类报表的数据一致性。

三是推进数据安全管理工作，包括强化业务数据分类分级、完善数据访问、使用权限控制、做好数据使用审计等，提升数据安全管控能力。

围绕上述规划的数据治理专项要求，海通证券有序开展了以下数据治理工作。

一是加强数据治理的组织保障。在数据治理工作组织保障方面，海通证券明确了由公司的信息技术治理委员会承担公司数据治理议事、决策职能，并在委员会下设置了数据治理工作办公室。不仅如此，还建立了数据治理工作联系人制度，夯实数据治理牵头部门和数据管理部门的责任，加强与数据生成、使用部门间的协同。

二是建立健全的数据治理制度体系。在数据治理制度建设方面，海通证券陆续制定和发布了数据治理的相关办法。一方面，公司《数据治理管理办法》作为数据治理的基础制度，从数据治理组织架构及工作机制、元数据管理、数据指标管理、数据质量管理、数据生命周期管理、数据安全管理等方面为数据治理工作制订了总纲。另一方面，在此基础上发布了数据平台、数据管理、数据安全三大类制度，逐步构建起较为完善的数据治理制度体系，具体如图6-3所示。

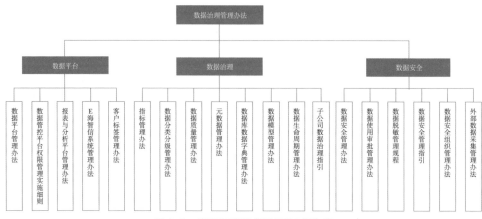

图6-3 海通证券数据治理制度体系

三是强化数据质量管控。海通证券将数据质量工作贯穿到数据的整个生命周期，明确在数据定义、生成、采集、整合和应用中各个阶段相关部门的工作职责，明确责任和追踪机制；建立贯穿全流程的数据质量评价体系和监测系统，进行数据质量的日常监控，及时发现和处理数据质量问题；定期进行数据质量满意度评估，总结质量问题和开展整改工作。具体来说，主要是开展如下三方面的工作。

1. 明确数据质量责任主体，建立认责和追踪机制

数据质量工作贯穿数据的全生命周期，包括数据定义、模型设计、数据采集、数据整合和应用等阶段，过程中需要业务、开发和运维等多个部门的协作。明确每个阶段的质量责任，建立认责和追踪机制，有利于将质量问题落实责任人，由责任人持续关注和提示数据质量。一方面促使责任人采取预防性措施，落实数据标准和数据规范，防止未来发生质量问题；另一方面，通过认责追踪机制，推动责任部门快速解决和处理数据质量问题。

2. 建立全面的数据质量管控体系

首先，完善数据质量规范，完整地定义数据质量评估维度，涉及完整性、时效性、唯一性、正确性和关联性等多个维度。信息系统建设的需求阶段、设计阶段、开发阶段、测试阶段和运行阶段都应根据实际情况设计数据质量检查规则，以帮助发现各阶段出现的数据质量问题，并及时进行改进。

然后，对数据质量进行实时或定期的检查和监控，及时发现数据质量问题，并对数据或相关的信息系统进行完善。质量检查基于数据标准和质量要求，并要能够覆盖数据采集、传输和应用的各个环节。

最后，结合数据质量规范和质量检查结果，对数据质量管理的过程进行留痕，并通过对数据质量问题的记录、处理过程跟踪以及整改后的原因分析，促进数据质量逐步提升。

3. 开展数据质量的专项整改工作

对于暴露的数据质量问题，开展专项整改，通过逆向工程等方法找出问题，解决重点业务数据的质量问题。面向存量数据，按监管系统或者主题，通过对数据进行剖析，发现和分析数据质量问题，定位数据质量问题原因，推进存量数据的质量提升。对于增量数据，根据数据质量管控体系，及时发现问题后及时解决。

四是加强数据安全保护。在加强数据安全保护方面，有序推进数字资产盘点和业务数据的分类分级工作，并面向敏感业务领域构建了严格的认证、鉴权

和脱敏流程。一是采用用户统一编码，实现了数据服务的统一管理、统一鉴权与统一交互。二是采取熔断、降级等措施，实现对异常流量、异常服务接口的硬控制。三是使用服务链路追踪技术分析服务调用路径，以及时发现服务的安全隐患。四是结合数据分类分级、数据敏感字段发现等技术，实现对敏感数据的脱敏和权限控制，确保数据安全和客户隐私数据的有效保护。五是探索基于联邦学习的数据共享模式，实现集团内部各机构在满足用户隐私保护、数据安全和法律法规要求的前提下，进行数据共享和使用。另外，海通证券通过各种渠道加强国家法律法规和行业指引的宣导和培训，强化全员数据安全意识，提升全员数据意识，加深对数据管理相关要求的理解。

五是强化专业数据队伍建设。海通证券正在努力培育一支具备各项技能的专业数据队伍，确保数据战略领导者、数据管理者、数据科学家、数据分析师、数据技术专家以及业务系统专家能够携起手来，共同推进数据资产管理和数据价值发挥。

在大力推进数据治理工作的基础上，海通证券开展了一系列数据类技术平台的建设。

大数据平台

在大数据平台建成前，海通证券已于 2014 年建成并投产了以处理结构化数据为主的数据仓库。随着公司业务规模不断扩大和互联网业务的快速发展，公司的数据总量急速增长，并且类型越加丰富，而原有的数据仓库在多样化数据采集、实时数据处理等方面已无法很好地满足公司对数据处理的需求。因此，海通证券于 2017 年启动企业级大数据平台的建设，之后更将其作为海通证券数据中台的核心。

对于海通证券，大数据平台的定位是集结构化、非结构化数据的采集、存储、计算于一体的企业级海量数据处理平台，其主要为实现以下目标。

一是提升数据采集与汇聚能力。通过使用易扩展、高可用的技术框架，完善数据采集机制，实现更广泛地半结构化、非结构化数据的集中采集、加工，为客户服务、精准营销、产品创新、流程优化、经营管理等业务领域提供数据服务；通过合理接入第三方合作机构的外部数据，不断丰富数据资源。

二是提升数据可用性。对原先分散、零乱、标准不统一的数据进行全面梳理，并将原始数据转化为价值密度更高的形式，为后续经营管理和决策分析提供可靠的数据基础。

三是提升海量数据存储和实时数据计算能力。统一数据存储体系，实现跨业务条线的多样化数据的高效存储。通过流计算技术，打造高性能、高扩展性的分布式实时计算引擎。结合各项数据管控措施，减少数据冗余和计算性能消耗，提升数据管理水平。

海通证券大数据平台实现了数据采集与汇聚、数据预处理、数据存储与计算等功能，其技术架构如图 6-4 所示。大数据平台基于 Hadoop 开源技术，通过"HDFS + Hbase + Kudu"架构实现结构化、半结构化、非结构化的数据存储和处理，基于"Kafka + Spark + Flume + Flink"架构实现流计算，并与业务系统进行实时旁路对接。同时，通过"Hive + Impala"架构实现数据的查询交互。安全性方面，平台通过 Kerberos 协议对集群节点进行身份认证，通过 Sentry（一个开源的监控系统）可以控制数据访问，提供了服务器交互和数据访问的安全保障机制。

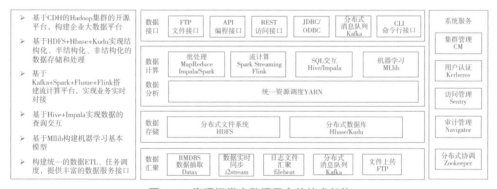

图 6-4　海通证券大数据平台的技术架构

1. 数据采集与汇聚

没有原始数据，所谓数据资产只是空中楼阁。因此，对于大数据平台，首先要能全面、及时地采集具有潜在价值的内外部数据。

以海通证券为例，为保证数据的完备性，需要合法采集集团内外部数据。对内，数据来源要包括母公司（包括总部、分支机构）的业务、管理数据；对外，需要针对公司业务需要，获取来自工商、海关、国家知识产权局、司法部门、行业协会、政务公开网站等渠道的各类官方信息，以及互联网舆情信息。

在数据的采集顺序方面，海通选择从现有各业务系统数据入手，从母公司延伸到分支机构，从业务数据扩充到各种经营管理数据，从结构化数据扩展到非结构化数据，从公司内部数据外延到互联网、数据供应商的外部数据。通过公司内部的批量采集、流式交互、准实时文件交换等手段，结合外部合理采集、购买等渠道，不断扩充数据源。

2. 数据预处理

为保证数据质量满足跨业务、跨组织应用的需求，需进行数据预处理。预处理包括数据抽取与转化、数据清洗与校验等工作。

在数据抽取与转化方面，海通证券除了采用传统的数据抽取工具，还引入多种新兴技术如语音识别、计算机视觉等，从图片、文本、视频等非结构化的数据中抽取重要的特征信息，并转换为结构化数据。在此基础上，通过将原始数据与海通证券多年沉淀的证券领域知识融合，形成市场、风险、运营、财务等领域的"精数据"，供业务人员使用。

在数据清洗与校验方面，海通证券一方面及时梳理数据的缺失情况，在必要时通过业务管理办法中的措施，使用人工增采数据等方法弥补数据的缺失；另一方面，全面梳理数据间的钩稽关系，建立总分核对、多源对比等校验机制，防范数据获取时的采集、传输或计算错误。另外，将数据根据分类体系或各种业务主题进行整理，使得各业务板块能够快速查询到其辖属范围内的数据，并可以灵活使用。

3. 数据存储与计算

一方面，丰富的业务数据会以多种不同的表现形式，存储在不同类型的数据库中，数据存储方面的问题已不能像过去那样仅通过寻求更大容量的存储介质来解决。另一方面，广泛的业务领域对高性能计算的需求迅猛增长。因此，需要重塑架构，根据业务场景支持多样的存储与高性能的计算框架，灵活满足实践需求。

海通证券大数据平台基于 Hadoop 生态体系构建，涵盖多种技术框架，解决了多源异构海量数据的存储、组织与计算问题。

数据存储上，支持结构化数据以及文本、语音、图片、视频等类型的半结构化、非结构化数据，通过共享数据区，提供 PB 级海量数据存储能力，并实现了包含贴源数据层、轻度汇聚层、基础模型层的分层存储模式。贴源数据层即各源系统数据保留区，负责根据采集时点保存与数据源尽可能一致的原始数据。轻度汇聚层对具有共性维度的指标数据进行轻度聚合，形成公共指标体系，其面向分析主题设计维度的数据模型，可灵活、高效地支持各应用功能需求。基础模型层,负责整合后的业务过程明细数据,按主题域划分。由于遵循数据标准,该层的数据具备高可读性、高扩展性、高业务兼容性等特点。在此基础上,按照业务领域建立了数据集市(主要针对客户主题、财务主题、风险主题、运营主题),能够面向业务提供按需定制的业务汇总数据。

数据计算上,打造兼备高速实时计算能力和强大离线数据处理能力的数据计算引擎,使之成为大数据平台,甚至是整个数据中台的核心。在实时数据计算时,以 Flink 为主、Spark 为辅;在离线数据处理时,通过 GaussDB、Hive、Impala 等进行统一的处理。在数据查询过程中,通过 HBase 实现高频的结构化查询;通过 ElasticSearch 实现非结构化查询;通过 openTSDB 实现时序数据等特殊查询需求。此外,还借助 Neo4j 等工具,构建起企业级的图数据库计算能力。

截至 2020 年年末,海通证券大数据平台存储容量超 1.7PB,内存容量超 9TB,CPU 内核总数超 1 000 个,每日运行的作业数超 2 万个,业务数据有效融入了当事人、账户、资产、交易、产品、合同、公共、渠道 8 个基础数据模型,为使用数据的下游系统提供了高质量的数据和数据应用工具。

数据服务平台体系

在数字化转型过程中,通过数据应用来支持业务拓展和管理提升是企业各领域员工的迫切需求。企业的经营管理层希望能便利地获取整体的数据视图,帮助企业快速获取有用的信息,使其在决策时能得到有效的数据支持;企业的业务部门或者职能管理部门在制定业务方案和改进运营流程时,希望能迅速获得业务数据作为输入来指导相关方案的设计。

围绕公司数据中台“数据即服务”的规划愿景,海通证券以自身大数据平台为基础,开展了打造数据服务体系的工作,建设了一系列的工具平台,更令其成为发挥数据价值的利器。

1. 数据开发平台

海通证券数据开发平台用来实现大数据处理链路全过程的功能开发,包括数据的采集加工、任务调度、运维监控等,其内含丰富的开发组件,并能够支持低码开发模式。

数据开发平台采用可视化模式,提供了快捷的数据服务接口开发功能,并基于灵活配置实现了离线与实时 Restful 接口的快速开发,以及与服务管理的无缝衔接。同时，平台还支持通过自定义编写 SQL、拖拽表字段等方式按需生成数据服务接口，并能够根据主要的数据使用场景自定义数据服务模版。

除此之外，该平台的特色功能表现在以下几方面：一是实现了对结构化、半结构化、非结构化等多源异构数据的高效连接，能够跨数据库识别数据实体、调用过程、查询数据，支持多个数据源的调用、查询、取数和传输等并发操作请求；二是提供了通用 Web 页面嵌入解决方案，通过将数据应用页面嵌入到各业务系统中，实现了统一管理、统一鉴权及统一交互；三是针对文件级对象服务，构建了统一的文件服务体系。

2. 报表与分析平台

海通证券报表与分析平台以提升决策的洞察力、丰富分析挖掘手段为目标，提供了数据分析的手段及报表展现的途径，为各业务条线提供以数据为支撑的报表可视化展现及对应的增值服务。随着平台自助分析功能的建成和逐渐推广，对数据的应用逐渐由依赖科技部门按照需求进行报表开发的模式转化为业务部门基于数据资产目录自主进行数据分析和报告生成的模式。

3. 数据管控平台

数据管控平台以"统一企业指标库，实现数据标准的规范治理"为目标，涵盖元数据管理、指标管理、数据质量管理、数据生命周期管理等领域。平台内含的企业指标库，能够帮助有效管理数据资产，分析数据加工关系，绘制数据地图，发现数据质量问题，并能助力数据标准的落地，图 6-5 为平台中数据质量校验的相关界面。

业务分类	作业名/表名	数据层次	质量维度	稽核类别	稽核平台	稽核描述	稽核类型	审批状态	更新时间
业务合理性校验	T_DQC_SHSC_	ODS	合理性	业务约束稽核	数仓平台	沪港通开户明细	事后	审批通过	2021-08-03 09...
业务合理性校验	T_DQC_CNTR_	ODS	合理性	业务约束稽核	数仓平台	柜台创业板明细	事后	审批通过	2021-08-03 09...
业务合理性校验	T_DQC_CNTR_	ODS	合理性	业务约束稽核	数仓平台	柜台风险测评明...	事后	审批通过	2021-08-03 09...
业务合理性校验	T_DQC_SEC_T_	ODS	合理性	业务约束稽核	数仓平台	集中交易客户销...	事后	审批通过	2021-08-03 09...
业务合理性校验	T_DQC_BNK_A_	ODS	合理性	业务约束稽核	数仓平台	银行账号资料移...	事后	审批通过	2021-08-03 09...
业务合理性校验	T_DQC_SEC_T_	ODS	合理性	业务约束稽核	数仓平台	集中交易开立值...	事后	审批通过	2021-08-03 09...
业务合理性校验	T_DQC_CMB_B_	ODS	合理性	业务约束稽核	数仓平台	招商银行B股银证...	事后	审批通过	2021-08-03 09...
技术校验	T_DDW_DMN_	DDW	准确性	主键置复稽核	数仓平台	客户表唯一性校验	事中	审批通过	2021-06-09 09...
技术校验	T_ODS_TRD_K_	DDW	合理性	业务约束稽核	数仓平台	账户管理部-柜台...	事后	审批通过	2021-07-09 20...
技术校验	T_RPT_LV2_CU_	RPT	完整性	记录数稽核	数仓平台	Level2用户明细...	事后	审批通过	2021-07-09 14...
技术校验	T_RPT_CUST_	RPT	完整性	记录数稽核	数仓平台	期权客户信息部...	事后	审批通过	2021-07-09 14...
技术校验	T_ODS_TRD_K_	DDW	合理性	业务约束稽核	数仓平台	账户管理部-招商...	事后	审批通过	2021-07-09 20...
技术校验	T_ODS_TRD_K_	ODS	准确性	码值稽核	大数据平台	关键字典值（市...	事后	审批通过	2021-07-09 14...
技术校验	T_ODS_TRD_K_	DDW	合理性	业务约束稽核	数仓平台	账户管理部-沪港...	事后	审批通过	2021-07-09 20...

图 6-5　通过数据管控平台进行数据质量校验

截至 2021 年 6 月，通过数据管控平台实现近百套业务系统元数据管理，入库指标总数达 2 000 多个，涵盖营销、运营、财务、风控、合规、信息技术多个领域，有效保障各类报表、统计数据的一致性。在数据质量管控方面，从完整性、准确性、合理性、一致性、及时性 5 个维度，设计并落地了 12 大类，超过 7 000 个的数据质量校验规则，帮助发现数据质量问题。

4. 人工智能平台

海通证券人工智能平台"e 海智慧"，赋予公司大数据平台的数据融合与基础分析能力，提供一站式机器学习服务，涵盖特征工程、模型训练、结果可视化等机器学习完整流程。该平台涵盖常用大规模机器学习,特别是深度学习框架，为海通证券各类智能应用提供高效引擎，是海通证券智能金融能力体系的核心。

5. 数据门户

围绕"数据可见、可用、好用"的数据服务理念，海通证券通过统一数据门户，实现了数据资产的集中管理与数据应用的汇集。具体包括数据资产目录和全景图、数据服务能力地图、数据应用集中入口、数据服务接口和权限控制等，其界面如图 6-6 所示。

首先是构建企业级数据字典，以实现数据的方便查找；其次，是集成数据探索工具，便于用户进行数据分析；再次，打造数据类应用超市，统一数据应用入口，引导用户快速了解及使用所需的数据应用；最后，建立数据资产使用知识库，涵盖数据类制度、数据应用知识、数据查看申请流程、查数工具使用说明、大数据服务云接入指引等内容。

图 6-6　海通证券"e 海智数"统一数据服务门户

6. 数据服务 API

在一系列能力平台建设的基础上,海通证券通过数据服务 API 统一对外提供数据服务,以此加强对数据服务的归口管理。同时,通过完善的权限管理功能,结合请求授权、签名验证、安全拦截、服务容错、流量控制等管控措施,为数据的安全使用提供保障。

此外,基于数据服务 API,可以承接数据层提供的源数据,将大数据平台及其他系统平台(如后面章节将会介绍的资讯中心与行情中心)的数据服务能力封装形成基础数据 API,再发布到企业服务总线 ESB 供各应用系统消费,以支持复杂的交互场景。目前,数据服务 API 已在报表与分析平台、对账业务、账户中心等海通的应用系统中得到广泛应用。

7. 数据服务云

值得一提的是,海通证券还依托自身的金融云平台,打造出了数据服务云,并将其作为数据中台的重要组成部分。数据服务云能够为前台数据应用提供统一、面向应用、主题式的全面云服务,解决传统数据搬运的交互模式,实现数据标准统一、数据和服务能力的共享,也同时加强了数据安全。

通过上述的各项工作,数据服务平台体系为海通证券在业务数据价值发现、客户个性化服务、营销活动支持、合规与风险管理等方面提供了有力的支持,一定程度上通过数据的合理利用驱动了业务的转型。

建设成效

海通证券的数据中台提供了统一、多样化、面向应用的、面向主题的数据服务,满足各方需求。通过提供以业务为导向的数据服务能力地图,让前台应用更清晰地使用中台的各类数据,实现以数据驱动业务,形成助力前台、连接后台的服务能力。

在赋能业务方面,海通证券数据中台能够覆盖全域数据,形成涵盖当事人、资产、事件等多个业务维度,以及工具、监控、治理等多个技术维度的全方位数据服务体系。通过 API、批量数据交换、页面输出等多样化的数据服务方式,满足了多元化的数据应用需求。与传统通过定时批量采集、汇聚和加工后使用数据的模式相比,海通数据中台最大的优势在于可通过实时数据查询接口,为下游应用提供数据服务。比如,围绕客户标签体系构建的实时查询接口,可为业务人员进行客户服务记录追溯等工作提供极大便利；为账户管理类系统提供的客户总资产、交易历史、风测评级等方面的实时查询接口，可以有效满足客户适当性管理要求。目前，海通证券的数据中台已经能够为产品营销、市场分析、风险评估、企业征信、反欺诈等场景提供强大的数据服务支持。

而对于所提供的数据服务，通过统计分析，可以了解哪些服务更有价值、哪些服务需要重点关注，以及哪些服务没有使用等，为服务的优化和后续治理提供指引。同时，通过对数据服务进行血缘分析和开展全生命周期的跟踪，可以构建反映数据服务的冷热标签和数据服务价值全景视图。

数据中台是一个庞杂的系统工程，包含了技术、方法论、人才建设、跨部门协同、数字化思维等要素，要有持续探索、演进的决心和耐心。

在这个过程中，首先，要坚守初心，破除存在"捷径"的幻想，不为繁杂的概念所迷惑，目标坚定，不争论、不折腾，脚踏实地；其次，要注重能力的沉淀，因地制宜，根据业务演进发展做好积累，搭建适合自身的数据中台，"经营"好全域数据资产，充分发挥数据作为生产要素的作用和价值；最后，要以开放的思维、开放的架构加强和业界合作，聚能合作伙伴，融入行业生态，共同推进数据中台的建设。

目前，通过持续的努力，海通证券数据中台已将赋能的辐射圈层覆盖至各种业务场景，并开始为子公司提供能力输出，在海通集团整体的数字化转型过程中发挥了越来越重要的作用。

6.3 数据中台建设的未来展望

可以预见，国内证券公司会在当前数据中台建设的基础上，不断完善治理机制，深化中台功能，以提供更加完善的数据服务。结合海通证券数据中台的建设实践，笔得认为，如下几个方面将是未来证券行业数据中台建设值得努力的方向。

首先，为应对多类型数据融合存储需求，探索推进"湖（数据湖）仓（数据仓库）"一体化进程，通过数据湖打通数据中台内的多样化数据，以支撑多类型数据并存的应用场景。

其次，数据管理理念向 DataOps 升级，实现数据应用开发、数据资产管理、数据专项分析、数据中台运营一体化。证券公司将更加强调数据生产自动化，通过完善监测反馈机制，持续改进数据生产流程并形成应用闭环。

再次，在数据服务治理和价值展现方面，将不断加强对服务链路的跟踪分析，并以此来强化数据服务治理工作，进而结合服务和数据的血缘关系持续完善数据应用价值视图。

最后，在坚守合规底线的基础上，探索利用多方安全计算、联邦学习等技术与外部第三方机构开展数据共享和价值交换，努力打造更为开放的数据生态。

随着数据的不断积累，数据中台必将提供更强大的数据服务能力，推动面向应用场景的数据应用深化，真正实现"数据即服务"。

第 7 章
资讯与行情中心建设

资讯与行情信息是进行证券交易活动的关键要素，为客户的交易决策提供优质的信息服务也一直是证券公司服务体系构建中的重要一环。伴随着大数据时代的到来和信息量的爆炸式增长，证券公司的客户对资讯和行情服务的要求也越来越高。因此，在证券公司的数字化转型中，更加强大的资讯与行情服务能力已不可或缺。

虽然资讯服务过去不是国内证券公司的强项，但这样的形势正在改变。建设统一的资讯服务系统，整合多来源、跨条线资讯信息，提升资讯数据质量，充分发掘资讯内容价值，提供差异化资讯服务，甚至形成通用的对外服务能力已是行业内不断探索的一个重要课题。

行情类系统的建设一直受到证券公司高度重视，而行业的发展也给行情系统提出更高要求。全面覆盖所有市场，支持多元化接入，满足客户低延时和高可靠要求，这些已成为转型背景下各家证券公司行情系统不断提升和完善的方向。

7.1 资讯数据服务平台

行业资讯数据服务体系建设情况

资讯浏览是客户交易决策过程中的一个重要环节。客户在交易过程中会参考各类资讯，如财经资讯、上市公告、政策信息、市场舆论，公司分析等（见表 7–1）。优质的资讯服务是留住客户的关键因素之一。

表7-1　客户交易决策过程中用到的主要资讯类型

序号	资讯类别	资讯相关内容
1	财经新闻	财经、证券类动态信息新闻、舆情
2	基础数据	包括股票、债券、基金、贵金属、期货、权证及衍生品等基本资料
3	宏观数据	权威部门发布的各类宏观数据
4	行业数据	包括各行业产量、指数、财务、价格数据等
5	研究报告	公司自己的研究成果，购买的市场研报
6	专供数据	为服务订制的各类信息产品、股票池及投资组合等
7	衍生数据	股票诊断、各类风险控制、资产评估等模型所需要的衍生数据
8	公告数据	上市公司披露的公告信息

　　像同花顺、东方财富等互联网公司依靠自身的技术优势已提前布局资讯服务智能化场景。同花顺的爱问财、大智慧的慧搜等智能化资讯服务，相对于传统被动式的资讯服务，体验上有极大的改善。它们的产品利用快速、精准的资讯服务，将大量客户的资讯阅读场景留在自身的应用体系内。这些互联网公司通过分析客户阅读习惯和资讯内容的相关性后提供增值服务，进行客户引流。而作为证券公司，要避免仅仅作为交易通道的提供商，就必须在证券交易的前置场景下足功夫，譬如，通过提升资讯阅读场景的用户体验来增强客户黏性，提高转换率，并通过互联网社区的信息传播来进行客户获取。优质的资讯服务不仅能够给客户带来良好的浏览体验，还可以使客户在投资分析和证券交易两个不同的场景间进行无缝切换。

　　随着投资分析过程对外部信息需求的提高，无论是内部还是外部客户，对资讯深度、广度、时效性等方面都有了更高的要求。从个人投资者日常使用资讯服务，到专业投资者、持牌机构客户在金融工程、投资研究、风险控制等领域对资讯的深度应用，资讯数据对各类客户的重要性也更加凸显。金融资讯数据服务也成为行业经营机构数据服务体系中的关键部件。

　　然而，证券公司在资讯数据的使用和对外资讯服务的输出过程当中面临着如下问题。

　　1.资讯服务本身不是证券公司的强项

　　首先，证券公司的强项是各种金融业务的开展与创新，比如经纪业务、投资银行业务、资产管理业务和自营业务等，而证券资讯服务一直不是证券公司服务的重点，也不是它的强项。

其次，做好资讯服务需要多个部门的合作，尤其是科技部门的大力支持。各大证券公司的科技部门一直以来都以各种交易系统和业务系统的开发和数据维护为重点，并没有太多资讯服务类系统建设的经验积累。所以，资讯服务类系统是各大证券公司信息技术的短板，也超出了科技部门的核心业务范围。在新技术的应用上，虽然证券公司都有了一定的技术积累，但由于在资讯类应用系统的构建上长期依赖于资讯服务供应商，在资讯服务的提供上各个部门的沟通合作也不是很密切，再加上一直没有对客户的阅读习惯等行为进行跟踪分析，导致这些行为数据并没有被充分地利用到证券资讯服务中。一般来说，证券公司通常的做法是收集资讯信息并通过自身的应用平台或者互联网渠道将资讯信息分类展现、推送至终端客户。

此外，证券公司的经纪业务条线与研究业务条线在为客户服务上的合作一直以来都比较谨慎。因此，服务经纪业务的相关部门对研究条线的资源利用不多。

2. 资讯数据源头多，资讯质量难以有效把控

过去，证券公司对资讯数据有需求的部门会自行向服务商采购与自己所涉及业务有关的资讯数据源，并在本地通过各自的数据库存储相关的资讯。由于资讯数据分散，无法进行跨库的相似数据校验和比对，导致不同资讯数据存在矛盾、资讯数据质量参差不齐、准确性不高等问题，对后续应用和决策带来一定的负面效应。

以对过期资讯信息的不合理使用为例，2017 年 7 月 5 日，由于技术原因，某互联网金融信息服务公司旗下网站使用的网络爬虫软件，从某一知名网站自动抓取了一条 2015 年 12 月的陈旧信息，该网站工作人员在文章录入审核中未发现问题，将过期新闻"传复星集团董事长失联"作为即时新闻发布，由于不少投资者或投资机构使用了基于人工智能技术的舆情分析工具，并通过分析将该条新闻判定为负面消息，引起复星医药（股票代码：600196）股价在 7 月 6 日盘中一度大跌。

3. 公司内部跨数据源、跨业务线的资讯信息整合力度不够

一方面，从应用系统整合的角度看，公司内部与资讯数据相关的各种下游应用系统基本是"相互孤立、独自运行"的，各个业务部门在需要金融类信息数据时，往往从采购和系统建设管理上以部门为单位独自进行，既造成了公司内部资源的浪费，又容易出现重复采购的金融类数据源或者重复建设的系统。

另一方面,由于采用的金融数据源五花八门,一旦在数据源上发生了任何的变动,下游的应用往往都需要做相应的调整,一个微小的变化都可能会对下游的处理程序带来影响。除此之外,"烟囱式"的应用系统给系统维护人员带来很大挑战,资讯数据的整合服务能力也得不到沉淀。

正是由于资讯数据在证券行业有广泛的应用场景,而且其在客户投资交易过程有着重要作用。因此,如何提高资讯数据汇聚能力,充分发掘资讯数据价值,提供差异化资讯服务是行业内不断探索的一个重要课题。通过建设企业级、统一的资讯服务系统,整合资讯数据源并通过新技术不断改进、优化资讯数据的质量,提升证券公司资讯服务的能力,成为行业经营机构的信息化领域的一项重点工作。随着人工智能等新技术的深入应用,资讯服务智能化也成为资讯服务的又一个趋势。

证券公司资讯数据服务体系建设案例

为提升资讯数据应用能力,加强对内外部资讯的统一管理,海通证券启动了统一资讯数据服务平台(以下简称"资讯中心")的建设工作,并将其作为投研服务领域和数据服务体系中的一个基础平台。该平台通过整合、打通投资标的、金融产品等类型的资讯信息,提升资讯讯息应用的便利性。同时,平台通过使用关键信息提取、基于模型的数据校验等手段,将第三方数据按照统一的数据模型和规范转换为可以被下游应用或内外部客户使用的资讯。

随着平台建设进程的推进,海通证券也着力规范资讯数据和服务的输出标准,加强资讯数据整合共享,具体措施是基于资讯数据集成处理,结合专业的投资研究、运营管理、风险管理、舆情风控等相关理论,对数据进行深入挖掘,建立了海通证券特有的资讯数据模型,更好地支持风险监控、机会发现、投资决策等多元化应用场景。

1. 设计平台总体架构

海通证券的资讯中心依托公司数据中台的服务能力,围绕对于资讯数据的采集、转换、清洗、分层存储及管理、发布、数据接口和数据应用等功能展开。在平台的总体建设过程中,从初期的资讯信息整合、平台功能完善,到资讯数据模型化、资产化从而形成通用的对外服务能力,再到对资讯信息中关键要素的挖掘和应用,不断提升对金融资讯数据的统一管理能力和应用深度。

围绕资讯从采集到应用的生命周期，海通证券资讯中心的架构从逻辑上分为四个层次，分别为资讯数据源层、资讯数据采集和处理层、资讯存储层和服务输出层，具体如图 7-1 所示。

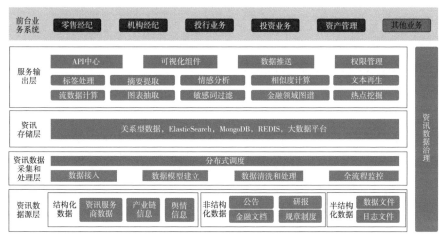

图 7-1　海通证券资讯中心的总体架构

1）资讯数据源层

资讯数据源层包含了各类内部以及外部资讯数据源。包括结构化数据、非结构化数据、半结构化的资讯数据。

目前资讯中心的数据源涵盖股票、公司、债券、基金、货币、指数、理财、期货现货、期权、资讯等类别的数据（见图 7-2）。在平台的建设过程中，也会

图 7-2　海通证券资讯数据的分类

不断引入其他特色的资讯数据，以不断增加资讯数据的完整性。

2）资讯数据采集和处理层

资讯数据采集和处理层基于数据清洗转换体系提供完备的源数据跟踪管理、数据处理调度服务，支持根据实际数据要求，灵活配置处理任务；并提供多种数据校验模型，灵活配置校验规则以及任务，为数据源提供质量保障。

• 数据清洗转换

数据清洗转换系统功能模块如图 7-3 所示。

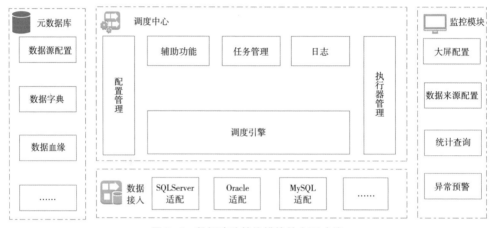

图 7-3　数据清洗转换模块的主要功能

在图 7-3 中，元数据库是指定义数据清洗转换过程中要用到的基础数据，用于数据源配置、数据字典管理和数据上下游关系的管理；调度中心是管控平台的核心组件，包括配置管理、调度引擎、执行器管理、任务管理等。配置平台支持在线配置调度任务入参，即时生效；执行器支持任务节点弹性扩容缩容，一旦有新节点上线或者下线，下次调度时将会重新分配任务；任务管理支持动态修改任务状态、暂停或恢复任务、触发定时任务，配置子任务依赖关系等。

数据清洗转换具体落地的方式是基于已有开源工具进行功能扩展，在管理界面的模型配置菜单中可支持新建数据清洗转换模型、上传、下载、脚本发布、调试运行、操作日志和报错日志查看等功能。

• 调度框架和策略

核心调度功能模块（见图 7-4）基于 Quartz 实现的集群调度中心，该架构支持调度服务的水平扩展，实现调度服务的高可用。调度中心通过读取 ETL（数

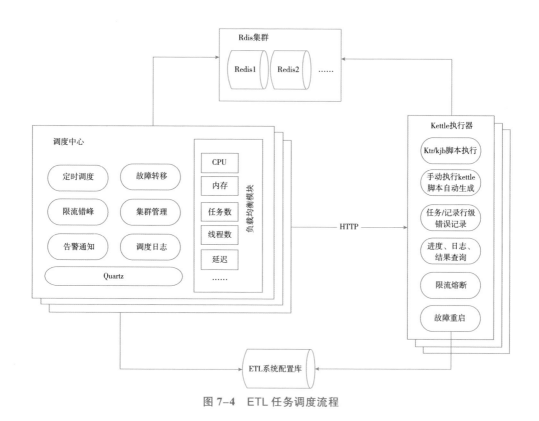

图 7-4 ETL 任务调度流程

据抽取转换加载）模型配置的定时任务信息，定时启动任务。一次任务调度包含多个模型，模型是整个调度中的最小单位。每个模型的调度执行均由负载均衡模块计算后选择负载最优的执行器执行。

由于 ETL 任务的调度执行过程具有内存及 CPU 消耗密集型的特点，传统负载均衡策略（分发、随机、HASH 等）在此场景效果较差，往往容易造成单台执行器负载过高而宕机。通过完善负载均衡机制，结合服务器实时的 CPU、内存、并发任务数、线程数、服务延迟等指标对各执行器进行打分，调度时选择得分高的执行器执行，实现准实时特性的负载均衡。配合完善的执行器自检、熔断、重启策略，达到调度执行器集群高可靠性与高可用性的目的。

采用分组调度策略，即一个任务配置一种定时策略，但该任务下涵盖多个 ETL 模型，当某个调度任务发起时，该任务组下的所有模型均会被调度执行。

该调度方式的优势在于降低了系统定时器的数量，避免操作人员频繁配置重复定时任务，节省操作成本，且可降低调度服务定时线程开销。

为了避免任务调度过于集中造成执行器集群压力过大的问题，系统在进行定时任务调度时对定时策略进行末位随机算法，使任务执行尽量离散，避免在同一时刻有大量定时任务触发。在任务组内也采用了随机延迟调度的策略，以提升调度集群的稳定性，提高系统并发调度负载上限，实现服务器的最大化利用。

3）资讯存储层

资讯存储层存放经过采集、转换、清洗和整理后产生的各类数据，除了出于系统的效率和应用的支持等目的而产生的少量冗余外，中心数据库中的数据是原始的、精炼的，也不会产生各类二次加工数据。在数据存储层，从技术上主要考虑数据针对业务或数据应用的存储模型设计，以及针对数据应用效率的数据分层设计。

4）服务输出层

是各类与数据相关的服务端系统的汇总，主要目的是为各类前端的数据应用访问资讯中心提供一些基础性服务，可以包括数据服务API、可视化组件、数据库表及文件服务等。同时，资讯加工处理中运用到的NLP能力也可以进一步通用化，如标签处理、情感分析、语义识别等，为不同业务场景提供相应的技术支持。

2. 构建资讯数据模型

持续完善资讯数据模型是资讯中心建设过程中的一项基础工作，包括业务模型设计和编码规则定义两个部分。其中，业务模型根据业务分类对资讯信息所对应的业务对象及其属性进行抽象；编码规则能够帮助建立资讯数据间的相互关联。

1）业务模型设计

资讯数据的业务模型包含数据范围、数据分类和数据层级关系等信息。在设计业务模型的过程中，需要对相关业务核心元素的完整性和相关性进行细致分析，示例的业务模型如图7-5所示。

资讯中心涉及的数据类别包括如下几类。

- 中国资本市场主要金融产品的交易数据、财务数据及各类公开披露的信息。包括：上海证券交易所和深圳证券交易所全部上市公司的基本资料、发行资料、交易数据、分红数据、股本结构、财务数据、公司公告及其他重要信息。

- 公募基金、券商集合理财及信托等产品的发行上市资料、净值、投资组合、收益和分红数据、定期报告、财务数据等。

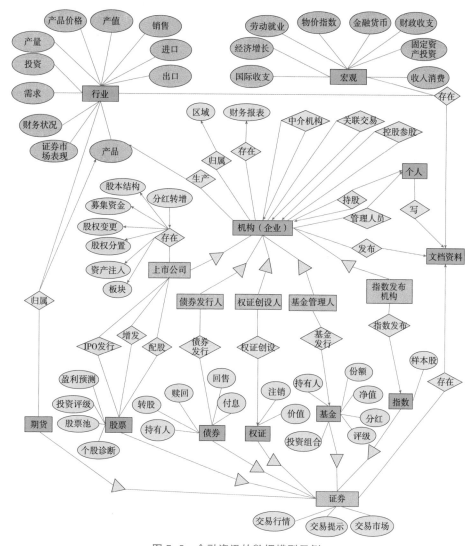

图 7-5　金融资讯的数据模型示例

- 国债、企债、金融债、可转债、央行票据等债券的基本资料、计息和兑付数据、交易数据等，以及各类收益率曲线等衍生数据，并提供支撑债券定价计算的数据结构。
- 中国证券市场指数（沪、深交易所指数，银行间债券市场指数，MSCI中国指数，新华富时指数，中信指数，申银万国指数等）和海外市场指数的基本资料和交易数据。

- 国内各期货交易所期货合约资料及交易数据，可支持套利计算、程序化交易的数据结构。
- 自有数据，包括研究所报告、理财产品等。

2）编码规则定义

编码规则是针对不同类型数据定义的一套数据关联规范。通过设计统一的编码规则，如公司编码、证券编码、行业编码、板块编码（见图7-6），将数据有效关联，再设计通用的全局编码与外围业务系进行对接。数据能够根据自定义的编码进行关联，并通过业务主键作为索引，保证了落地数据的完整和一致，同时也实现了与上游数据的低耦合，减少上游数据变化带来的影响。

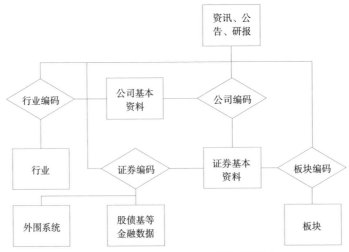

图7-6 需要进行信息编码的数据类型

3. 提升资讯数据质量

为完善数据质量，海通证券采取了如下的措施。

1）完善资讯数据校验机制

数据校验在整个资讯数据服务平台建设过程中是尤为重要的一个环节，主要功能包括校验规则管理、任务管理、消息与通知管理等。包括三类核心规则的配置，字段校验，记录行校验与三方校验。

所有校验规则均可灵活配置定时执行策略，校验执行结果提供校验不通过数据量、通过率、异常数据明细等信息。提供校验不通过消息推送，便于业务人员及时发现并处理异常数据。

业务规则的调度周期一般设置为与模型同步的调度周期一致，具体根据业务的需求而定。模型同步的调度周期一般基于业务需求设置，对于时效性要求较高的数据，如证券主表、机构主表等重要的基础数据，配置每 3 分钟至 10 分钟调度一次；对时效性要求不高的数据，如使用系统时用到的配置参数、证券所在的行业分类等，一般采用较低频率的调度模式，如每天凌晨调度一次。

2）加强对资讯元数据的管理

资讯元数据是描述资讯数据的数据。资讯中心通过元数据管理工具，实现了对元数据的数字化存储和数据的可视化呈现，包括表信息展示、表结构数据展示，并记录表与表之间的依赖关系，方便数据的追溯。

4. 深化资讯数据应用

1）舆情风控预警

来自于不同资讯源的金融产品（如股票、债券、基金）、行业、风险事件等资讯信息，经过汇聚加工，生成资讯信息的关键特征向量，结合智能标签生成和人工标注等过程，将超过 200 个风险因子与资讯信息相关联。用户可以使用主体、风险事件和时间等维度进行舆情检索，并根据实际需要进行预警规则的配置。当触发告警条件时，资讯中心会及时进行推送预警或提示信息。

2）智能资讯服务的运营

运营人员可以对标签化之后的资讯信息进行管理，包括对资讯内容、标签、情感正负面等要素进行编辑和对外发布。同时，通过对资讯来源、资讯栏目管理等的维护，实现对资讯信息及资讯对外服务的精细化运营。

3）智能语义分析服务

资讯数据结合自然语言处理方面的能力，实现在实体识别、语义理解、情感分析和智能文档解析等领域的应用。其中，实体识别可以在文档中出现的各类实体，如公司、人名、行业、板块等；语义理解方面，以资讯信息“长城汽车今年 9 月电动车产量”为例，可以识别出主体是长城汽车，“今年 9 月”对应的时间区间是 9 月 1 日到 9 月 30 日，“电动车”对应新能源汽车行业，“产量”对应某一项指标；通过情感分析算法来判断资讯对应的主体和信息本身是正面属性偏多还是负面属性偏多；文档解析服务通过运用非结构化解析相关的能力，实现对各类文档中的文字、表格和图片的抽取，用户可以根据自己的需要灵活地进行各类信息的提取和使用。

截至 2020 年年末，海通证券的资讯数据服务平台，整合了 20 多个外部资讯数据源，对外提供超过 300 个的个性化资讯接口，已支持信用风险管理、智能投研、智能投资建议等 10 多个业务场景。

随着平台的不断推广，不同来源资讯数据采集的模式逐渐统一，数据的时效性和完整性明显提高；平台持续完善资讯数据的校验机制，通过整合和资讯数据质量的校验，解决了原先资讯数据使用过程中存在的接口规范不统一、关键资讯过于依赖单一来源等问题，日均数据校验超过 1 亿次，有效改善资讯数据的质量；平台结合自然语言处理等技术，挖掘出资讯数据中有价值的信息，为下游系统的应用提供了更好的环境。

未来，除了持续引入外部优质金融资讯数据源，提升数据易用性外，海通证券的资讯中心将更加关注以下两个方面：一方面，随着人工智能技术在证券行业的应用逐步深化，资讯价值的纵向挖掘充满了更多可能性，企业图谱、产业图谱、供应链、客户画像等数据可以相互关联，实现数据从采集展示到知识积累、价值挖掘的飞跃；另一方面，随着行业科技生态圈的不断完善和信息、科技能力共享程度的加深，资讯数据服务作为很好的切入点，在提升机构客户服务体验以及构建开放生态上，将发挥出更大的价值。

7.2 统一行情中心

行业行情类系统建设情况

行情是客户交易决策的基础，行情类系统也是证券公司交易服务体系中的关键部件。一直以来，证券公司都高度重视行情类系统的建设，也向不同类型的行情信息供应商采购了各类的行情系统或行情展现终端。

随着金融产品的不断增加以及客户对行情服务的要求不断提高，对证券公司现有行情系统的挑战也逐渐显现。

1）行情系统覆盖市场产品的能力相对不足

随着国内金融创新的稳步推进和资本市场开放程度的加深，金融产品的数量也在快速增长。由于目前国内市场没有一个能够覆盖全市场行情的行情数据供应商，证券公司不得不对接多个行情源并进行整合。再加上不同行情源的接口不统一、不同市场开收盘时间不同等因素，整合在技术实现上存在一定的难度。不仅如此，所有市场的数据都需要相应交易所给予授权，而不同市场的结算模式不同，付费周期不同，给证券公司的行情数据使用带来一定困扰。

2）客户对低时延行情的需求更加迫切

2010 年，沪深 300 股指期货上市，使量化基金具备了可行的对冲工具。从 2012 年年底开始，国内量化交易进入快速增长期，尤其是 2014 年的又一轮市场牛市进一步加速了量化交易需求的增长。虽然国内量化交易的交易量占比不高，但是前景广阔。而优质的行情服务是量化交易的重要基础设施，客户对行情低时延的要求也越来越高。

3）证券公司整合多源行情的能力有待加强

21 世纪初，市场上涌现出包括同花顺、大智慧等能够提供行情服务的公司，它们不仅面向普通客户提供免费的行情交易终端，并以此为契机迅速获取大量线上客户，还同时面向证券公司提供证券行情交易等基础服务。

而证券公司为了满足不同客户的需求，需要向客户提供不同供应商的行情交易终端，并维护对应的行情后台。以海通证券为例，在 2015 年以前，仅网上交易就提供了同花顺、通达信和大智慧三个 PC 版本的行情终端。同时维护多套行情系统代价过高，且新增信息系统要对接行情时，需要考虑多行情源的问题，大大增加了系统建设的复杂度。

证券公司行情中心建设案例

为更好地整合多源行情，提升行情品种和市场的覆盖度，降低行情时延，海通证券在 2015 年启动了自研的行情中心建设，主要为实现如下目标。

目标一：能够逐步实现对市场和交易品种的全覆盖。

目标二：能够支持个性化的行情展示、行情信号等需求。

目标三：既能够提供标准的行情服务接口，又支持多种方式的接入，还可以降低行情系统运行维护的复杂性和成本。

目标四：能够监测行情数据质量和降低行情时延。

目标五：能够满足各类客户对行情的需求。因为不同的投资者，对行情的需求侧重点不同，大众投资者更关注行情品种的完整性，而持牌的机构投资者往往更关注行情的时效性。

围绕"多源择优、软硬协同、高效传输"的设计原则，海通证券的行情中心在设计过程中重点关注了如下几个方面。

1. 支持跨市场交易品种的接入

证券公司提供行情的服务，特别是对外部客户的服务需要得到相应的授权，一般来说，有两种模式：第一种模式是向交易所直接申请牌照，第二种模式是通过第三方代理公司申请牌照。

海通证券行情中心在建设过程中，通过直接对接交易所的方式获得了包括上海证券交易所、深圳证券交易所、上海黄金交易所等 7 个交易所的授权；通过第三方公司代理申请并获得了包括港股延时行情、美股延时行情、全球指数行情等 9 个授权。

2. 支持行情源的多路接入和自动切换

行情中心将同一行情转码程序接入多路行情源数据，以便同时将来源不同的行情数据分别读入内存。读入内存后，算法根据上一次获得的成交量与最新到达的成交量进行比较。如果在一路行情上获得的成交量相对较大，则意味着这一路行情的时延相对较低，行情中心会直接使用这一路的行情；如果成交量相同，则取时间戳较新的行情源。

3. 支持行情插件对交易市场的隔离

根据不同的交易市场，行情在接入时，通过不同的插件动态加载对应市场的行情并实现联动。这种降低插件间耦合性的模式最大限度地隔离了插件异常带来的风险，避免了一个插件出现问题而影响多个市场的行情。

4. 支持跨区域的高效传输

通过用低延时网卡替换普通网卡，万兆交换机替换千兆交换机等模式优化传输硬件；通过采用开源 LZMA 压缩算法，根据网络情况选择不同的压缩级别，节约网络带宽资源，提升传输效率，通过增量推送和长短链接按需切换的方式进行传输实现行情数据跨区域的高效传输。

5. 支持多元化的对接模式

支持交易所原始协议转发、海通证券标准化 API 接口、Json 协议、二进制流协议、CSV 文件等方式。如果使用交易所的协议，可以和行情中心实现无缝对接。

6. 支持 FPGA 硬件加速

通过 FPGA 硬件直接与交易所的行情网关进行对接，并通过内嵌程序实现解码操作，下游的应用程序可以通过 API 接收行情。这种模式相比较通过 CPU 解码的方式，速度至少提升一个数量级。FPGA 接收并转码的深交所行情，能够做到实时推送。

7. 支持历史行情数据使用的需求

通过采购交易所逐笔、分笔、分钟线等历史行情数据，能够支持诸如量化分析、策略回测和复盘等功能。

8. 支持全天候服务模式和高可靠运行

在高并发支持方面，采用分布式架构和云部署模式，以支持高并发的访问和行情高并发访问时的弹性扩容；在提升系统可靠性方面，通过采用异地多中心多源接入，心跳检测、动态切换、智能站点调度等方式，提升系统可靠性。

围绕上述设计，海通证券的行情中心设计成行情接入、行情转发、指标计算和对外服务四个逻辑层，具体如图 7-7 所示。

图 7-7　海通证券行情中心架构

经过五年多的建设，海通证券的行情中心不仅能够为网上交易、手机 App 等互联网终端提供行情数据服务，还能够为公司的 PB 交易类、产品管理类、量化研究类、机构客户服务类、合规风控类系统提供行情数据服务。图 7-8 描绘了海通证券行情中心的建设历程。

在行情支持上，海通证券行情中心目前可提供实时和延时行情接收、行情分发、指标计算、对外服务等功能，并支持多种协议，以支持二次开发。

在交易品种上，涵盖股票、基金、债券、贵金属、期权、股指期货、国债期货、商品期货等；在交易市场上，覆盖包括沪深、股转、港股、美股、全球指数、境内外期货、外汇、OTC 等 29 个类型的市场。

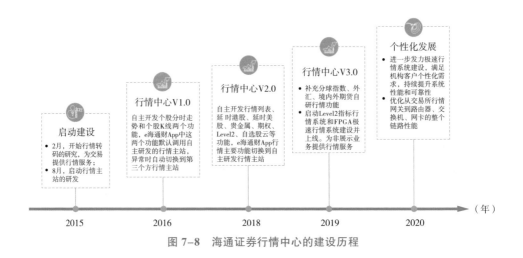

图 7-8　海通证券行情中心的建设历程

在系统功能上，行情中心能够支持实时行情展示、历史行情数据分析、行情指标监控等功能和行情对外接口服务。从一开始提供单一的行情主站和支持简单的转码功能，发展到满足各类客户复杂、差异化需求，形成了完整的行情服务体系。

在降低行情时延上，行情中心通过新技术的应用和架构的不断优化，其全链路（从交易所撮合成交以后，通过交易所行情网关下发到证券公司的行情接收程序开始计算，经过证券公司机房的路由器、交换机、防火墙到行情转码，最后操作端显示出来的全部耗时）的性能得到了明显的提升。

在系统高并发支持和高可靠性保障上，自 2015 年 2 月上线以来，海通证券的行情中心连续多年稳定运行，提供超过 500 个板块，超过 10 万个金融产品全天候的行情数据服务。

目前，行情中心的单台行情主站支持 2 万笔/秒的并发查询，行情中心的集群也经受住了 70 万笔/秒并发查询的峰值考验，结合 FPGA 的应用，行情中心能够支持深市 300 万笔/秒、沪市 200 万笔/秒的吞吐量。表 7-2 显示了一些运行的指标。

表 7-2　行情中心运行指标

运行指标	指标值
日累计计算量	50 亿次
推送流量	700MB/秒

续表

运行指标	指标值
累计存储数据容量	25TB
App 日行情功能点击量	2 亿次

未来，行情中心将继续推进全链路的优化，包括应用软件层面、操作系统层面和网络设备层面，以进一步降低行情服务的时延。

第 8 章
人工智能平台建设

让机器模仿甚至替代"人类智能"利用知识完成特定任务，一直是人类不懈的追求。"人工智能"（Artificial Intelligence，简称 AI），自 20 世纪 50 年代其名称正式确立以来，作为一门涉及多研究领域的综合性学科，其在数十年发展过程中历经了多次高潮和低谷。而到了 21 世纪，人工智能在学术界和产业界获得了前所未的有广泛关注。算法理论、计算能力、数据支持等方面获得的突破性进展，为人工智能的应用落地奠定了扎实的基础。人工智能在推动经济社会各领域的加速发展方面发挥了重大价值。

在金融业的基础框架和生态体系经历全面而深刻变革的当下，AI 技术被认为是助力金融机构实现数字化转型的关键技术，而由此而来的智能金融被认为是行业发展的重要趋势。

近年来，人工智能与证券业务的融合不断深入，开始逐渐转向实际场景中的规模化的应用。行业的经营机构投入相当的资源进行智能金融方面的尝试探索，在人工智能应用向证券核心业务渗透的同时，相关技术能力的不断积累和完善也成为关注的重点。建设统一的企业级人工智能平台，并以之作为构建全面赋能业务的 AI 能力体系工作的基座，也已成为当下证券公司数字化转型的重要努力方向。

8.1　行业人工智能技术的应用情况

行业进入智能金融时代

人工智能的快速发展正引发各行各业的深刻变革。近年来，深度学习、强

118

化学习、联邦学习等技术更是在各领域掀起了热潮，使得产业界与学术界对于人工智能的关注达到了前所未有的程度，甚至引起了国家层面的重视。不少国家都发布了国家级的人工智能战略，而我国也把发展人工智能上升到国家的战略高度。

党的十九大明确提出，要"推动互联网、大数据、人工智能和实体经济深度融合"。从 2017 年开始，人工智能更是连续三年写入国务院的政府工作报告。

同时，国家也出台了一系列相关领域的政策指引或标准。2017 年，国务院、工业和信息化部分别印发了《新一代人工智能发展规划》和《促进新一代人工智能产业发展三年行动计划（2018—2020 年）》；2018 年，教育部发布了《高等学校人工智能创新行动计划》；2019 年，中央深化改革委员会和科技部分别发布《关于促进人工智能和实体经济深度融合的指导意见》和《国家新一代人工智能创新发展试验区建设工作指引》；2020 年，国家标准化管理委员会、中央网信办、国家发展改革委、科技部、工业和信息化部联合印发《国家新一代人工智能标准体系建设指南》。这些政策和指引的密集发布，彰显了国家大力发展人工智能的决心。在这样的背景下，我国人工智能相关投入显著增长，相关人才培养日益完善，各行业智能技术的应用落地不断增速。

随着资本市场的进一步发展，无论是新业务拓展、传统业务转型，还是合规风控水平提升，都对证券公司应用金融科技、优化业务流程、降低运营成本、提升客户服务水平等方面提出更多、更高、更新的要求。积极有效地应对行业的变化趋势，加速对人工智能技术和场景的研究与应用，推动智能金融发展，逐渐成为证券公司数字化转型过程中的重点举措。

根据《中国智能金融发展报告 2019》中的描述，智能金融是指人工智能技术与金融业深度融合的新业态，是用机器替代和超越人类部分经营管理经验与能力的金融模式变革。智能金融发展的主要驱动力分为技术、政策和资本三个层面（见图 8-1）。其中，技术要素是智能金融发展的基础，包括算法、算力、数据和场景；产业政策和资本的保障为智慧金融的发展提供了外部动力。

不同于科技企业的是，证券公司一般更加重视智能技术为具体业务场景带来的实效，因此对智能技术的产品化有着较高需求。不可否认，在人工智能的相关领域，国内证券公司与国际知名投行、国内领先的科技公司相比还存在一定的差距，比如：普遍缺少专业化的技术团队，特别是人工智能领域的高端人才；技术对外部服务商的依赖较大；智能化应用，特别是具有行业特色的场景多数还处

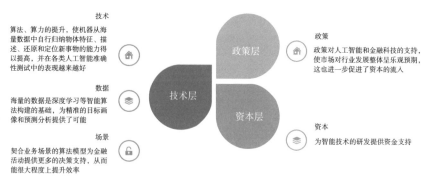

技术
算法、算力的提升，使机器从海量数据中自行归纳物体特征、描述、还原和定位新事物的能力得以提高，并在各类人工智能准确性测试中的表现越来越好

数据
海量的数据是深度学习等智能算法构建的基础，为精准的目标画像和预测分析提供了可能

场景
契合业务场景的算法模型为金融活动提供更多的决策支持，从而能很大程度上提升效率

政策
政策对人工智能和金融科技的支持，使市场对行业发展整体呈乐观预期，这也进一步促进了资本的流入

资本
为智能技术的研发提供资金支持

图8-1　智能金融发展的三大驱动力

于浅应用阶段；智能化应用的建设相对分散，场景落地效率相对较低等。

面对这样的形势，许多证券公司已将人工智能技术的研究与应用作为自身科技发展的重点，投入大量资源引进、培养人工智能相关人才，探索更合理、更高效的建设路径，力争构建完备且自主可控的智能技术能力体系。这些公司多数选择基于自身应用需求，结合自主研发和对前沿技术、成熟产品的引进吸收，以产业协同、集成创新等模式推动智能技术与行业应用的深度融合，实现动态演进。

过去几年，证券行业在人工智能领域付诸的努力已取得了积极的成效，智能技术的应用场景在广度和深度上不断拓展。

在对客服务领域，基于对客服务的互联网平台持续产生的海量数据，证券公司能够开展场景化分析，为各类服务提供全方位支持；细粒度的智能分析丰富了客户画像标签体系，进而能够发掘更广泛的客群，支持更精准的产品营销，同时让各项服务更加人性化，帮助提升客户体验；通过模式识别、知识库与语义网络、对话生成等技术，机器人客服能够以语音或文本对话的方式高效地为客户提供服务支持。

在交易投研领域，源源不断的行业数据，结合智能化的检索引擎与分析、展示工具，能够极大地提升从业人员及客户对于市场数据的综合应用能力；融合行业知识与智能算法的策略管理、投资建议系统，推动金融服务向专业化、个性化、高质量的方向发展；行业相关机构投入大量资源开展的基于 AI 算法的交易优化研究，可以预见也将会给行业的交易模式带来一定的影响。

在经营管理领域，智能化的运营平台的搭建，实现了各项资源的统筹管理，显著提升了服务的可用性与资源的利用率。机器人流程自动化（Robotic process automation，简称 RPA）在业务自动化方面的应用持续拓展与深化，近年来，其不再囿于基于规则的模式，结合基于机器学习（Machine Learning，简称 ML）的 AI 技术，大大提升了其能力范围，为行业带来巨大收益。同样借助 AI 技术，经营机构全方位地加强了对营业网点运营情况的监控、评价和预测能力；通过引入最前沿的自然语言处理（Natural Language Processing，简称 NLP）技术，实现机器对金融文档结构、内容的深度理解，对文档关键要素的自动抽取与提炼汇总，进而达成对文档的智能检索、复核、修改和撰写，赋能投资与研究。

在风险管理领域，证券公司纷纷建立其涵盖各类业务风险数据的数据集市，并努力提升风险监测数据的实时性。以此为基础，采用多种手段构建智能风险模型，完善风险评价与预警体系，持续提升风险预警的有效性。同时，在标准化合同审核、隔离墙管理、反洗钱监测、异常交易监控、舆情分析等应用场景，以机器学习为代表的 AI 技术也在发挥着越来越重要的作用。

从对前台的经纪、投资、投行、自营等业务的支持，到对中后台的运营、风控、合规、财务等方面管理的赋能，AI 技术已深刻地影响了行业产品、服务和经营模式。而证券公司已不再满足于零散智能应用场景的落地，并逐渐走向了标准化、统一化的智能金融体系建设道路。

AI 平台的建设和应用持续深化

随着 AI 技术应用的效果不断显现，证券行业内相关研发与应用方面的需求也在飞速增长，部分重视人工智能应用的证券公司开始启动企业级的 AI 平台建设。

企业级的 AI 平台，能够大幅降低相关建模应用的门槛，并带来如下的效益：首先，基于高性能硬件设备的统一技术平台能大幅度提升智能应用所涉大规模运算的效率与精度；其次，丰富且模块化的工具，能够大幅降低智能模型开发难度，缩减开发时间；再次，对于不同类型数据（如结构化、半结构化和非结构化数据，批式数据和流式数据等）的综合分析挖掘，能为公司众多业务条线智能应用提供统一的支持；最后，通过平台进行的完整解决方案流程，能客观上促进业务和技术团队的紧密合作，形成开放协作创新团队。

随着人工智能在证券行业各垂直场景中应用的深入，AI 模型调用在业务进行的过程中将越发频繁。而对于以不断深化智能金融研究和应用的各家证券公司来说，构建企业级人工智能平台的重要性更加凸显。

广义的企业级人工智能平台可涵盖基础设施层、框架工具层、模型训练层和技术服务层。其中，基础设施层主要包括 CPU（Central Processing Unit，即中央处理器）、GPU（Graphics Processing Unit，即图形处理器）、FPGA（Field Programmable Gate Array，即现场可编程逻辑门阵列）、NPU（Neural-network Processing Units，即神经网络处理器）、ASIC（Application Specific Integrated Circuit，即专用集成电路）与它们所组成的 SoC（System on Chip，即系统级芯片），以及云计算设施等；框架工具层主要包括各种机器学习框架；模型训练层是进行机器学习建模的平台；技术服务层则涵盖各种人工智能应用服务。目前，证券公司人工智能平台相关建设工作主要集中在模型训练层与技术服务层。

当下，AI 平台往往具备如下特点。

第一，平台往往直接集成 Caffe、Theano、PyTorch、TensorFlow 等主流机器学习框架，Hadoop、Spark、Storm 等分布式大数据计算框架中的数项，并针对大规模环境下，梯度下降与反向传播、稀疏张量运算等极耗资源的机器学习常见计算，以及经典最优化算法进行专门优化，以显著提升相关模型的计算效率。特别是百度、华为等国内厂商自研的 PaddlePaddle、MindSpore 等框架近年来在市场中的影响力不断扩大。

第二，平台往往提供一定程度的可视化建模能力，将复杂算法分解抽象为较为单纯简便的常用型算子，而研发人员无须花费大量精力关注算子内部原理细节。基于模块化思想，平台支持对各算子模块的拖拽式交互和重组，进而实现对个性化定制的智能模型的便捷构建。

第三，平台往往设计专门机制，简化软硬件配置、任务调度、部署策略选择等各类工程型事项，让建模人员能够专注于模型训练，通过一键式的模型部署，实现智能模型在业务场景中的快速落地。

第四，在平台的构建过程中，云原生技术与各种 AI 平台的结合日趋紧密。基于云原生的深度学习训练平台可以做到完全的容器化部署和使用，并支持多种架构，灵活调配机器学习训练的算力资源，提供资源的弹性扩展；通过特定的设计，在出现空闲的计算资源时将空闲资源分配给正在训练中的任务，显著提升训练的效率。

另外，自动样本标注、自动机器学习（AutoML）、针对大规模模型的专门训练机制（如知识蒸馏、剪枝等）、AI 生态构建等方面也成为技术领先的证券经营机构在构建人工智能平台时的重点探索方向。

构建统一的人工智能平台，并结合在此其基础上构建的覆盖行业重要业务领域的各类通用型智能能力与专用型智能应用来构建智能技术能力体系，是证券行业发展智能金融的典型路径。结合对于核心技术自主可控的不懈追求，以及证券行业在数据、业务、资金等方面的潜在优势，行业的智能应用正在发挥着越来越大的价值。

8.2 证券公司 AI 能力建设与应用案例

构建企业级人工智能平台

在建立统一的人工智能平台之前，海通证券分散建设的智能应用存在如下问题：在算力层面，各个应用的软硬件平台缺少共享和联动，也没有高性能的计算基础设施支持海量计算；在工具层面，缺少高智能化应用开发套件，存在智能应用开发门槛高、业务需求实施周期长的问题；在配置层面，缺少统一管理的企业级平台，无法方便定制。2019 年，为实现"推动基础设施与金融科技平台向一体化、数字化、智能化转型"的战略目标，海通证券以大数据平台、海通金融云为能力支撑，推动企业级人工智能平台"e 海智慧"的建设。"e 海智慧"的建设目标是覆盖数据采集、特征工程、模型训练、模型部署、结果展示等智能应用研发完整流程，成为能够在各领域实现有效赋能的一站式平台。

基于 GPU 结合 CPU 的混合架构，"e 海智慧"提供了高可用、弹性可扩展的算力资源池，并实现统一的资源管理和分配。内建集成业界先进成果的算法库，支持人工智能，特别是机器学习模型的研发。该平台采用三层结构，具体介绍如下。

平台的最底层为资源管理层，对接大数据平台与云平台。大数据平台负责为智能模型提供关于数据的采集、存储、加工、分析、管理等方面的支撑；云平台负责统筹管理 CPU、GPU、FPGA、内存等各类计算资源，提供模型所需的算力支持。

平台的中间层为智能引擎层，依托底层资源管理模块，主要负责支撑智能应用建模相关的全流程，对接服务于上层应用。它集成了人工智能各领域的多种算法框架，支持构造流程图并以此为基础进行任务的定义、转化和执行。通过统一的图形化操作界面管理任务流，用可视化方式对相关建模元素进行新建、调整与组合，降低建模复杂度，实现效率的提升。

平台的最上层为智能应用层，提供面向最终用户、针对不同金融领域应用场景的综合服务，目前"e海智慧"已对接数字化运营、反洗钱、信用风险管理等系统或平台，有能力开展广泛的应用。

作为期望能够在证券业务场景中能带来实际效益的平台，"e海智慧"建立了如图8-2所示的建模反馈机制，根据业务特征建立评估机制，定期或在外部运行环境发生变化时对模型性能进行评估，达成对模型的持续监控、评估和优化，形成智能应用的完整闭环。

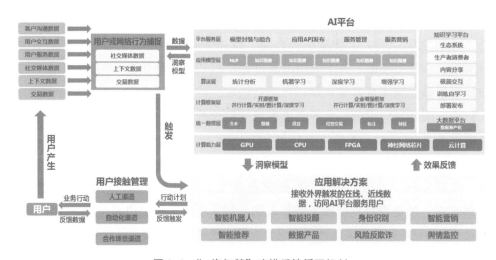

图8-2　"e海智慧"建模反馈循环机制

基于"e海智慧"平台，海通证券以感知计算、精准营销推荐、风险态势预警等领域为切入点，开展了一系列的实践活动，取得了以下几个丰硕的成果。

智能营销方面，针对客户行为、偏好、资金、投资经验等特征构建模型，进行客户分析和标签生成，支持个性化推荐、点击率预测、客户防流失、潜在客户发掘等应用。

对客服务方面，借助多种智能技术快速、准确地处理用户的各项需求，智能账户、智能舆情、智能账单、智能选股、智能客服等应用已成为目前海通对客服务中不可或缺的环节。

智能风控方面，构建"数据 + 模型 + 系统"三位一体的债券信用风险预警体系，覆盖发债企业并推广至上市公司，通过智能模型多角度多方面衡量目标企业发生违约风险的可能性，实现监控订阅、事前预警、波动分析等功能。

智能合规方面，利用大数据和人工智能技术辅助合规监控，识别异常交易与异常账号。上线多种基于机器学习的智能模型开展异常监测，实现对原有基于规则的模型的有效补充和修正。落地场景包括客户年龄异常监控、频繁密码修改 / 清改算子化监控、单一配资智能监控等。

智能运营方面，配合公司内部数据分类分级建设，构建了基于 AI 技术的"元数据自动分级"模型，基于元数据信息，利用自然语言处理技术，对数据表字段实现自动分类和敏感性划分，为数据安全提供保障。

特别地，除了一系列针对特定业务领域的创新实践应用，海通证券更着重发力基于"e 海智慧"平台的通用型能力打造，构建符合业务需求的智能应用体系，目标是实现核心算法模型的自主可控。一方面，将机器学习技术与行业知识相融合，打造专业化的金融文档智能处理平台以提供丰富的文档处理服务，并在其强大的 NLP 能力帮助下，建设智能检索引擎以实现高效的内容搜索；另一方面，以基于规则的传统 RPA 技术为基础，开展多项创新，构建数字劳动力，实现流程的智能化重塑。

智能化金融文档处理

1. 应用背景

金融行业是典型的文档密集性行业，存在大量的文档检索、阅读、撰写、审核工作。金融文档的特点是内容丰富、篇幅较大、关键信息分散在各处且表现形式多样。以债券募集说明书、投行招股说明书、研究报告以及项目合同文件等为例，它们动辄上百页的文字，可能包含文字段落、图片、表格等多种元素，或存在大量的数据和公式。

一方面，这些文档中虽蕴含大量信息，但信息多以非结构化的形式展现，且可能蕴含较多的非关键内容，获取其核心观点较为困难，一般的智能处理系统难以胜任。若采用人工方式进行处理，处理效率低且容易出差错。另一方面，分析报告、募集说明书、招股说明书、调研报告等日常文档的撰写一般由一个专项小组的成员分工完成。因此，也需要通过技术手段实现对于目标主题相关内容的高效获取、撰写和复核，以保证文档的正确性、一致性。

针对上述情况，海通证券将自身金融文档处理的行业经验与前沿技术相结合，打造了功能强大的金融文档智能处理平台，支撑各类智能语义分析应用。平台以智能语义分析为核心技术，在应用方面以智能复核为切入点，逐渐延伸、推广至智能撰写、智能投研、智能尽调等涉及金融文档处理的各个领域。

2. 整体架构

智能金融文本处理平台充分利用了海通证券在模型库、领域知识库、词库、实体库、公式指标库等方面的长期积累，打通了涵盖文档解析、标注、模型开发、训练、用户反馈、问题分析、算法改进等环节的闭环，将传统的以人力为主角的长周期、非即时、易出错的决策过程，转化为以计算机为主的短周期、即时、无偏差的客观决策过程，大幅度提升金融领域信息披露相关烦琐事务的工作效率，并有效防范风险。图8-3展示了平台处理金融文档的整体流程。

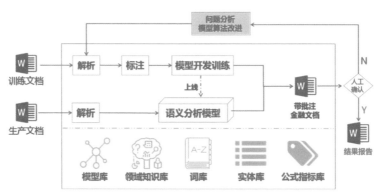

图8-3 金融文档智能处理平台整体流程

其中，利用深度学习等前沿技术构建的文档解析与语义分析模型是该平台的核心。平台通过智能解析及语义分析应用模型的训练部署，支撑多种个性化服务，实现对金融文档的智能语义理解。

模型的打造流程由交替进行的机器自动学习阶段与人工指导阶段组成：基于人工标注的数据开展有监督学习，学习结果经过人工审核与修正后进行下一轮次的学习。上述过程反复迭代，同时持续引入新增样本，通过多轮次学习以提升模型的性能。

然而，与处理一般文档相比，金融文档的自动化处理还存在如下两个特点。

第一，金融文档不仅内容多、篇幅大，通常还包含大量的专业词汇、公式、图表等内容，排版方式多样，多属于典型的富格式文档。相比一般的纯文本格式，对富格式文档的自动化处理、分析和理解难度更大，需构建合适的富格式文档认知理解机制。

第二，金融文档普遍存在长程修饰（指修饰词与修饰对象的位置间存在较长距离）、承前省略（指当前后两句话的主语一致时，省略后面一句话的主语）、零指代（指在中文等语言中，读者能够根据上下文的关系推断出来的部分经常被省略，但被省略的部分又在句子中承担相应的句法成分，并且回指前文中的某个语言单位）等现象，上下关联内容、专业术语与特定描述频繁出现，一般的文档智能处理模型难以直接套用，需设计专门的基于认知推理的语义分析机制。

针对上述金融文档的富格式问题，以及金融语言学的特点，海通金融文档智能处理平台采用如下的方式构建文档解析与语义分析模型。

首先，对于待处理的包含文本、表格、图片等多种元素的富格式文档，将其各页面视为多种模态在二维平面上的视觉呈现。基于卷积神经网络（Convolutional Neural Network，简称 CNN）和循环神经网络（Recurrent Neural Network，简称 RNN），充分提取与利用页面中的视觉特征与语义特征，对文本内各种元素分别进行识别和定位，进而实现对文档结构的解析。

接着，根据对文档解析获取的文本信息，结合上下文，通过认知推理手段，进行实体（Entity）识别、关系（Relation）抽取等操作，将信息整理为结构化的知识，以支持下游的文档智能审核、撰写等各项任务。

海通证券在金融文档智能处理的创新工作主要集中在两个方面：一方面，是对于文档结构的识别和内容的提取；另一方面，是基于认知推理的语义分析。接下来将对它们分别进行介绍。

3. 文档结构识别

1）面向富格式文档的页面结构识别

本项工作负责对于输入的富格式文档（例如扫描件、PDF 文件、Word 文档、网页等）进行解析，获取细分的标题、正文段落、图片、表格等单元，以便进一步的知识抽取和分析理解。具体主要包括以下三个步骤流程。

步骤一：单页结构解析。输入表现为图片形式的一页文档，识别获取其中的所有字符信息和位置信息，基于这些信息通过智能识别，将页面中的标题、段落、表格、图像等元素用矩形块进行分割标注，输出每个元素的类型以及位置信息。

步骤二：多页结构合并。对多页内（实践中一般是两页）已习得的各个元素进行特征学习，获取各元素块之间的链接关系，基于字符信息、元素类型和位置等内容分析两个元素块之间的关联关系，决定是否进行多页面内元素块结构的合并。

步骤三：阅读顺序理解。根据进行结构合并后的页面中的各元素信息，对标题、段落等进行专门的特征学习，确认页面中的各元素的阅读顺序。

上述解析识别主要采用 CNN、RNN 等神经网络结合文本语义嵌入技术的方法进行，再辅以基于规则的手段，得到文档中各有关元素分布结构的情况。完成上述步骤后，会根据元素类型的不同，分别进行处理。

对于以纯文本形式的标题、段落，可直接提取文字内容进入语义分析与理解阶段。

对于图像区域，则主要是将图像与其对应的标题文本进行配对，继而提取后者的所在区域，将相应内容作为语义分析与理解的输入。

对于表格区域，海通金融文档智能处理平台选择对其进行相对较为复杂的专项解析处理，接下来将对这部分的工作进行展开说明。

2）面向金融文档的表格解析

表格作为一种格式相对自由的数据呈现工具，能够紧凑地展示关键信息，为表格区域设计专门的解析流程主要是因为其具有如下特点。

第一，表格在各类金融文档中被广泛、频繁地使用，以展示各类重要专业信息，比如，IPO 招股书平均每两页就有一个表格，审计报告则几乎由表格构成。

第二，表格区域中的情况相对复杂，不仅包含文字内容，往往还存在线条、色块等对象；另外，表格中跨行与跨列结构的单元格经常出现，并且一些表格会略去部分外框或内线，导致其中单元格的边界较难区分。

针对上述情况，海通金融文档智能处理平台在从页面中检测表格并确认其位置后，采用了两阶段方案。

第一阶段，识别贯穿线。以原始的页面图像，基于其中的线条、色块、字符等信息，采用图像分割的技术，将整个表格区域划分成 n 行 m 列的基础单元格，进行水平与垂直特征的识别，通过识别贯穿线确认各基础单元格的情况。

第二阶段，合并单元格。通过判断相邻的基础单元格是否可属于同一个单元格，以此决定是否进行基础单元格的合并。基于合并的结果，识别表格中的跨行与跨列结构，进而针对已无法进一步合并的各个单元格，分别获取其中的文本内容。

在这两个阶段中，为了增强表格行列结构识别模型的效果，均引入并利用了文本的语义信息。上述的表格结构内容解析，结合对于标题、段落、图像关联文本的抽取，为随后的语义分析与结构化知识获取奠定了基础。这两阶段的过程如图 8-4 所示。

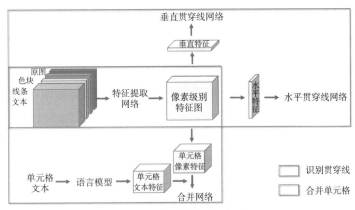

图 8-4　复杂表格的识别理解

4. 语义分析

基于认知推理的语义分析重点关注结构化金融知识的抽取与理解，该项工作的难点在于金融文档中存在各种复杂的语言现象。金融文档智能处理平台针对后续语义复核、意图理解、文本生成等应用中的痛点，采用细粒度语义分析技术构建模型进行针对性处理。相关的工作主要可归纳为如下几个方面。

1）实体识别

构建领域知识库，基于对大量语料的专业化标注，通过有监督学习，实现对名词术语、金融指标、财务指标等实体的自动识别标注。

比如，给定文本内容："2012 年年末的结算备付金占资产总额的比重为1.93%"，平台需识别出"2012 年年末""结算备付金""资产总额""1.93%"等实体，并通过分类器确认上述实体各自的类型。

2）关系提取

对于所识别的各种信息实体，实现对它们彼此间关系的自动提炼，将原先繁杂隐晦的各种关联关系重构为易于机器理解的、基于多元组表示的形式。

在关系提取的过程中，首先，针对能够刻画文中关系的特定触发词进行检测，通过强化学习训练触发词的检测模型，获取文本中存在的触发词位置和类型。接着，对每个触发词分别进行相应的论元识别，进而提炼出该段文本所描述事件，以及其蕴含的具体关联关系。比如，对于财务报表的分析，若模型在某处发现存在有关抵质押类型事件的触发词，则继续寻找时间、债务方、债权方、金额、借款方式、担保等相关论元，随后借助认知推理技术，获取它们所涉及的财务关系信息并放入合适的多元组。

传统关系抽取的研究主要是实体间的直接二元关系，然而在金融领域的实际场景中，情况往往更加复杂，经常出现长距离的、涉及多实体的多层次、相互嵌套的繁杂纷乱关系。

针对上述问题，海通金融文档智能处理平台采取如下策略：首先，进行直接两个实体间的二元关系的识别；其次，将这些识别出的关系看作基本元素，进行下一层次的实体间二元关系识别；最后，不断重复上述过程，直至模型认为文本中有价值的语义内容已全部提取完毕。

通过对二元关系的相互组合，模型便能习得各种更为复杂的多元关系。该策略基于神经网络模型执行，通过认知推理逐层迭代分析，最终获取的是以有向无环图（Directed Acyclic Graph，简称DAG）形式表示的结构型语义知识。此时，目标语句所蕴含复杂内容的脉络也被厘清。

图8-5展示了根据实体识别结果，进行关系提取的逻辑推理流程。

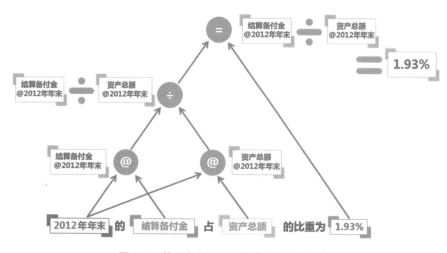

图8-5　基于有向无环图复杂关系识别示例

首先，模型发现描述时间的"2012 年年末"节点能够分别与"结算备付金""资产总数"两节点产生联系，于是将均位于底层的它们分别进行组合，得到第二层的两个"@"节点（这里，"X@Y"节点代表其描述了关于指标数据 X 及其对应时间 Y 的知识）。

接着，根据"占""比重"等内容，模型自动推导出此处存在着除法计算关系，并判断出前面的两个"@"节点中的内容分别为被除数与除数，得到第三层的"÷"节点。然后，根据"为"字推导出存在比较关系，找出该处比较参与的双方分别是之前的"÷"节点与"1.93%"。

最后，确认文本中蕴含的语义信息为"结算备付金 @2012 年年末""除以""结算备付金 @2012 年年末""等于""1.93%"，并将其进行结构化的存储以待后续应用。

通过文档结构识别与语义分析获取的结构化金融知识，能够服务于下游的各项智能应用，也为本章后续介绍的数据智能化检索提供了支持。

5. 应用情况

金融文档智能处理平台实现了对于业务的有效赋能，其提供的文档智能应用服务可归纳为通用服务、智能审核和文本再生三大主要类型。

1）通用服务

通用服务涵盖金融文档智能处理方面的各项基础服务，包括文档格式转换、PDF 或扫描版底稿中的元素抽取与内容比对、复杂表格内容识别等。

2）智能审核

面向金融领域的跨文档与底稿智能审核是目前所提供的最重要服务，主要的应用模式是以项目为单位进行底稿的解析，自动发现关联文档间存在的内容不一致性、数据钩稽错误等问题。该方向的主要应用场景可见表 8-1 的总结。

表 8-1　主要智能审核服务场景

场景名称	针对文档	主要功能
IPO 项目核查	主板、创业板、科创板的股权融资类项目的发行文件	数据钩稽、多文档交叉复核、多文档间引用一致性检查、财务指标公式检查、表内计算检查、错别字检查、格式校对等
债券项目核查	债券项目的发行文件	
新三板项目核查	新三板公转书、新三板精选层发行文件	
合同审核	标准化合同	关键要素抽取、金额大小写比对、分笔付款比例校验、税款校验、关键要素比对、固定条款校验、附件检查等

通过构建语义错误检查、一致性校验、钩稽关系校验和指标公式校验等基于语义的智能审核模型，平台目前已实现对 1 000 多种金融指标、30 余种专业金融指标公式、20 多类错别字、16 大类质量问题的检查和识别。

3）文本再生

文本再生服务涵盖包括制式文档撰写、自动摘要、报告生成等场景。海通证券自研的语言再生引擎为其核心。该引擎基于各类语言因子，构建出一套面向中文处理的语言复现完整逻辑体系，通过基于语言模型的编译器，实现写作思维的完整逻辑再现，以及高精度的复杂文档再生。

在实践应用中，金融文档智能处理平台证明了其巨大的价值，主要表现在如下几个方面。

第一，显著提升金融文档工作效率。平台大幅度提升了海通证券金融文档处理工作的效率。以投行类文档的智能复核为例，平均每篇文档节省约 60% 的人工复核时间。而通过文本再生工具每月生成的各类文档超过 300 份，按照每份文档平均节省 3 小时来计算，每月可以帮助业务部门节省工时超过 900 个小时。

第二，有效防范金融合规风险。平台的智能复核功能在 2018 年 7 月至 2020 年 12 月期间，帮助完成 5 000 多篇各类文档的审核工作，帮助检查数据点、计算及一致性关系 200 余万处，有效助力提高执业质量，降低金融文档的出错频率，有效防范金融合规风险。

第三，推动公司技术与业务创新。在技术创新方面，叠加文本语义信息进行的复杂表格识别理解，相比基于纯像素的基线方式，识别正确率提高了 11%。语言处理引擎相关技术获得国家发明专利；在业务创新方面，将金融文档语义分析应用于债券募集说明书智能复核、IPO 招股说明书智能复核、合同智能审核、文档智能检索、文档智能撰写（文本生成）、文档通用服务等场景，创造了较好的业务价值。其中，债券募集说明书智能复核在行业内属于该类首款应用。

第四，为行业金融文档智能化处理提供借鉴。作为行业信息化转型的探索者和先行者，海通证券在金融文档智能处理领域进行积极探索和持续应用落地，相关研究成果通过课题申报、系统展示、成果分享、专利申请、论文公开发表等方式在行业内进行展示、分享和推广。智能复核等创新应用在行业内形成良好的示范效应。

打造智能检索引擎

1. 应用背景

证券行业是典型的"数据密集"型行业,证券公司持续产生、收集和积累交易、客户、风险等内部数据以及市场、工商、司法、舆情等外部数据。由于海量的数据积累以及无处不在的数据应用需求,证券公司每天须进行大量的数据查询统计和分析挖掘工作,因此在数据检索方面一直存在较大的需求。

20 世纪 90 年代以来,大众对网络信息的检索模式已有了较大的变化。

早期的互联网检索应用,以雅虎等分类目录导航网站为代表,它们通过人工收集已知的重要网页并分类整理,在此基础上用户以自己的理解按照分类层级找到想要到达的网站。之后,以谷歌、百度、必应等为代表的检索引擎让人们的信息检索能力上升了一个台阶。它们事先获取互联网公开信息作为后台数据,根据用户输入关键词或简单的逻辑表达式,经过一定的计算后,返回与用户输入贴合度最高的网页。

近年来,检索引擎已经开始从输入关键词返回相关网页的传统方式,逐渐向输入自然语言返回精确答案的问答式智能方式演变。比如,输入"张三的身高",新一代智能化的引擎不再仅返回一些包含"张三""身高"等关键词的页面且需要由用户自行打开这些页面自行查找答案;而是直接对问题进行理解,然后返回用户真正所需的答案"173cm"。

检索技术的发展极大地促进了互联网的繁荣,而其智能化的趋势也必将进一步促进相关产业的发展。而反观证券行业,在内容检索方面对业务的支持一直存在短板。

证券业务相关的数据检索具有一定的特殊性。据统计,目前绝大部分查询需求的实现都需要先将查询语句翻译成计算机可以理解并执行的规范语义表示,如结构化查询语言(Structured Query Language,SQL)。这在无形中提高了相关工作的门槛。由于相关智能化工具的缺失,这些工作往往需要依赖技术人员或数据分析人员才能完成,但这种模式往往存在执行周期长、沟通效率低等问题。

在证券公司的日常经营过程中,业务人员和管理人员需要能够自助、便捷地从大数据中检索所需数据,以支持其业务拓展、经营分析和管理决策。为实现上述目标,海通证券依托大数据技术,基于"e 海智慧"人工智能平台,创新性地构建了面向金融域的智能检索引擎。用户只需向检索页面输入自然语言(Natural

Language，NL）形式的口语化查询需求，该引擎即可实现对其中所蕴含搜索意图的理解。随后，根据用户的搜索意图，返回特定的金融文档或文档片段，或者直接从数据库中进行相应查询并将结果通过表格或图表形式进行直观展示。

在海通智能检索引擎的帮助下，业务人员能够如同与真人交流那样，提出要求并获取数据，进而有效降低数据获取和应用的技术门槛，为知识理解、业务开展、经营分析、管理决策等活动提供支持。

基于语义分析的检索意图识别，以及基于自然语言转结构化查询语言（NL2SQL）的智能数据库查询是该引擎功能实现的两大核心。

2. 基于语义分析的检索意图识别

由于智能检索引擎服务于金融行业信息的分析与决策流程，而非日常的生活场景，因此，对搜索结果精确性有着很高的要求。通过充分借助海通金融文档智能处理平台的语义分析能力，结合关系提取、句法分析、客户分析、语句消歧等技术手段的综合应用，该引擎能够实现对用户检索意图的高效识别，进而提升用户所获取内容的质量。

特别地，该搜索引擎对用户在数据检索时的操作进行记录，通过分析用户的行为偏好、数据检索频度、关键词等，帮助优化检索模型、提升用户的个性化使用体验。

在用户输入问句形式的查询时，引擎通过基于智能分析模型，结合当前查询语句中直接包含的语义信息与用户的历史行为特征两个维度，增强对用户意图的理解。必要时辅以多轮问答交互，通过巧妙的交互机制获取用户隐式反馈，增加理解用户意图的准确性。

具体来说，为帮助用户更加准确便捷地表达查询要求，提高人机交互效率，智能检索引擎提供了如下的智能化服务。

- **辅助造句**：在用户输入时，通过智能语义分析技术，发现并解析关键语句，进而预测用户的检索需求，辅助用户进行输入。例如，如图 8-6 所示，用户输入"帮我看看，公司 2012 年度的利润"，此时引擎会智能推荐潜在意图为"公司 2012 年度的利润是多少？"或"公司 2012 年的利润比 2011 年……"

图 8-6 辅助造句功能示例

等，用户可在下拉框中直接点击选择。

- **词义消歧**：通过分析，识别用户输入的语句，结合领域知识库和正则表达式，对用户输入的关键词进行分词处理，检查其中的关键词语。若发现用户本次实际语言表达中存在指代不明的情况，则通过智能算法找到与其语义接近但更精确的词汇，辅助加以纠正。如图 8-7 所示，若用户仅输入查询目标"编号 0012 的详细信息"，引擎发现"编号"一词存在歧义，便反馈与其语义相似度最高的三个词"机构代码""客户号""证券代码"以帮助消歧；而若用户输入的是口语式的问句，引擎定位关键词并发现存在歧义后，也会以口语形式返回消歧建议。

图 8-7　词义消歧功能示例

- **语音输入**：引入语音识别模块，让用户能够直接通过语音输入查询指令，其检索需求的语音会被自动识别，进而转换为文字。
- **格式识别**：实现日期、数字、客户号、账户、证件号、自然人姓名、机构名称等常见特定格式内容的自动识别，智能化地进行相关校验、修正和提示。
- **反馈优化**：智能检索引擎以机器学习技术为基础，其运行中仍处于持续进行学习训练的状态，因此收集用户反馈对形成相关闭环非常重要。用户在数据检索过程中如果发现引擎的结果不准确，都可以进行一键反馈，帮助相关智能模型进行优化改进。

在实现上述功能的基础上，若用户的检索目标内容被识别为来自金融文档，则执行针对文本的搜索策略。金融领域文档多采用层级结构，该引擎充分利用此类型结构中所蕴含的片段间逻辑关系，以更准确地达成用户意图。将文档标题视为特征输入排序模型，以提升排序效果；采用强化学习的方法，从一级标题不断向下搜索，寻找最终答案所在的段落。

而若检索目标内容被识别为需直接自数据库中获取，则会通过基于神经网络算法构建的 NL2SQL 模型，对具有极大自由度的自然语言进行意图理解，并通过机器翻译其转化至结构化查询语句（SQL 查询语句）。接下来将对其进行详细介绍。

3. 基于 NL2SQL 的智能数据库内容查询

NL2SQL 实现方法主要可分为：基于关键词与模版匹配的方法、基于句法系统的方法、基于语义语法系统的方法、基于中间表示语言（或模型）的方法、基于（人工）神经网络模型的方法等。

深度学习技术的迅速崛起，使得基于深度神经网络模型的 NL2SQL 方法逐渐成为主流。相对于传统的机器学习技术，其更擅长于从海量数据中自适应地学习隐藏的知识表示及其之间的关系，因此在处理各种大规模的复杂问题时更具优势。

借鉴先进技术经验，海通智能检索引擎以深度学习技术为主，结合多种技术手段，采用序列到序列（sequence-to-sequence，简称 seq2seq）转换模型框架，以端对端的方法实现查询语句的智能转换。

与前文金融文档智能处理平台进行语义分析的模式类似，检索引擎 NL2SQL 功能的实现也通过针对实体间关系的学习进行。

具体来说，首先，将神经网络模型与领域规则相结合，对用户输入的查询语句进行实体（关键信息）抽取。根据对场景的理解，海通证券将实体类型定义为数据库表名（表实体）、数据库列名（列实体）、枚举值字典（值实体）、自定义值、自定义列名、数据库表连接关系，以及自定义操作符六大类。基于上述关于实体的分类定义，便可对已有查询语句样本进行实体标注。一方面，根据大量已标注的 NL/SQL 样本对，训练 BERT（Bidirectional Encoder Representation from Transformers）神经网络模型，进而构建分类器，抽取并识别自然语言中的实体类别信息。另一方面，组织领域专家构建金融领域知识库。根据知识库，采用模板比对或基于"别名"和"前后缀"的方式进行实体匹配抽取。将两方面的实体抽取结果相融合，从而使得实体抽取结果具备更高的领域适应性。

接着，类似于前文所介绍的金融文档关系提取策略，通过构建层次关系模型，提取实体间的复杂关系。层次关系构建以自底向上不断迭代的方式进行：以先前抽取的实体作为初始候选集的构成元素。不断搜寻候选集内元素间的关系，每当确认某处存在某种关系，则对其所涉及的元素（可以是一个，也可以是多个）进行整合，并将包含关系信息的整合结果作为新的元素加入候选集以替换原先的元素。当对最底层的关系提取完毕后，便以此为基础开始更高一层的关系的提取。如此持续,直到再也无法提取出更高层的关系。通过上述过程,便可生成对应的有向无环图。这一过程如图 8-8 所示,该图中各节点的内容便是各个 SQL 子句,而图中最上层的节点则对应最终生成的 SQL 查询语句。

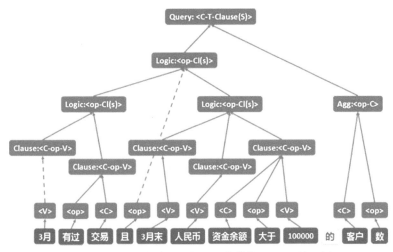

图 8-8　自然语言意图理解及将其转化至 SQL 的示例
（注：<V><op><C> 等即本场景中定义的实体标签）

在完成 SQL 转换工作后,引擎还提供交互反馈功能以提升内容检索准确性:通过向用户展示已转换完成的 SQL 语句,有技术基础的用户可以对其进行修改和内容反馈。

数据查询完成后,检索引擎会将查询结果以表格形式进行展示（见图 8-9）,若用户存在需求,还可通过可视化展示页面记录结果,根据数据特征、用户习惯偏好等,以饼图、柱状图、折线图、仪表图等形式进行直观展示。

4. 应用情况

依托数据中台的支撑,海通证券的智能检索引擎实现了对金融领域数据查询要求的深度理解与高效满足。其所提供的智能检索能力已成为"e 海智慧"平台通用 AI 能力体系的重要一环。

目前,该引擎已能够应用于适用客户管理、产品营销、人力资源管理、财务管理、风险控制、业务运营等领域的数据查询和分析场景,并为办公协同平台的制度库、数据门户、数据分类分级等多个内部系统提供细粒度的信息搜索与管理服务,使用人员超过 3 000 人。不仅能满足普通业务人员的绝大部分日常数据查询需要,而且能帮助专业技术人员进行一定程度的高阶数据分析。

图 8-9　查询结果以图表形式展现示例

针对金融文档的检索，该引擎已实现细粒度的文档内容搜索与语义自动匹配，实现对于 1 000 多个金融指标及公式的自动识别与处理，为查询需求提供了更精确的候选答案。对于针对数据库内容的检索，该引擎已覆盖常见的通过自然语言进行表述的查询需求，单表及单层关系 SQL 查询转换成功率已达约 90%，对于多表 SQL 查询以及多层级嵌套关系的复杂场景转换成功率也已达约 80% 以上。该引擎应用效果和创新水平处于行业领先水平，先后荣获证券期货业多项大奖。

未来通过对检索引擎能力的扩充，可以帮助企业建立真正意义上的检索中心。一方面，对于集团内外结构化和非结构化数据实现更为全方位的检索服务；另一方面，通过与各应用系统的进一步深度融合，打造更为专业的面向特定领域的数据检索能力。

培育数字劳动力

1.应用背景

随着信息技术的快速发展，证券公司经历了高速的规模扩张，证券业务的办理形式也日加多样化，这对于业务运营提出了更高的要求。然而，传统业务运营模式存在的问题也日益凸显，主要可以概括为如下几点：一是流程的自动化程度不足，需要投入大量宝贵的人力、物力和财力；二是业务流程监控不全面的问题依旧存在；三是支持各业务流程的应用系统不能无缝集成，需要人工在多个系统间进行切换以完成相应业务流程的方式十分不便。

RPA 是在人工智能和自动化技术的基础上建立的、以机器人作为虚拟劳动力、依据预先设定的程序与现有应用系统进行交互，以完成预期任务的技术。通过模拟并增强人类与计算机的交互过程，能够帮助员工完成日常重复性劳动，实现工作流程的自动化。

作为基于规则的人工智能技术，RPA 能够支持业务流程自动化的快速实现，当然，这些流程是相对固定的。海通证券认为，RPA 技术能够作为培育数字劳动力的核心。

早在 2011 年，海通证券就开始探索 RPA 技术在自动化运维方面的实践应用，2016 年，其在业务运营过程中率先实现了核心业务运营的综合监控及清算自动化，并在后续拓展了多项自动化场景。2018 年起，随着应用场景的不断丰富，在财务管理、基金托管等领域纷纷引入基于 RPA 技术构建的数字劳动力，将其作为提高流程效率的利器。

目前，RPA 能力已成为人工智能能力体系的重要一环，海通证券结合业务需求，制定了规范准则，形成了业务和技术紧密合作的新工作模式，实现了对公司业务的快速自动化赋能，提供了持续优化的服务支持。

2. 建设方案

海通数字劳动力整体架构如图 8-10 所示，其应用服务旨在覆盖海通全集团，而能力则主要分为三层：前台能力，是指 RPA 机器人接收由来自服务器端的命令调度，模拟人类完成的各项前台操作的能力；后台能力，主要包含各类开发和运维能力、资源的统一管理和分配能力；第三方能力，是指数字劳动力对第三方资源的快速整合能力。

海通 RPA 数字劳动力建设基于原子化、部件化的设计理念，确保技术架构的可复用性、灵活性。

为提升流程重塑效率，海通证券针对业务流程中常见的操作进行封装与统一管理，并构建了专属资源库。截至目前，海通 RPA 数字建设已经积累近3 000 多个智能函数工具，可以满足各种应用场景的需要。同时，通过对接多种开放标准和支持多种主流脚本语言、采集协议，平台可以持续构建 RPA 应用的

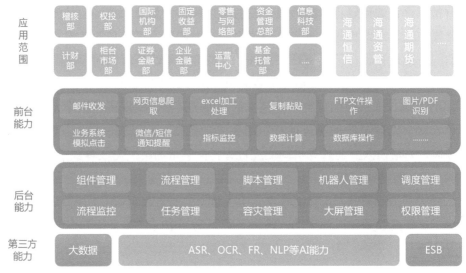

图 8-10 海通数字劳动力建设整体架构图

生态链条，确保自身的可拓展性。

在构建数字劳动力的实践过程中，海通证券充分认识到 RPA 技术的特点：传统 RPA 技术可归于基于规则的人工智能技术，其适用于具有高重复性、存在既定逻辑的流程，但在面对涉及大量实物操作且相应内容无法电子化、业务规则经常变化、文件格式时常变动、需要大量人为主观判断或者目前还存在其他技术瓶颈的场景，往往力不从心。

针对上述情况，海通自主建立了如图 8-11 所示的数字员工业务场景遴选模型，根据表 8-2 所示的流程规则、业务执行频次、可行性评定、收益评定四大评估因子，对候选应用场景进行综合考量。在对具体业务流程的智能化改造中，

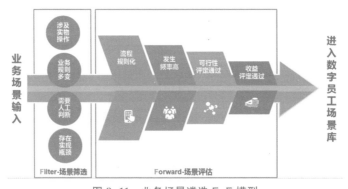

图 8-11 业务场景遴选 F-F 模型

充分衡量业务流程中各方面的影响因素，具体问题具体分析，并通过技术创新，弥补传统 RPA 短板，打造最适宜的数字劳动力研发与部署方案。

表 8-2　RPA 场景评估因子

标准	描述
流程规则	流程稳定性、规则稳定性、信息来源格式稳定性
业务执行频次	业务执行周期、业务执行频率、执行次数
可行性评定	合规性、网络连通性、系统复杂度、异常处理、兼容性
收益评定	处理时间、出错率、投入人力成本、耗时时间

在选取合适应用场景的基础上，技术团队与业务方通过深入协作，全面梳理流程结点以及规则，实现了相关数字劳动力的快速部署，最大限度地发挥了 RPA 技术的优势，提高了业务流程处理的及时性与准确性。

3. 创新实践

在技术探索和业务实践中，海通数字劳动力主要进行了如下的创新。

第一，融合机器学习技术，实现业务流程端到端的智能改造。如前文所述，传统 RPA 擅长处理单一、重复和标准化的流程，存在很大应用限制。为处理更复杂的业务场景，海通证券将传统 RPA 与字符识别、自然语言处理、语音识别等技术进行深度融合，通过融入识别决策的机器学习模块，提升其能力，令其能够自动地完成许多先前无法达成的任务，以推动相关应用流程的端对端数字化改造。

以人工工作量相对较大的网上开户审核为例，尽管其流程固定，但所涉及的模式识别任务却是传统 RPA 无法胜任的。海通证券依托"e 海智慧"平台打造基于机器学习技术的专业智能审核模块，并将其嵌入相应流程。目前海通数字劳动力已实现对共计 5 个大项、22 个子项内容的高效预审。通过此项工作，海通证券网上开户效率得到大幅度提升，开户时长平均减少近 45%，缩短至 1 分钟以内。同时，在"姓名""证件类别""证件号码"三要素审核方面基本实现识别零差错，有效保障了业务开展的合规性，降低了操作风险。

第二，构建多机器人协作机制，实现对于高负荷任务的高效协同处理。传统 RPA 一般采用单个机器人完成任务，而海通证券针对复杂业务流程，赋予数字劳动力协同的能力，多个 RPA 机器人能够通过合作，共同完成单个 RPA 无法完成的工作。

以基金产品估值自动化流程为例，每天约有数千产品需要完成对应的估值对账工作，且对于数据准确性的要求非常高，该任务向来极其繁重，需要设置专人专岗。但随着基金规模的持续增长，持续增加专职人员处理此事的方式在成本上已难以承受。针对这一难题，可以引入多个 RPA 机器人进行协同分工处理。如图 8-12 所示，对于原先繁重的工作，数字劳动力在每天上班之前便能完成当天的估值对账工作，相关部门只需要投入少量人力进行数据核对便可。基于 RPA 机器人协同技术，海通数字劳动力显著提升了生产效率和质量，节省了宝贵的人力资源。

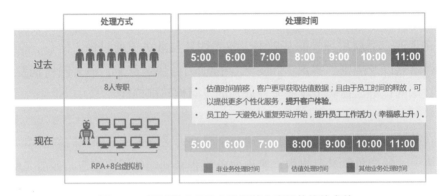

图 8-12　通过数字劳动力进行基金产品估值的成效

第三，引入人机互通、数据全景可视化技术，实现对流程高效监控。在实现作业自动化之余，海通证券打造了数字劳动力智能监控大屏，实时查看整体任务执行情况，以实现流程的可视化、可监控。大屏具备快速灵活定制的功能，开发人员可以通过前端组件拼装的方式，快速定制监控页面，动态绑定监控指标数据。对于一些无法从系统接口获取的数据，还专门设计了从业务系统页面进行直接抓取的功能。

第四，研发机器人商店，实现人人都可以订阅的 RPA 机器人。随着数字劳动力在公司的广泛应用，出现一些高重合度的需求场景，如何充分利用已有的机器人而非进行多次重复开发也是急需解决的问题。海通证券积极开展 RPA 机器人软件商店研发工作。目标是通过机器人商店，集中管控数字劳动力工具的上架发布，不仅实现通用场景机器人的能力共享，还支持专用场景机器人的高效定制。开发者可以向商店提供自行研发的机器人，并根据业务需求整合更新相关功能，避免重复开发；用户也无须安装众多的专项应用程序，通过商店即可使用各类机器人，并进行运行过程中的状态监控。

目前，海通证券已研制微信聊天、值班提醒、合同校验、发票验证等众多专用机器人，员工可以在线浏览商店，并下载自己感兴趣的机器人到自己本地进行使用。通过机器人商店的建设和推广，逐步让更多的员工能够享受到数字劳动力带来的便利，帮助提高员工的工作效率。

4. 应用情况

在持续创新的加持下，海通数字劳动力目前正处于成果落地的加速期。截至 2020 年年底，已推广至 10 多个总部部门和多家子公司，海通证券总部拥有业务机器人数量已超过 100 个，涉及自动化流程近 250 个，基本支持了运营、零售、财务、报送等常见业务场景。在数字劳动力的帮助下，仅海通证券的总部每日可以节省 250 小时以上的人力。

另外，相关系统平台与行业领先的海通金融云紧密融合，通过全面云化部署，大幅缩减了公司的硬件采购成本；通过快速实现异构系统的互联互通，节省了相应的开发改造成本。目前数字劳动力相关的软件平台已支持集团化部署，子公司可以在满足一定条件的情况下方便地进行部署，合理加强了海通集团信息技术资源的共享。

未来，除了在特定业务领域的流程重塑方面的持续推广与深耕，数字劳动力还会进一步加强智能化升级。实践已经证明，通过与机器学习技术的结合，相关的技术能够在更广泛的领域发挥更强大的功效，其功能将更加完善，在复杂场景进行智能决策的能力也将不断增强。

8.3　人工智能应用的未来展望

通过自主可控的企业级人工智能平台建设，证券公司能够显著提升智能化应用的研发能力与相关软硬件的管理能力，促进大数据价值的发挥，为众多业务条线提供强大而丰富的智能金融能力支持，有力推动自身的数字化转型。

对于证券行业来说，进一步推进以人工智能平台为核心的智能金融能力体系建设，加快各业务领域的智能化应用服务落地，仍是未来的重要努力方向。具体来说，相关的工作可以包括如下方面。

首先，进一步提升人工智能平台的基础能力。相比其他行业，特别是互联网行业的先进范例，目前证券行业在人工智能平台建设与应用方面还存在一定的差距。因此，需要从架构、算法、配置与资源管控等方面实现自有平台功能的升级，并加大对其的推广力度。另外，需要解决当下一定程度仍存在的 AI 能力分散、重复建设等问题，统筹企业级智能能力建设，以快速响应业务演化。

其次，进一步加强对人工智能模型的管理。在智能模型的建模与应用过程中，应建立良好的风险管理策略，对算法模型的可用性、可解释性、精确性、安全性、稳定性、执行效率等方面进行更加细化的管理。通过设计严格的模型生命周期和安全管理策略，实现对模型算法失效、安全攻击、决策失当等风险的及时发现、应对和处置。

再次，进一步探索高效的数据共享模式。在保护隐私和安全的前提下解决数据孤岛问题，研究隐私计算技术的应用落地，利用多方安全计算、联邦学习等技术，在保障信息安全的前提下进行联合运算和建模，拓展 AI 应用前景，释放更多的数据价值，促进业务创新。

最后，也是最重要的，进一步深化智能技术的场景应用。在金融行业，随着人工智能技术的不断发展，其应用将在不同的细分领域持续深入，营销、投资、运营、财务、风控等领域的运作模式因为人工智能而发生的变革将愈演愈烈。未来，证券公司需要构建更为全面的智能应用体系，并在行业数字化转型的大潮中接受检验。另外，促进产学研融合，对于来自学术界的前沿智能技术的引进、消化与落地，也很可能成为证券公司构筑优势的重要途径。

第 9 章
区块链平台建设

　　2020 年 4 月 20 日，国家发改委明确了新型基础设施的范围，首次把区块链与 5G、物联网、人工智能、云计算并列为新型信息基础设施。同时，发改委将联合相关部门，研究出台推动新型基础设施发展的有关指导意见，修订完善有利于新兴行业持续健康发展的准入规则。这对于中国区块链行业理解、区块链技术落地以及未来发展方向起到了积极的指导作用。本章从总结证券行业区块链发展的现状入手，分析区块链在证券行业落地面临的问题，并结合海通证券自身区块链金融平台建设的实践提出证券公司建设区块链的路径建议。

9.1　行业区块链技术应用情况

　　据赛迪区块链研究院统计，2019 年我国区块链应用落地项目 328 个，金融区块链应用落地项目 96 个，占比 29%。在同期应用落地项目中占比最高，较 2018 年同比增长 41%。据统计，2019 年国家及各部委出台区块链方面政策 21 项，从国家政策上看，金融领域仍然是区块链技术的重点领域，占 28.57%。近几年，区块链金融应用案例不断增多，涵盖了银行、证券、信托、征信和保险等多个领域，而银行是最积极布局区块链的金融机构。据国家知识产权局公布的专利信息查询统计，仅 2019 年银行业申请的区块链专利就达 284 件，共计有 9 家银行申请了区块链相关专利。而截至 2020 年 5 月，证券业总共申请的区块链专利仅有 6 个。相比银行业和保险业，区块链技术的研究与应用在证券行业仍处于初步探索阶段。

政策指引

国家出台相关政策超前布局区块链发展，积极推动区块链与大数据、人工智能、云计算等信息化技术的融合，鼓励区块链技术在金融等相关领域的创新应用。地方政府从基础设施建设、产业扶持、技术研发创新以及产业应用落地等角度积极出台配套政策，支持区块链产业的发展。

中国证券业协会专业委员会"2020年工作要点"中也有涉及区块链的相关内容，如指出需开展证券公司数字化转型发展推动行业高质量研究，引导行业、场外市场加强数据治理，探索以区块链技术为支撑的多方数据权益保障机制；完善投行业务基础性制度，推动投资银行类业务工作底稿电子化建设、建立电子化工作底稿监管共享平台；研究推进区块链、人工智能、大数据等新技术在投行业务领域的应用研究，研究制定保荐承销机构远程工作标准。

标准规范

区块链应用标准主要分为两大类：一类是进行区块链应用开发需遵循的接口标准和数据规范，如密码应用服务标准、底层框架应用编程接口标准、分布式数据库标准、应用部署环境标准、智能合约安全标准、BaaS（Blockchain as a Service，区块链即服务）平台应用服务接口标准、跨链、主侧链、多链、分片通信消息规范等；另一类则是针对具体应用场景制定的区块链应用标准或规范，这一类标准规范目前极少，研究进展缓慢。

统一规范的技术标准是目前区块链技术发展亟待解决的首要问题。ISO/TC307目前已对隐私和个人信息保护、安全风险和漏洞、身份管理服务、参考架构、合规性智能合约、智能合约交互、数字资产托管安全等区块链技术标准进行立项。截至2019年年末，我国共发布底层框架技术的7项团体标准和19项行业应用标准。2019年11月，国家标准化管理委员会公告称，将新建一批全国专业标准化技术委员会。据工信部称，根据国家标准委批复，有关单位提出了全国区块链标准委委员组建方案，工信部由此公示了首份委员名单。此前人民银行也已发布了《金融分布式账本技术安全规范》金融行业标准。各部委竞相建设区块链技术标准，使得区块链产业应用的推进速度有望超出市场预期。

同期，上海保交所正式对外发布《区块链保险应用白皮书》，启动推进"保险行业区块链应用技术标准"建设工作，这也标志着区块链技术在保险行业标准化建设的序幕正式拉开。可以预见，证券行业的区块链技术标准的建设也将在不久的将来启动。

行业应用

多家证券公司对区块链的探索已经展开，甚至有些公司已经有落地的场景。如长城证券目前已在理财产品等业务的存证管理上应用相关技术；国泰君安、华泰证券资管、广发证券、东方证券也开始在 ABS（资产证券化）领域尝试实践区块链技术；国泰君安证券基于金融区块链合作联盟（简称"金链盟"）开源区块链平台 FISCO BCOS，与深证通、太平洋保险、微众银行共同构建通用存证服务；中信建投证券国际子公司和北京总部基于区块链实现跨境研报共享。但总体来说，目前证券行业在区块链技术的应用尚处于技术跟踪和探索阶段，落地的业务场景也较少涉及证券公司的核心业务。

9.2 证券公司区块链技术应用案例

海通证券通过结合自身发展情况，摸索出一条适合自身的可信计算发展路径，即先从存证类、价值数据共享方面入手，探索应用私有链和联盟链模式，并逐步尝试在证券公司核心业务中的应用。

在技术实现上，海通证券基于 Hyperledger Fabric 开源生态，并搭建了自主可控的区块链底层平台和联盟网络。同时，能够满足证券行业应用的性能要求和安全标准。其整体技术架构如图 9-1 所示，通过 BaaS 平台，降低区块链底层网络管理的门槛，支持一键部署、资源管理、节点管理、通道管理、CA 管理等工作，并可以将私有区块链网络上的数据锚定到联盟链网络之上，实现多链数据同步。电子存证平台处理与存证有关的业务场景，属于上层应用，通过海通证券企业服务总线（ESB）提供标准 API 接口给业务应用系统调用。这种方式能够有效降低业务系统接入区块链电子存证应用的难度和系统的改造成本。

在应用场景上，图 9-2 展示了区块链电子存证应用的架构，其涵盖了客户适当性管理、客户权益保护、投行电子底稿管理等方面。希望通过区块链平台，

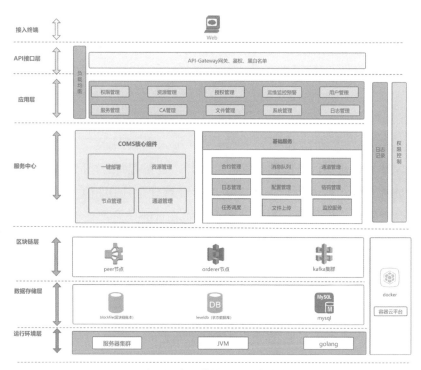

图 9-1　海通证券区块链金融平台技术架构图

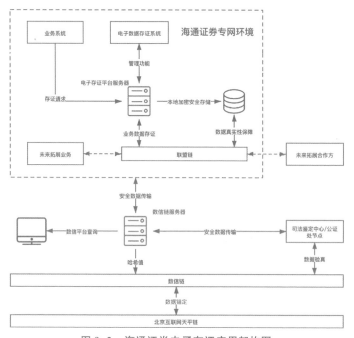

图 9-2　海通证券电子存证应用架构图

解决传统电子存证业务模式的诸多不足。这些不足包括全流程的电子化程度较低，需要线上和线下进行协同工作；存证取证各环节的技术安全及公信力存疑；法律服务过程低效，取证过程复杂；中心化存储的数据容易丢失或被篡改等。

在客户适当性管理过程中，非现场开户和股票质押是两个比较典型的应用。非现场开户流程中客户通过网上渠道办理开户业务，需要签署一系列电子协议书。目前，上链涉及网上开户委托、风险揭示书、知识测评、高龄客户、风险承受能力问卷等共 272 种客户协议，覆盖一般证券交易、股票期权、贵金属、融资融券等业务。而股票质押业务中，初始和展期交易涉及较复杂的流程，将关键节点数据信息和相应协议文件上链，可以简化业务流程的追溯过程、有效提高信用风险管理的有效性，也有助于解决纠纷。

在客户权益保护方面，通过用户隐私协议签署过程、产品购买全流程等过程的上链，拉通客户登录、产品预约、协议签署等环节，而区块链平台不可篡改的特性，也使得业务流程更加可信和更加可追溯，从而能够更好地保障客户权益。

投行底稿电子化过程中，海通证券的投行电子底稿管理系统通过 SDK 方式对接中国证券业协会基于区块链技术搭建的投行电子底稿监管系统。同时，海通证券应邀加入证券业联盟链（以下简称"证联链"），成为首批的 6 个成员单位之一，并完成基于容器云平台的自持节点部署以及与协会的技术对接。后续，投行电子底稿业务将通过海通证券自身的区块链平台，以跨链的形式与中国证券业协会对接。

如图 9-3 所示，在基金托管业务的投资监督过程中，区块链平台和 AI 技术有效结合，由投资监督系统采集估值系统数据，从基金产品建立初期，便能够

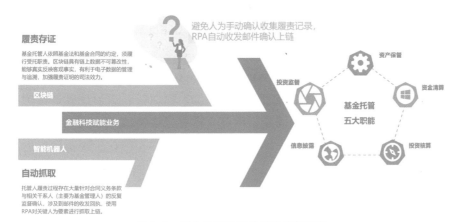

图 9-3　基金托管业务的投资监督场景

根据规则，每天生成违约记录，从中读取投资监督的提示函。如果发现管理人有违反相关合同约定或者法律法规的情况，经一定审核流程后向管理人进行提示。相关的提示邮件等信息的上链，能够加强履责证明的司法效力，避免出现抵赖等情况。

区块链平台还将系统日志、历史数据备份等纳入存证应用，体现系统内控质量的同时也为后续的审计工作提供便利。借助区块链全流程可追溯、不可篡改、隐私保护等特性，解决审计留痕和数据可信的难题，从而提高审计效率。

海通证券的区块链平台于 2020 年 6 月正式上线，作为集团性的基础技术平台，涵盖了网上开户、股票质押、积分商城、资管直销、基金托管、App 隐私协议、应用系统日志等多个存证业务场景。2020 年，平台累计接入约百万笔数据，涉及零售经纪、资产管理、基金托管、业务运营等多个业务线。除了去中心化和增加流程可信度外，区块链平台还有效提升了业务办理效率。以取证流程为例，在存证数据上链之前，需要通过人工调取多个在应用系统中存储的数据，流程冗长并耗费大量人力，有时单个流程需要流转 1 个月以上。数据上链后，通过区块链平台，整个流程只需几天即可完成。

9.3　区块链技术应用的未来展望

一方面，区块链技术是证券行业的重要前沿技术，而海通证券也将其定位为具有重大价值的基础技术。基于区块链平台的电子存证应用提升了存证出证业务的整体服务效率，提高了公信力水平，增加了数据安全，为对客业务电子数据、操作过程溯源等环节赋予了司法他证效力，能更好地保障业务合规性、真实性。

另一方面，以当下区块链电子证据的司法实践来看，虽然最高人民法院已认可了区块链存证在互联网案件举证中的法律效力，但区块链存证的时效性、存证时原始要素的完整度、维权时的取证截屏、抓取等还未形成标准范围，可能会存在存证要素是否标准的问题。因此，需要区块链技术的进一步发展、配套法律体系的进一步完善、电子存证领域规范的进一步细化，来共同促进区块链电子存证应用的深化。

区块链已成为国家经济生活的重要组成部分，未来，通过将各类身份、信息、资产、行为上链，可以使存证无法篡改，便于被各方共享，并作为纠纷发生时的电子证据，实现全流程留痕，全链路可信，全节点见证，高效解决纠纷，降低企业风控成本，营造互信的行业环境。

站在证券公司的视角，未来，区块链技术的应用将更加关注如下几个方面。

第一，建立企业级区块链金融平台。将区块链技术涉及的共识通信、证书管理、通道隔离、GRPC 协议、区块账本等实现组件化，保障多种智能合约以容器化方式安全运行，针对不同的业务场景以安全隔离的区块账本进行存储，支持图形化快速部署记账、背书等不同形式的节点，支持快速锚定其他私有、联盟链，以进行多链的数据互通，为区块链上各种业务场景落地奠定基础。

第二，扩充区块链应用场景。实现投行业务上链、资管 ABS 上链，实现穿透式管理。同时，探索黑名单共享、供应链金融等领域的应用场景落地。

第三，积极参与行业联盟链的建设。参与行业联盟链的建设不仅可以帮助证券公司及时、深度地把握行业在技术和场景应用上的趋势，还可以借助行业联盟链，反哺自身的区块链应用建设及治理，提高上链的数据质量。因此，各证券公司也将在逐渐接入司法联盟链的基础上，积极对接行业内的行业联盟链、监管机构建立的监管联盟链等，通过联动多方机构合作，增强数据互信，加快数据流动，缩短业务周期，同时满足监管单位对于业务过程真实性的要求。

第四，打造跨界区块链合作生态。通过联盟链的深度应用，逐渐形成联盟聚合效应，结合多方安全计算技术及分布式身份认证，解决数据隐私问题，实现数据的"可用不可见"。同时，基于区块链的数字价值生态，联合数字生态各参与方，充分发挥区块链链上数据价值，让平台更好赋能业务发展和管理提升。

业务赋能篇

第10章
财富管理转型赋能

　　财富管理是指以客户为中心，向客户提供全面、配套的财务规划及金融服务，以满足客户的多样化需求，帮助客户达到降低风险、财富增值等目的。目前，财富管理服务的主要提供者包括银行、信托、保险、证券公司等机构，不同类型的机构提供财富管理服务和相关金融产品的侧重略有不同。

　　证券公司的财富管理业务一般是指面向零售及高净值客户提供全面的金融服务和投资解决方案，提供的服务包括证券及期货经纪服务、投资顾问服务、理财策划服务，以及向客户提供融资融券、股票质押等融资类业务服务。

　　本章从证券公司传统经纪业务向财富管理模式转型的背景入手，叙述了财富管理数字化转型的值得关注的方向；接下来，以海通证券为例，介绍了海通证券在改善客户投资体验、提升互联网数字化运营能力和提升零售客户服务能力方面的实践经验。

10.1　财富管理数字化转型的方向

经纪业务向财富管理转型的背景

1. 经纪业务盈利空间收窄

　　近年来，在商业模式同质化的影响下，证券公司经纪业务佣金收入规模呈持续下降态势，行业平均佣金率已从 2008 年的千分之一点六下降至 2020 年的万分之二点六。随着非现场销户等服务的推广，客户在不同证券公司间迁移证券账户的成本明显降低，经纪业务市场已进入高度市场化和存量竞争的阶段。

单纯依靠低佣金策略已经难以提升获客能力。因此，面对全新的市场环境和竞争格局，证券公司需要探索传统经纪业务的转型升级模式，从提供单一通道服务转变为提供全面的财富管理服务，以构造新的业务增长引擎。

2. 财富管理市场潜力巨大

我国改革开放历经 40 多年发展和积累，居民财产存量已达到一定程度。根据《麦肯锡中国金融业 CEO 季刊》中的统计，截至 2020 年年底，以个人金融资产计算，中国已成为全球第二大财富管理市场、第二大在岸私人银行市场。预计到 2025 年，中国财富管理市场年复合增长率将达 10% 左右，市场规模有望突破 330 万亿元人民币。

然而，对标世界发达经济体，中国居民的金融资产占比明显偏低，据央行统计，2019 年中国居民的住房资产占总资产的 59%，而金融资产占比仅为 20% 左右；与美国相应的两项数字 24% 与 71% 相比，资产配置仍存在优化空间，因此可以预计，我国财富管理市场拥有巨大发展前景。

经纪业务转型财富管理无疑是证券公司实现业务高质量发展的重要手段。近年来，国内证券公司纷纷加速发展财富管理业务，也取得了一定进展。一方面，从业绩表现来看，代表财富管理业务初级阶段转型成果的代销金融产品净收入持续上升，2020 年证券行业实现代理销售金融产品净收入 134.38 亿元，同比增长 148.76%（数据来源：中国证券业协会）。

另一方面，证券公司财富管理业务在服务模式的专业化、多元化、定制化等方面与境外领先财富管理机构及国内商业银行相比仍存在一定差距。根据中国人民大学发布的《中国财富管理能力评价报告（2021）》，银行财富管理能力平均得分为 229.41 分，在所有机构中排名第一；其次为第三方机构，平均得分为 218.79 分；证券公司平均得分仅为 133.3 分。

在资本市场多元发展和数字化转型日益深化的背景下，如何重新审视证券公司财富管理的困局之源与破局之道，如何选择有效的转型路径并实践创新，是行业共同面对的现实挑战。

财富管理数字化转型的重点关注方向

证券公司财富管理转型当前处于发展阶段，各家证券公司正在根据自身的资源禀赋、特点及优势重新思考零售业务的财富管理转型。同时，科技的蓬勃发展也为财富管理转型提供了新的思路和方法，众多证券公司开始搭建财富管理平台和体系，通过提升数字化能力实现"以客户为中心"的财富管理转型升级（见表 10-1）。

表 10-1　部分上市证券公司财富管理数字化转型举措

公司简称	财富管理数字化转型举措
东方证券	以数据为驱动，运用金融科技手段，优化统一移动门户，实现全品类高端产品的在线销售；推出智能资讯服务，升级智能服务体系，个性化匹配客户需求
华泰证券	以移动化、数字化、智能化为目标，打造千人千面的财富管理平台，满足财富管理需求；打造强大中台体系赋能一线员工，推动客户规模和客户活跃度增长
招商证券	加大金融科技的应用，创新推出"招商证券财富＋"小程序，为财富顾问打造专属理财室，提升财富顾问营销能力；推出智能投顾，为客户提供个性化、多元化、场景化的一键式资产配置服务
中信建投	围绕客户在交易和投资两方面的核心痛点，强化科技赋能，优化服务体系，提升运营效率，防范经营风险，继续打造好投顾、好产品、好交易三大品牌
中信证券	探索搭建数字化运营服务体系，推动传统营销模式向内容营销新模式、数字化智能营销新模式转变，提升获客留客、效率；搭建专业队伍，实现专业价值

（数据来源：相关公司公布的 2020 年年报）

可以看到，证券公司已经初步构建了财富管理体系，并重点围绕完善互联网对客平台、提升自身数字化运营能力、为员工更好地服务客户有效赋能三个方面，推进财富管理业务的数字化转型。

1. 改造互联网对客平台

根据需求的侧重不同，证券公司的零售客户可以分为通道型和财富型两种。其中，通道型客户的主要需求是完成证券交易，这些客户一般仅仅将证券公司当作交易的通道；财富型客户的需求不仅仅是能够顺利地完成证券交易，他们还希望证券公司能够提供财富管理服务，借助证券公司多样化的产品和专业能力，帮助其完善资产配置，更有效地实现资产的保值增值。

随着中国资本市场的不断成熟，行业零售客户中的通道型客户正在逐渐转化为财富型客户，而财富型客户对服务的专业性、个性化、覆盖面要求更高。

然而，与财富管理业务发展较好的银行、排名靠前的互联网金融服务平台相比，证券公司提供给客户使用的互联网财富管理平台在功能完备性、客户体验等方面尚有一定的差距，在金融产品合理适配、个性化服务、线上交流互动等方面的智能化程度相对较低。不仅如此，证券公司承担财富管理服务的部门为客户提供专业化和个性化综合服务的能力相对不足，距离真正实现"以客户为中心"的财富管理目标仍存在一定差距。

借鉴银行、优秀互联网企业的经验，证券公司开始在互联网对客平台上加大投入，以有效应对客户需求的变化，通过打造包括交易、资讯、理财和投教服务在内的一站式服务，提供更及时、更可靠、更友好的服务。一方面，通过自身的互联网平台，加速实现财富管理相关服务的线上化，针对不同类型金融产品的开户、预约、买入、卖出、转换等交易规则，不断优化金融产品的买卖流程；另一方面，借助新兴数字技术，通过数据分析和智能化手段，以改善用户体验为目标，让行情分析、证券交易、资讯查看等支持客户投资决策的工具更加智能、易用，且贴合客户需要。

2. 提升自身数字化运营能力

随着财富管理业务线上趋势的发展，互联网业务拥有的用户数量大、服务请求瞬间高并发、会产生海量业务数据等特征更加凸显，而传统的运营模式已无法有效应对。为顺应业务互联网化的趋势，证券公司亟须建设一套覆盖互联网运营各个环节的数字化新体系，根据客户不同生命周期的需求做出运营策略、营销策略等方面的调整，实现产品推荐、投后服务等工作的智能化。

互联网业务运营的核心是根据客户群的需求和偏好，策划与其相关的活动，提供其所需要的系统功能和产品，运营的主要目标是为了"拉新""留存"和"转化"。

"拉新"，就是吸引新的用户。健康的客户群体是业务有效开展的基础。"留存"和"转化"，是指设法确保新注册的用户在之后不会流失，且变成能给企业带来真正价值的用户。对于证券公司而言，理财用户和交易用户是主要的有效客户。因此，不仅要获取新客户，还需要让他们留下来，且转化为上述两类用户。

以客户对证券公司对客交易 App 的使用为例，让先前未安装 App 的客户对其进行下载安装，并完成开户，这就是拉新；完成 App 下载与账号注册后，通过合理引导，持续提升他们对 App 平台的黏性，进而让其在 App 上进行交易或者购买理财产品，使之成为 App 活跃用户，这便是留存和转化。

在数字化运营能力提升的过程中，需要解决如下问题：第一，经营分析类系统和业务系统相隔离，运营活动耗时耗力，用户触达效率不高，营销任务自动化程度低；第二，用户行为和特征数据存在缺失，用户画像不够精细；第三，对运营效果反馈机制和收益评价机制尚不完善，使得无法根据实际情况及时调整运营策略。

为此，证券公司需要通过技术手段，深入洞察客户需求和业务的运营过程，提升数字化运营能力。数字化运营是基于人工智能、大数据等技术，从客户视角出发，通过结合数据资源和智能化算法进行客群细分和差异化营销内容相匹配，实现基于场景的个性化客户运营，通过对运营效果进行动态跟踪和运营流程进行持续优化，形成互联网运营过程持续改善的良性循环。

3. 为员工更好地服务客户有效赋能

证券公司的零售客户服务一直面临着服务人员比例偏低的问题，根据行业的统计，平均每个客户经理需要服务超过一千个客户，而随着中国资本市场的发展，个人客户也变得更加成熟，对服务专业性、个性化的要求也越来越高。证券公司原有的以被动服务为主、不去充分挖掘客户需求的模式，很难提升客户的满意度，如果改变这一模式，一项重要的举措便是，通过数字化手段，为客户经理赋能。

证券公司在进行零售客户服务时，主要存在着如下的挑战。

第一，缺乏对客户全生命周期中的事务进行管理的工具，难以形成客户服务的有效闭环。传统的客户关系管理系统虽然也能提供与客户服务有关的场景任务，但没有形成完整的体系，覆盖的客户群体不全面，管理的客户旅程不全面。同时，客户经理也难以有效和有针对性地为客户提供个性化服务，再加上线下人工服务覆盖面不全，服务的及时响应能力也无法让客户满意。

第二，客户信息的展示不够全面，客户画像有所缺失。服务客户的基础是了解客户，了解客户的基础是能够将散落在公司各个系统中的客户信息进行整合汇总，形成统一的客户视图。

第三，触达客户的渠道需要拓展，私域流量亟须建设。随着微信、App 等新型服务渠道的出现，传统的电话、短信等渠道触达客户的效率越来越低，同时主要客户群体的年龄、特征和偏好也在不断变化，客户更注重私域流量中获取的信息。

第四，人工服务的成本和工作强度不断增加。传统的客户服务中心依赖于人工的电话接线，需要根据客户的数量不断增加人力的投入，同时随着 7×24 小时开户等业务的开展，要求证券公司的客户服务也能提供 7×24 小时的服务，导致人力的成本进一步加大。

对此，证券公司需要通过数字化手段，在一定程度上解决行业普遍存在的客户服务人员数量偏少、服务质量参差不齐、服务专业化程度不够等问题，为员工服务客户有效赋能。比如，通过数字系统，为客户经理提供覆盖服务全流程的工具支持，包括营销机会挖掘、营销策略提供、过程留痕、经验共享、资产配置能力等，帮助客户经理以更加专业的形象为客户提供个性化服务。

10.2　证券公司实践案例

在加速推动财富管理转型的过程中，证券公司着力探索和构建与财富管理业务模式相适应的平台和工具，通过数字化转型提升业务效率和专业度。本部分将针对如何提升财富管理能力，分别就提升客户投资体验、赋能互联网数字化运营、赋能零售客户服务等几个方面介绍海通证券的实践经验。

提升客户投资交易体验

海通证券获得互联网证券业务试点资格后，开启了互联网金融创新业务和数字化转型的建设之路，并推出一站式的互联网金融综合理财服务平台"e海通财"。作为海通证券互联网业务的主要载体和线上客户服务的超级流量入口，"e海通财"在交易、业务办理、资讯信息等领域，为客户提供智能化、个性化、专业化的服务。

1. 多样化的交易工具

为更好地服务交易型客户，"e海通财"推出多样化的交易决策服务，包括智能选股、智能盯盘、相似K线、智能账单等功能。在这里，介绍一些对提升客户交易体验有较大帮助的交易工具。

1）智能选股

智能选股功能为用户提供方便、智能的股票交易服务，能够覆盖投资交易的全过程。其中，在热点展示上，充分利用大数据技术，结合专业投研团队的研究成果，甄选海量资讯，挖掘投资热点及相关个股，为用户展示最新的市场风向；在选股策略上，"e海通财"将知名投资大师理念转化为量化选股模型，通过多维回测筛选收益率和表现最佳的策略，大幅提升用户选股效率；在趋势研判上，基于技术分析大师经典形态理论，"e海通财"通过智能图形识别技术筛选多形态个股，辅助客户进行趋势分析和交易决策，用户也可以同时通过多种技术指标进行交叉验证，提升技术分析的质量；在异动分析上，通过 Level-2 深度数据支持实时捕捉大单异动，跟踪主力进场节奏，让用户及时了解主力异动的活跃个股。智能选股功能还支持用户自定义选股，集合财务指标、股东持仓等因子，涉及银行轮动策略、巴菲特 ROE 策略等，为客户提供全方位的策略选股体验。

2）智能盯盘

智能盯盘功能提供止盈止损、价格策略、回落卖出、网格交易等多种盯盘策略，能够覆盖沪深、港股、美股等市场。首先，该功能支持用户选择一种策略并设置策略参数，当行情达到客户设置的条件时，可通过移动终端、网上交易客户端或微信等渠道提醒客户。智能盯盘支持移动端、PC 端盯盘策略共享，换设备盯盘策略同步，方便客户在切换交易终端时，不需要手工同步策略。同时，"e 海通财"支持交易策略自动下单，系统可以根据用户事先设置好的策略自动触发下单，并实时通知用户策略的执行情况。

3）相似 K 线

根据当前股票的 K 线形态，利用大数据平台的海量算力，对市场中所有股票的历史 K 线进行智能匹配，并结合价格、成交量等多种因素，为客户选取形态相似的股票，并统计这些样本的后续走势，辅助客户交易决策。

4）智能账单

通过智能账单提供的相关功能，将传统的纸质账单搬到线上，并结合大数据技术，使账户的投资收益、资产配置情况更加清晰、全面。智能账单还能利用绩效归因等方法，对客户的收益清单进行合理解读，为用户匹配相应的交易工具。

除了上述提到的四个工具，"e 海通财"还提供股票历史回测、筹码分布情况查看、预约打新、预约取现等功能，这些功能能够有效满足客户个性化的投资交易需求，提升投资体验。

2. 智能化的业务办理

为打造智能化的业务办理体验，"e 海通财"持续推进线上开户、线上业务办理服务、客服机器人的优化，利用智能识别、智能客服、智能产品推荐等服务工具，全面提升线上业务的服务效率和服务质量。

智能识别通过人脸识别、指纹识别、字符识别、语音识别等技术，让远程开户更加高效便捷、安全可靠，提高对客类业务的工作效率和服务体验。

智能客服基于自然语言处理技术，针对用户发送的文字或语音信息，向后台发送问题，使用智能应答引擎检索返回对应答案，让客户可以在任何地点全天候地提问，同时对用户的回复具备一定的及时性和准确性，能够明显提升业务办理效率。

智能产品推荐通过机器学习等技术，叠加不同维度的指标进行计算，实现产品推荐与用户需求的精准匹配，帮助挖掘金融产品潜在的、适当的客户群体。

3. 个性化的资讯推荐

证券市场瞬息万变，一则关联新闻可能使整个证券市场或证券标的发生方向性的转变，也直接或间接与用户资产的盈亏挂钩，及时、准确获取用户所需的资讯信息，对于用户的投资决策具有重要意义。"e 海通财"结合个人的账户持仓与阅读偏好，为用户量身定制资讯服务，借助海通证券的资讯中心，持续引入外部优质的宏观、行业等资讯数据，通过加工处理，为用户提供高质量、个性化的资讯数据服务。

首先,是技术赋能资讯推荐流程优化。资讯推荐的各个场景需要用到大数据、用户画像、自然语言处理和智能推荐等技术手段。图 10-1 展现了典型的智能资讯推送过程，其核心是基于客户画像、客户的浏览信息和经加工处理的资讯信息生成的推荐策略。

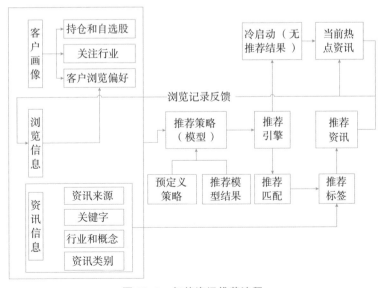

图 10-1　智能资讯推荐流程

在资讯信息处理阶段，自动化的计算机程序会完成资讯内容的预处理、客户画像的勾勒，并在这个基础上进行资讯和客户的匹配，以找出对客户最有价值的信息。在客户层面，需要利用算法为客户进行群体划分，并通过客户群的行为对某类资讯甚至某条资讯进行兴趣度的量化评判。

在资讯信息匹配阶段，首先，推荐策略会通过客户画像获取客户的投资偏好、浏览偏好、交易风险偏好、交易品种偏好等信息；其次，基于打上行业、投资品种及投资对象标签并完成自动化分类的资讯信息会生成资讯内容列表；最后，系统结合所收集的信息，进行相应的匹配工作。如果根据推荐策略匹配不到客户感兴趣的资讯信息，系统也会按照传统的推荐逻辑推荐当前的热点资讯。

在资讯信息推送阶段，主要包括基于内容的推荐和基于用户的推荐两种方式，对每种推荐方式，典型的算法有相似性搜索和协同过滤推荐。基于内容的相似性搜索算法，通过计算资讯话题向量和用户兴趣图谱向量之间的相似度，并根据相似度排列资讯，形成基础策略的推荐结果集，并将其存入用户推荐对象队列的缓存中。基于资讯内容相似度的协同推荐算法，是根据资讯文章类型的名称与标签，例如投资品种、市场、关键字、行业和来源等，依据特定的数学公式进行重复率计算，得出文章的相似度，再根据资讯发布时间、权威度和热度对结果加权排序，结合用户的浏览记录，提供相应的推荐文章。

其次，是结合场景推出个性化资讯服务。结合客户画像、智能推荐引擎等技术，"e海通财"在多类场景中实现个性化的资讯服务，具体如下。

- 资讯推荐：即在用户登录"e海通财"时，选出最适合客户的资讯，在显眼的地方给用户展现资讯主题和资讯的链接。

- 资讯推送：即推送场景在客户不主动发起访问的情况下，也能通过手机短信、手机 App 或者微信平台等渠道，将资讯信息推送给客户。

- 交互式问答：即通过人机交互行为，实现让客户以问答的方式进行资讯信息的获取。另外，随着提问和回答数据的累积，系统回答问题的准确率会逐渐提高。

- 搜索与推荐结合：在这种场景下，客户输入关键字并提交以获取和输入关键字相关性较高的资讯列表，后台经过计算后按内容价值评价返回排序后的资讯列表，供客户阅读。

- 智能分析报告：基于获取的金融数据或者资讯信息进行市场主体的关系

和事件传导因素的分析，并通过舆情分析、事件的预测及资产的估值生成智能化的分析报告，供用户在投资时做参考。

4. 新形式的投教服务

随着服务线上化程度不断加深，通过直播、短视频等模式进行信息发布、营销宣传和投资者教育成为一种趋势。为满足总部和分支机构在开展投顾、投教、业务推广时的实时交互需求，海通证券的"e 海通财"在 2020 年年初推出零售业务视频直播功能。结合证券行业的业务特征，海通证券的投顾、投教、投研等业务人员制作了一系列优质的视频内容，并打造了一系列线上服务的新场景。视频直播通过在"直播间"设置主播专栏、基金专题、推荐直播、每日复盘、上市公司、名人堂等专题专栏，为客户提供市场分析、行业分析、公司分析、政策解读、业务知识、功能介绍等全方位金融业务知识分享服务。

在技术架构上，为更好提升用户观看视频直播的体验，海通证券采用了多路内容分发网络（Content Delivery Network，简称 CDN）灾备、智能调度的机制。在讲师发起直播时，平台通过推流调度技术，将视频流推送到最合适的流媒体中心，进行转码、切片、协议封装等处理，同时推送至多家 CDN 服务商，并在整个过程中通过智能监控工具进行实时监测。一旦发现异常情况，会自动通过预先设置的应急方法进行紧急处理。比如，在观看直播的过程中，若检测系统检测到播放器卡顿，则自动切换至更流畅的路径，以确保终端用户的观看体验。

随着功能的不断优化，海通证券的互联网金融平台和客户服务平台不断满足用户多元化、个性化的财富管理需求，提升客户投资交易体验，在赋能财富管理转型上取得了积极成效。

提升互联网数字化运营能力

围绕互联网运营能力提升，海通证券开展基于互联网数字化运营模式的探索，站在用户视角，持续优化流程和提升用户体验，并形成服务闭环。而"e 海通财"作为客户全生命周期服务过程中触达客户的主要渠道，其以用户旅程为基础，全面覆盖客户端软件下载、注册、开户、账号登录、信息浏览、资金转入、交易、使用程度不断深化等各个环节。

图 10-2 展示了海通证券线上化营销工作的主要流程。在营销活动中，活动的管理人员可以在后台对不同的营销计划进行配置，比如，通过活动模板实现

营销内容的快速生成，或者针对不同的客户群、销售渠道来设定差异化的触达策略。运营后台对市场信息、终端配置、用户信息配置、后台配置、应用运行统计、系统参数等进行统一管理，通过在后端实现高效配置，助力相关业务功能的快速启用。此外，运营人员可通过该系统对整个业务流程进行跟踪，实现对编辑资讯、发起推送、收集和分析数据、优化策略等业务环节的全面把控。

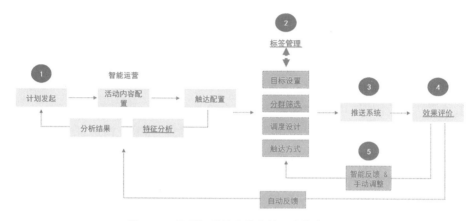

图10-2　海通证券线上化营销工作的主要流程

数字化运营平台还基于大数据平台的计算能力，实现对海量数据的实时计算，融合丰富的客户标签，探索金融产品与潜在客户的智能化匹配，以便进行更精准的营销或产品推荐。

为改善运营活动的效果，在数字化运营的过程中设计了评价与反馈机制，运营管理人员可以通过自动反馈与手动调整的方式优化运营策略，并在此基础上，完善用户画像和客户分群机制，形成持续完善的数字化运营闭环。

运营自动化的关键特征就是在运营过程主要依靠数据驱动，减少不必要的人工干预。一个完整的自动运营服务包括数据打通、数据整合、运营计划创建、用户触达、运营计划调整五个部分。在运营工作自动化的支持上，数字化运营平台支持运营管理人员根据用户的个性化特征和业务场景进行逻辑设定，当业务数据触发设定条件时，自动为用户执行个性化服务。数字化运营平台实现与客户关系管理、产品中心、资讯中心等应用系统的互联互通，将自动化运营的五个关键环节有效串联，形成自动运营的场景闭环。

海通证券数字化运营体系的构建，改变了传统产品设计和运营管理的模式。

支持数据化运营的技术平台结合了大数据、人工智能等技术，是传统线下服务的有效补充，能够有效释放线下服务资源，提升服务的覆盖面，在满足客户个性化需求的基础上，提升用户转化率和客户的忠诚度。

在用户运营上，根据智能算法和客户画像，已划分出近千个客户群，通过"千人千面"的精细化服务推送，"e海通财"客户的 7 日留存率达到 70% 以上。在活动运营上，各类线上活动举办近百场，包括每周研究所直播、世界杯等热点事件活动，覆盖用户百万级。在内容运营上，发布近万篇高质量深度资讯，总阅读量破亿次，平均每篇阅读量超 1 万次。在数据运营上，通过大量用户行为数据分析挖掘优化产品功能数十个，广告位投放理财产品促成转化近万单。

提升员工服务客户的能力

随着业务规模基数的增长，财富管理业务的进一步推进，证券公司对展业便捷性、业务转化效率和管理精细化等方面的需求更加迫切。为了进一步加快业务模式优化，提升分支机构一线团队展业的专业化和数字化水平，海通证券建设了统一的客户服务平台（以下简称"e海通行"）。

"e海通行"以覆盖客户全生命周期的信息管理为基础，以推进资源共享、赋能员工、提高客户服务质量为目标，通过提供场景任务、全景视图、移动展业、智能外呼等功能，有效应对客户服务过程中的痛点，结合智能化工具的应用，更好地为分支机构和客户经理提供展业支持。"e海通行"客户服务平台的建设，能够有效帮助海通证券进一步完善智能化的零售客户服务体系。

1. 场景任务——支持服务覆盖客户全生命周期

"e海通行"实现客户管理范畴的延伸，通过多方数据整合，将传统的客户管理延伸至全面 KYC（Know Your Customer，即"充分了解你的客户"），最终实现围绕客户开发与运营，并且针对潜在、普通、高净值等不同类型的客户提供有针对性的服务。

场景化任务是通过主动发掘客户全生命周期中的关键时点，提升客户服务能力的一种手段，例如，在客户首次资产达标的时候进行服务推介，客户产品到期时提供接档产品等。目前，"e海通行"提供的场景化任务覆盖了包括客户获取、客户提升、客户成熟、客户流失全生命周期中的客户关键时刻（MOT，Moment of Truth）。

在客户活动的一些关键节点，"e海通行"为客户提供自动的智能服务推送，并为海通证券的员工提供主动的提醒，即MOT任务，其执行界面如图10-3所示。根据MOT任务执行情况，业务人员可评估任务执行的有效性，进而个性化地配置和更新服务方案。

图10-3　MOT任务执行界面

基于大数据的计算能力，结合场景服务任务的生成、执行情况，把业务上最关注的场景数据进行加工处理，将过往业务运营经验进行系统级规则固化，如一些固化客户群体定位（可能流失的客户、新股中签客户等），客户经理可直接通过"e海通行"进行便捷的客户查询和营销服务，减少了筛选客户群体的时间，提高了使用体验和服务效率。

在实际的业务处理过程中，为了方便相关人员统一地执行需自己处理的事件，如MOT、任务中心、流程等，平台设计了统一待办中心，将需执行事件统一整合，并按一线执行人员、管理人员等不同的角色设计相应的执行页面。对于一线执行人员，主要是处理每日的MOT事件，以及上级机构下发的自定义任务等。MOT任务根据事件类型进行汇集展示，将执行页面嵌套到统一待办中心，根据所选客户、事件展示客户近期的历史事件与历史服务记录，以及事件的行动方案等。同时支持跳转查询客户详细的历史事件。

"e海通行"提供在MOT任务的汇总统计，直观展示当前MOT服务情况。不仅支持按事件、按机构、按人员等维度统计（见图10-4），还支持完成率、任务数、完成数、达标率等指标展示（见图 10-5），使客户经理对接下来的服务安排更有针对性，管理人员对所辖机构的整体服务情况一目了然。

图 10-4　客户全生命周期管理中的事件维度分析

图 10-5　客户全生命周期管理中的任务达标率查看

2. 全景视图——帮助客户经理全面了解客户

海通证券已经建立了比较完善的零售客户标签体系，包含了上百个客户标签，能够有效地描述出客户的画像特征。包括客户基础属性、客户贡献属性、投资风格、适当性属性、投资能力、交易行为等，能够帮助相关人员全方位了解客户，实现精细化服务效果。基于客户标签体系和客户画像勾勒出的客户全景视图可以全方位展现客户群体相关的行为、资产、交易等特征，以及与其他个人、机构之间关系等数据。

客户经理通过对客户全景视图（见图10-6）的合理利用，可以全方位地了解所服务的客户，针对性地推荐适合客户的服务和产品。

图10-6 客户经理全景视图

3. 移动展业——打造社交化的客户生态圈

随着移动互联网和社交媒体的爆发，流量生态不断转移，以社交为主的新流量已经成为全新趋势，对于连接用户和获取新流量的需求急剧增长，建立可持续转化的用户资产已经成为行业共识。现阶段，"获客难""获客贵"成为各家营业部共同面临的痛点。在私域流量（含公网引流）对产品转化率作用不断加大的背景下，海通证券通过私域流量建设，将客户服务和运营从传统的"CRM"模式转换为社交化模式（即"SCRM"），以有效应对必须通过增量占领和存量竞争共同驱动营收增长的新环境。

为此，"e海通行"打造了"员工展业"模块，通过微信营销展业工具提供有质量的平台内容、细化服务形式、打通用户服务链路通道，有效激活已有用户的活跃度、黏性。员工端微信营销展业进行有效统一管理，使得员工服务客户的路径可追踪、可分析、可考评。

员工微信展业模块提供具体的系统功能包括员工素材和内容的分享、员工电子名片的生成、整体功能过程的传递、员工同其客户进行线上及时交流，并可对用户的行为路径进行追踪和分析，同时实现标签化、具备对员工工作量统计的功能，方便公司员工在微信端展业工作行为时进行统一矩阵化管理。

在具体场景设计上，客户经理以资讯内容作为抓手，盘活微信生态私域流量，以实现统一触达并维护客户群体，通过不同的场景入口，将客户引流回手机 App 进行投资和增值服务付费。这些场景包括名片分享、资讯分享、直播分享、留言板等。其中，通过名片分享，客户经理可以通过编辑个性化的名片，以图片或者页面分享的方式转发给微信好友或者朋友圈；通过资讯分享，客户经理可以将资讯中心的"海通证券早知道"、要闻、研报、公告等资讯以图片或者页面分享的方式通过第三方互联网社交平台转发；通过微信链路跟踪，客户通过点击客户经理的分享，产生的页面浏览、分享等行为都可以记录在后台，客户经理可以一目了然地查询到客户的行为轨迹，结合对一度人脉和二度人脉的区分，可以有效甄别潜在客户，提升展业效率。

4. 智能外呼——提供更人性化的服务体验

近年来，以自然语音处理、意图识别等为代表的新型信息技术迅猛发展，在客户服务领域逐步进入商业应用。传统的人工客户服务，主要依赖对客服人员的培训和客服中心知识库的维护，实现对客户的主动和被动服务。根据实践，在这些服务场景下，大部分的客户咨询、业务问题存在很大比例的重合，将人工智能应用于客户服务领域，实现将大量简单、重复的工作交由智能客服来完成，不仅可以降低人工成本，也可以提升客户服务的标准化和效率，促进客户服务的智能化转型。

随着资本市场业务的不断发展、新证券法等制度的推出和实施，客户咨询量猛增，证券公司的客户服务中心面临着不断增长的工作量方面的压力。同时，投资者咨询问题的复杂度及专业性也在不断增加，单个客户服务咨询的耗时也在逐步增加。

在此背景下，海通证券上线智能外呼，并启动智能 IVR（Interactive Voice Response，互动式语音应答）项目。该项目基于 TTS（Text To Speech，从文本到语音）/ASR（Automatic Speech Recognition，语音识别）基础服务，整合自然语言处理、深度自我学习、语义解析、多轮对话等智能语义组件，实现用机器人来模拟真人座席，按模型设计回访话术、应对技巧，对投资者进行业务通知类回访，引导投资者获取通知及风险揭示，减轻人工回访的工作压力，提高回访覆盖率。为了提升客户体验，可设置相关回访策略，以支持语音中断后转人工、发散性问题回复及主流程返回引导等功能。同时向内部用户提供呼叫记录、呼叫轨迹、各项统计报表等功能，便利后续的回访效果跟踪、质检等业务。目前主要应用在新股新债中签通知、证件和风险测评到期通知、新客户关怀回访等场景。

如图 10-7 所示，智能外呼平台主要规划为客户层、应用层、平台层、数据层四个部分。其中，客户层支持多渠道、多方式的回访，包括电话、微信、App 等渠道；功能层集在线（App、微信、网站）自助回访、智能语音回访、预测式回访、人工电话回访于一体；平台层提供包括智能回访、智能语音（ASR、TTS）、智能语义等平台性的基本功能；数据层从相关的应用系统获取回访需要用到的相关业务数据和客户基本信息。

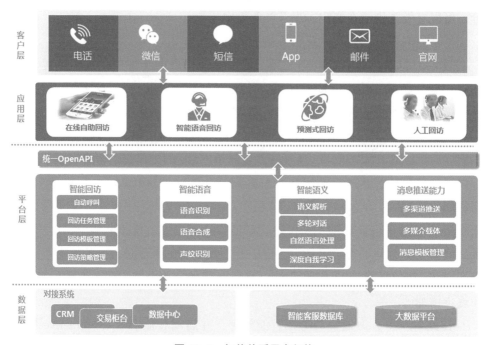

图 10-7　智能外呼平台架构

通过模型的持续训练结合业务场景挖掘，目前海通证券智能外呼服务已先后上线 6 个服务场景，最大并发达到 150 路，累积执行任务数超过 200 万次，剔除无人接听、忙线、错号等情况，平均成功率可达 90%。在人工成本上，根据外呼电话时长核算，相当于平均每个交易日增加了 25 名专职人员，有效地提升了呼出座席的执行力。

随着智能 IVR 的深入应用，结合预测外呼功能，海通证券的智能外呼技术体系已相对完善。其中，预测外呼能够有效降低人工呼出座席的呼叫等待时间；智能外呼能够有效提升呼出座席的执行效率和覆盖率；智能 IVR 能够有效提升呼入座席的接通率和客户满意度。

截至 2020 年年末，"e 海通行"为超过 3 000 位的客户经理及超过 3 500 位的经纪人提供便捷的服务，日均登录人数达 3 000 余人，客户经理年均登录 630 余次，填报日报 160 余条，为公司客户经理展业提供了有力支撑。

未来，"e 海通行"将继续推进如下工作：一是进一步完善客户管理、客户服务功能，建设数字化营销、智能营销、适当性管理数据库等模块，进一步加强客户端和客户经理端的互动能力；二是全面整合包括国际业务、投资银行、基金托管、债券融资等在内的机构条线业务功能，加强统一客户 ID 的应用，形成集团层面统一客户服务平台；三是深度对接企业知识图谱、人工智能平台等应用系统，围绕财富管理转型主线，前瞻性地推进 App 建设，提高营销服务和经营管理效率，打造业内员工移动展业支持的领先品牌。

第 11 章
机构服务转型赋能

机构交易与服务业务主要是指向全球机构投资者提供全球主要金融市场的股票销售交易、大宗经纪、股票借贷、股票研究，以及固定收益产品、货币及商品产品、期货及期权、交易所买卖基金及衍生品等多种金融工具的发行、做市。同时通过投资基金及私募股权项目，发挥证券公司各业务线的协同优势，发掘合理资金回报的投资机会，进而拓展客户关系及促进业务的整体增长。

不同类型的机构客户对服务需求的侧重也有所不同，公募基金更关注代销机构的综合服务能力，银行理财子公司更关注服务机构的运营支持能力，而私募基金的核心需求已逐渐向多元化、个性化的交易、融资融券、基金日常运营和投研支持等服务转移。

本章首先介绍证券行业的机构化发展趋势和机构客户需求的变化，分析机构业务数字化转型的着力重点。接着，介绍海通证券在提高交易撮合效率、提升机构业务数字化运营能力等方面的实践经验。

11.1　机构业务数字化转型的方向

证券行业的机构化趋势

我国资本市场发展初期，散户作为资本市场的主力，引发了资本市场的一些问题，包括股市投机性强、市场波动率高、各类违规行为众多等。这样的资本市场投资者结构，无益于市场的稳定和上市公司治理结构的改善，更不要说能够助力发挥资本市场应有的资源配置功能。

相对于散户，机构投资者对资本市场的稳定和资本市场的资源配置作用具有重大意义。以机构投资者为主体的资本市场，投资者相对理性，投资理念和投资框架稳定，这就为市场带来了更高的稳定性和更趋合理的估值体系。同时，由于机构投资者囊括了各类专业投资人才和技术人才，这样的投资者对资本市场资源配置、上市公司规范化治理、行业技术模式发展都能起到有效的促进作用。

借鉴成熟市场的发展经验，我国从 2000 年开始，大力推动机构投资者的发展。2000 年 10 月，《开放式证券投资基金试点办法》开始实施，公募基金从此走上快速发展的道路。仅 2001 年到 2006 年短短 5 年间，新成立基金公司 51 家，基金公司的数量比 2001 年初增加了五倍。2002 年 12 月，《全国社会保障基金投资管理暂行办法》发布，社保基金作为机构投资者的重要构成部分进入资本市场。随后，随着保险资金和企业年金管理相关法规的出台，保险资金和企业年金也在 2004 年后陆续进入了资本市场，成为机构投资者的重要力量。截至 2020 年年末，我国公募基金公司资产净值已达 19.89 万亿元（数据来源：中国基金业协会），具有专业投资能力的机构投资者正逐步成为资本市场的主力。

有数据显示，机构类交易占比从 2015 年的 10.5% 提升至 2019 年的 24%、证券私募市场规模从 2015 年的 5.3 万亿元提升至 2019 年的 14 万亿元。随着近年来证券公司传统零售经纪业务佣金率的下滑，机构业务在证券公司收入结构中的比重不断提升、规模持续扩大，将逐渐成为业绩增长的新动能。

目前，国内资本市场机构投资者持股市值占比不到 20%，意味着机构化仍旧处于初级阶段，增长空间巨大。同时，机构交易业务能够带动研究服务、代理销售以及场外衍生品交易等机构业务收入的联动增长。

2020 年，中国证监会修订《证券公司分类监管规定》，将代理机构客户买卖证券交易额和基于柜台与机构客户对手方交易业务收入两项指标纳入证券公司经营业绩指标评价体系，引导证券公司加大机构交易与服务业务的投入力度。随着各监管政策的放开和日益健全，机构业务迎来黄金发展期，也成为证券公司当前主要的发力方向之一。

客户需求愈加专业化、多元化

当前持牌的机构客户可以按公募、资管、信托、银行理财子公司、私募、QFII 等进行分类。在客户特征上，他们都具有专业性强、对服务要求高、个性化需求差异显著等特点，且不同类型机构客户的需求侧重也有所不同。

以交易服务为例，面向公募机构的服务由以前的以通道服务和席位租赁为主，逐渐转变为包含对账单、融资融券业务的综合服务；面向私募机构的服务由单纯的接入服务，变成更为复杂的个性化服务；2018年《商业银行理财业务监督管理办法》（以下简称"理财新规"）发布以后，各大银行纷纷成立理财子公司，这些子公司在证券投资交易方面与传统公募最主要的差异是对于安全性要求更高，而在交易接入方面一般会采用专线模式。

目前，虽然持牌机构的核心需求仍旧是围绕交易与撮合服务、产品销售、研究和资产配置等展开，但是随着投资品类和配套制度的丰富和完善，资本市场涌现出更多元的交易机会和更复杂的投资模式，使得客户对综合金融服务的需求不断增加。这些综合金融服务包括资本中介服务、风险对冲工具支持、额外的投研服务等。

客户需求的变化驱动证券公司对自身的服务进行升级。一方面，证券公司要强化自己的专业基因，依托自身基因做好通道、融资等服务，提升交易撮合能力；另一方面，也要能够借助自身投行、研究、产品等业务线，加强资源的整合，围绕资产配置、投资研究、交易服务等客户的核心需求，提供一揽子解决方案和一站式综合服务，持续提升产品、服务的供给能力。

机构业务数字化转型的重点着力

1. 提升交易撮合效率及差异化需求支持

为满足持牌机构区别于大众客户群的交易需求，证券公司往往会根据其特点和偏好，为这类客户定制或者采购专用的交易终端。

就证券专业交易终端系统而言，由证券公司主导、能够快速响应各类个性化交易需求的专业化交易终端，是服务专业交易客户群和有效拓展潜在专业投资客户的重要抓手。

同时，机构客户，特别是私募量化客户，也对证券公司的交易系统提出了比稳定运行和高可用更高的要求，比如，提高交易全链路的性能。为有效满足日趋复杂的专业交易模式对系统终端的个性化需求，证券公司需要重构交易系统的技术体系，使之更加规范化、专业化和可定制化，以适合特定的投资群体。

为提升机构客户服务能力，证券公司正在加快机构客户交易类技术系统的建设步伐，具体举措包括：打造为机构客户交易量身定做的高性能交易后台；完善交易系统功能，支持行业新业务模式；扩展交易产品支持、完善配套工具和风险控制功能等。通过这些举措，提升自身的交易服务能力，提高撮合效率，也帮助强化自身和客户的风险管理能力。

例如，国联证券发布的"UST 交易系统"，在短线交易、程序化交易、套利交易等方面进行了全新设计，相比传统的交易系统，对交易指令的执行效率提升超 10 倍；华泰证券发布"FPGA 证券交易柜台系统"，为部分机构投资者解决传统柜台存在的高延迟、低并发以及性能不稳定等问题，已支持股票、基金、ETF、债券等资产交易；申万宏源证券发布的为机构客户打造的"SWHYMatrix 交易平台"，依托多节点部署、多柜台互补、多功能定制等优势，面向不同成长阶段的私募基金管理人提供"极致极速、个性定制、全业务支持"的专业交易解决方案。

2. 提升机构业务数字化运营能力

一直以来，证券公司机构业务运营和产品管理依赖于半手工的方式，线上化的手段相对缺乏。

一方面，产品运营资料的保存、查看和内部管理流程多以台账的方式进行，产品设计、产品销售、售后服务跟踪和人员协同等工作多以线下的方式进行，效率不高，重要业务事件缺乏自动化的提醒机制，容易出现疏漏。随着产品的不断增加，单个运营人员需要管理的产品数快速增加，给产品运营带来一定挑战。另一方面，运营人员通过线下方式给产品管理人发送产品运营状况等运营产品所需的信息，这种信息发送方式容易出现滞后和不准确的情况，而且管理人也无法实时在线查看所需要的报表或数据。

针对上述问题，证券公司通过构建支持运营的数字系统，从客户管理、产品协议管理、流程管理、业务协同等方面为机构服务赋能；通过客户信息管理、客户服务管理、机构客户画像管理等数字化系统的联动，扩充员工发布和响应客户需求的渠道，提高服务质量，并进行服务效果跟踪。机构业务运营的数字化提升了运营的效率，也更好地促进了客户关系维护和员工展业。

不仅如此，在提升综合金融服务水平上，证券公司通过技术手段，在合规的前提下，打通各服务环节之间的数据壁垒，通过整合投资研究、通道服务、企业综合金融服务、托管服务等业务资源，打造自身的一站式机构综合金融服务平台。

以国泰君安证券和东方证券为例，国泰君安在机构经纪业务领域打造了全业务链主经纪商服务平台，并基于此优化产品的销售机制、以提升对私募、同业和海外机构的综合服务能力；东方证券在 2021 年发布了"全业务链机构服务"的全新版本，在原先投研服务、交易服务、托管服务的基础上，融入对财富管理、融资融券、衍生品等业务的支持，形成了对各类机构管理人从前台到后台的全方位服务的业务闭环。

3. 提升投研服务支持能力

1）投研服务从传统模式逐渐走向数字化

投研，即面向投资的研究，指通过对宏观经济、行业、公司进行基本面分析，建立财务分析模型、估值模型等手段，确定证券的合理价值；同时，通过技术分析、演化分析等方法对具体投资的时机进行判断。最终，结合以上两方面的研究结果用于投资决策。

投资研究流程的一般包括四个步骤。

第一步，信息搜索和预处理。通过参考文献、互联网等公开渠道或通过调研问卷等方式，收集关于宏观经济、资本市场、行业和公司的基本信息，并进行整理汇总和去除异常数据后，形成参考信息列表。

第二步，信息加工和知识提取。根据投资决策需要，从预处理好的数据中挖掘出隐含的、未知的，对分析师或其他资本市场投资决策人有价值的知识和规则，这些规则蕴含了已加工好的数据和金融产品价格、金融产品价格变化趋势之间的潜在关系。

第三步，观点提炼。根据信息加工和分析的结果，揭示出经过提炼的规律或者观点，为投资决策、金融资产定价等工作提供依据。

第四步，报告生成。根据各家经营机构研究部门的要求，形成可以供内外部查看的报告。当然，在报告发布之前，还要通过利益冲突分析等合规审核。

传统投研以人为中心，对从业人员的知识、专业和经验等个体能力依赖度较大，存在人员流动、知识分散以及工作产出水平参差不齐等风险，不利于投研工作标准、稳定和有效地开展。

随着人工智能、大数据等技术的发展和广泛应用，证券公司投研服务数字化转型的步伐逐步加快。具体来说，一是运用新兴技术，为金融机构的投研工作提供效率提升工具，减少手工、重复性的工作；二是增强分析效能、排除隐藏风险。投研智能化通过整合海量数据、构建金融资产定价模型、结合宏观、中观、微观等信息作为输入变量，来跟踪投资标的价值和价格的变化，从而实现全市场、准实时的投资机会发掘和投资陷阱规避。目前，这种新的投研支持模式已开始被应用到证券研究、信用评级、资产配置、组合风控等多种场景。

2）证券公司投研服务数字化的主要方向

国内证券公司投研业务数字化能力提升主要围绕研究工作线上化、客户投研能力提升赋能、投研领域工具建设三个方向进行。

在研究业务线上化方面，实现研究业务及相关管理流程的全面电子化，并持续改善业务流程的效率，并确保业务流程的可追踪。其中，重点是实现包括研究报告生成、审阅、合规性检查、发布、报告及工作底稿留存等工作在内的报告全生命周期管理。

在客户投研能力提升赋能方面，一方面，为客户提供线上化的工具，方便其进行研究成果的查看、查询，提供线上研究相关的直播、视频会议等，丰富展现形式；另一方面，通过客户服务过程的数字化管理及与其他机构业务相关技术系统的整合和打通，实现对客户的协同服务，满足客户综合化服务需求，提升服务的广度。

在投研领域的工具建设方面，证券公司提供研究报告生成的辅助工具，包括格式化文本、可供参考的企业估值模型及参数配置建议、行业前景预测、公司财务指标预测、研究报告问题检测等，以提高研究报告生成的效率和质量。该领域的投研工具分为工具型、流程型、基本面型、投资型、算法交易型等。其中，工具型、流程型投研工具是其他投研工具建设的基础，旨在提升研究效率，具备普适性；基本面投研工具是价值投资的核心，能够沉淀组织价值投资的经验和知识。

虽然国内证券公司在人工智能应用上已经有了较多的场景，但是在投研领域的智能化尚属于探索和浅应用阶段。目前，人工智能在投研领域主要用于提高效率，改进质量，还未深入涉足金融资产定价等场景。

因此，证券公司正在通过共享和整合资讯、研究数据，完善配套分析工具，形成对宏观经济、行业、单个企业和交易对手等研究对象全方位、多维度的刻画，为研究人员、投资分析人员提供投研数据分析工具。而部分有前瞻性的证券公司也开始借鉴国外投行的先进经验，开始构建集投研支持、标的评级、策略组建、策略回测于一体的投研综合服务平台。

11.2 证券公司实践案例

近年来，海通证券有效利用技术手段来提升交易撮合效率、综合金融服务能力、数字化运营水平及投研服务支持能力。与此同时，还通过持续推进线上化工具的研发，以支持集团内的跨部门协同、跨业务线联动和资源的整合共享，从而更好地响应机构客户的服务需求，改善服务质量。

交易终端：提供差异化的解决方案

海通证券通过自主研发的"e海通财"网上交易PC端以及经过定制的同花顺、通达信等行业主流网上交易系统来满足大众客户投资交易的需要。不管是完全自建还是基于市场产品定制的网上交易系统，都偏重于满足客户的通用需求，如行情展示、交易通道对接、线上业务办理等。

然而，专业客户、私募机构等客户群体对于交易终端一般都有着自己特定的需要，部分机构对交易链路的性能有着很高的要求；部分机构对交易策略的设定和交易订单的生成有着个性化想法。针对大众客户的交易终端无法满足诸如上述所提的两种需求。为有效支持客户的差异化交易需求，提升交易终端在市场上的竞争力，开发能够满足特定客户群体需求的交易终端成为证券公司做好机构服务的一项重点工作。

为此，海通证券在对标国内外先进产品和充分调研客户需求的基础上，依托自建的高性能交易后台和高速行情支持系统等技术积累，以及自身科技团队的力量，启动专业化交易终端的研发工作。

这套专家交易系统是为私募客户和高净值客户提供的强大的交易工具，可以满足投资者各类复杂业务场景的需要，并承载了帮助客户进行风险管理的功能。在个性化需求支持方面，针对增持、减持客户提供不同的可定制版本；在量化交易方面，为客户提供集行情显示、策略研究、策略编写、策略执行、合规风险管理等于一体的专业化工具模板；在策略交易方面，通过提供丰富的策略算法，降低冲击成本、保护交易意图、提高交易效率，减少手工操作的风险。

这套专家交易系统包括了套利交易、组合交易、日内交易、算法交易、智能条件单、量化交易等主要功能。

- **套利交易**。实时监控行情与套利指标，实现了系统的套利交易由手动向自动化、条件化交易模式的转型。
- **组合交易**。为了满足用户交易习惯定制的功能模块，完善用户组合投资体验。
- **日内交易**。为短线高频用户日内回转定制快捷交易服务，方便捕捉短线（如 T+0）交易的机会。
- **算法交易**。支持 Iceberg、TWAP、VWAP 等算法交易，帮助客户降低冲击成本、提高交易效率、减少手工失误，提高客户增、减持交易操作的体验。
- **智能条件单**。通过定制化的智能策略条件单，自动捕捉波动交易机会、减轻盯盘压力。
- **量化交易**。与行业知名的服务厂商合作，提供集策略编写、回测、模拟交易、实盘交易和专业风控于一体的量化交易解决方案，支持专业客户的量化交易。

在实施路径上，专家交易系统先是通过快速上线快速交易、ETF 套利、组合交易等重点功能，满足专业客户的使用需求；再逐渐加入港股交易、期权期货交易、期现套利等功能。在产品覆盖上涵盖股票、ETF、债券、期货、期权等主流的交易品种，在交易市场上连通了境内主要交易所，并逐步为用户提供辅助投资的支持工具。

除了打造特色功能，专家交易系统坚持"以客户为中心、以需求为导向"的服务理念，为客户配置了包括一线服务、业务运营、个性化定制等在内的专业服务团队，以提供更高效、更专业、更贴心的解决方案。

在技术架构上，通过在以下四个方面的持续优化，海通证券的专业交易终端打通了交易全链路的高速通道。

在客户端，专家交易系统实现了交易界面插件化注册，具备良好的可扩展性和可集成性。通过用户界面与数据处理合理分层的架构设计，保证了在委托单量巨大的情况下，客户端依旧能够稳定流畅地运行。在服务端，专家交易系统由高耦合的串型架构向高内聚、低耦合、事件引擎异步驱动的插件化管理架构转型。在交易链路上，专家交易系统与毫秒级刷新的高速行情系统、内存化的高可靠交易柜台高效协同，形成全链路的高速通道。在冗余性设计上，在沪深两地的核心机房内实施系统的服务端性能容量扩容优化，在保证沪深两地就近交易链路优势的同时，有效提升系统的容灾备份能力。

同时，为应对客户的差异化需求，专家交易系统形成了各具特色的产品家族，通过推出功能侧重并不相同的产品，改善专业投资群体的交易体验，并分别产生了良好的品牌效应。其中，机构交易版是海通证券全自主研发的智能交易平台，它可以连接业内领先的高可靠交易和高速行情系统，也能够高效满足各类复杂业务场景；无忧增减持版专门为增持、减持业务场景量身定制，提供了丰富的策略算法功能，辅助投资者降低冲击成本、提高交易效率、减少手工误差；量化交易版为量化客户量身定制，是集行情显示、策略交易（包括策略模型研究、策略代码编写、策略执行等）、高可靠交易、风控管理等为一体的量化交易工具。

专家交易系统在 2019 年年初发布，上线当年便取得了数百亿的交易量，也积累了较好的客户基础；2020 年，系统总交易量破万亿元，位居行业同类产品前列。通过快速演进迭代，目前已初步形成了如表 11–1 所示，包括机构交易版、无忧减持版、量化交易版在内的产品矩阵。

表 11–1　海通证券专家交易系统的产品特征

功能清单	机构交易版	无忧增减持版	量化交易版
高速行情展示	√	√	√
全业务支持	√	–	√
套利交易	√	–	√
组合交易	√	√	√
智能算法	√	√	√
智能策略	√	–	√
量化交易	–	–	√
风控管理	√	–	√
高可靠交易通道	√	√	√

对比国外专业交易系统如 TradeStation、MultiCharts 等在中国的使用情况，海通证券的专家交易系统拥有对国内资本市场适配性更好、易用性更佳、客户群体的覆盖面更广泛等特点；对比国内的竞品，在技术资源整合度、系统成熟度、品牌效应、用户规模、业务价值、运营优化等方面具有一定的竞争力，由于系统各模块均已实现自主可控，可以快速响应监管创新、市场变化和个性化的

业务需求。

在技术架构上，系统采用模块插件化、事件引擎、内存数据库、分布式数据流等关键技术，打造了高并发、低延时、强稳定的交易平台；在系统建设和运营过程中，通过将众多特色交易功能需求在统一的交易平台予以满足，提高了系统的集约化程度，打破了多来源采购的"烟囱式"IT 建设模式和众多系统孤岛的架构，提高了业务需求的响应速度、系统研发和运维管理的工作效率。

未来，海通证券的专家交易系统将在现有产品的基础上，结合交易后台的订单执行能力，持续提升平台的集成性和交易链路性能。同时，在新技术的应用上，通过融合应用 FPGA、人工智能等技术，持续提升系统的智能化水平，包括交易策略动态优化、市场监控智能配置等，以提升投资者专业化交易体验。

交易后台：建设分布式、低延时、全功能的新一代核心交易系统

随着分布式、低延时内存数据库的普及和沪深证券交易所 Level-2 深度流式行情的推广使用，高性能交易后台服务成为机构客户特别是专注于量化交易客户的基本需求。海通证券在现有交易系统硬件基础设施的基础上，通过研发分布式、低延时、全功能的新一代核心交易系统，解决机构客户对交易后台高并发、高性能、支持多地部署等需求。

新一代核心交易系统基于 PC 服务器和消息总线，结合分布式架构、内存计算技术，实现单交易节点委托并发处理能力超过 2 万笔 / 秒，委托订单内部处理单向耗时小于 100 微秒，交易所全链路委托耗时最小达到 3 毫秒，相比于原有的交易系统，系统内部的时延减少了两个数量级。新一代核心交易系统支持灵活部署方式并拥有水平扩展能力，在高可用、性能、可扩展能力方面达到行业领先水平。系统的交易节点采用平行部署的模式，通过硬件设备扩容即可实现处理能力的水平扩展，以应对委托量突发增长的情况。

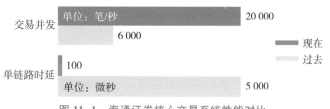

图 11-1　海通证券核心交易系统性能对比

另外值得一提的是,沪、深交易所天然地理位置的距离导致客户在同时进行沪市和深市交易时存在不可逾越的广域网交易时延。传统的交易系统无法同时满足在两个市场上均能取得最低时延,而海通证券的新一代核心交易系统通过在上海、深圳两地设置多个交易中心,并实现客户资金和股份在多交易中心加载、沪深交易所两地分别就近接入和发送订单的新模式,满足资本市场专业机构投资者和高净值客户低延时的交易需求。

服务客户:满足客户综合金融服务需求

相比于零售经纪或零售财富管理业务,机构业务更依赖于证券公司内部资源的整合和各服务领域的高效协同,数字化能力的提升为给机构客户提供综合金融服务赋予了底蕴。

为解决机构服务过程中的协作难题,加强客户基本信息和对客服务信息的合理共享,打通内部机构服务类系统的数据和交互壁垒,海通证券针对机构客户服务过程中的关键节点,结合客户对综合金融服务的要求,通过整合各机构业务条线、业务链资源,发挥跨部门协同的效应,重塑了机构服务的技术体系,打造了一站式的机构综合金融服务平台。

该平台以服务机构客户为中心,打破部门界限,为公司的机构客户提供统一的服务。具体服务内容涉及研究服务、融券业务、大宗交易、投行服务、会议活动、资讯服务、金融产品服务、基金托管专业机构服务等,相关服务的内涵简单描述如下。

- **研究服务**:为机构用户提供包含海通研究所研报浏览、研报检索、团队检索、研报推荐、行业公司分析、会议活动展示、研报收藏等功能。
- **融券业务**:用户通过平台提交融券意向,由融券业务的管理人员协调通过海通证券券源管理平台完成融券业务,客户需要的券源可由内外部客户、海通证券的自营部门等提供。
- **大宗交易**:为客户提供大宗交易的综合信息查询,支持大宗交易意向的提交。
- **投行专区**:为机构用户提供最新的股权承销、债券承销等项目发行计划、项目概览、进度等信息。客户通过统一平台提交承销询价等意向。
- **会议活动**:为机构用户提供最新的路演会议、电话会议、视频会议等信息,

并支持会议报名，变更提醒等功能。支持业务人员与机构客户发布路演
以及电话会议、视频会议的功能。

- **资讯服务**：为机构客户提供最新的产业链图谱、企业工商大数据、股权
  结构、法律法规、政策解读、投资日历、宏观经济、科创专区等资讯数据。
- **金融产品服务**：为机构用户提供公司各部门以及子公司各类金融产品信
  息、解决方案等，用户可直接联系销售人员或提交意向。
- **基金托管专业机构服务**：为基金管理人提供基金托管业务中募集账户与
  托管账户的划款指令查询、指令审核、签发功能以及余额查询、流水查
  询功能。

赋能员工：为员工服务客户提供技术平台

随着机构业务的快速发展，机构客户对证券公司服务能力的要求也在不断
提高。在为机构客户服务的过程中，海通证券存在如下痛点：第一，缺少机构
客户信息管理和对机构客户的全局画像，机构客户信息的整合度不够；第二，
客户信息的维护工作繁杂，且线上化支持不足；第三，缺乏有效的内部沟通渠道，
信息传递效率低，客户需求无法快速传达给相关的服务部门，服务客户的信息
也无法有效共享，导致信息割裂、对客户交叉到访的现象依旧存在，给客户带
来不佳印象。

为更好地解决当前在机构客户服务中存在的诸多痛点并为员工服务客户赋
能，海通证券推进了支持机构服务的员工平台建设。该平台通过为机构客户综合
服务管理提供线上化工具，让服务过程可跟踪，让服务效果可度量，真正地实现"以
客户为中心"的端到端服务，形成各业务条线、各部门之间的高效协同，其架构
如图 11-2 所示。该平台通过下述四个目标，为员工服务机构客户全面赋能。

第一，构建完整的机构客户信息库。将归集各业务线的客户资料，进行机
构客户信息整合，构建全面的机构客户基础资料库，实现客户资源的共享。

第二，实现客户服务留痕，促进跨部门服务信息共享。建立客户服务过程
留痕机制，实现客户服务管理信息留痕，客户需求信息的快速传达，实现跨部门、
跨角色间的业务协同。

第三，共享为机构客户服务项目的信息。通过构建项目库，整合客户项目
信息，打造机构客户服务类项目的全景视图，支持项目各阶段信息的合理共享。

第四，通过系统对接，实现机构客户收入对账和分析的自动化。将机构类服务的业务系统数据与财务系统对接，从项目维度进行收入对账，结合对客户贡献度的分析，为经营决策和服务资源分配提供数据支持。

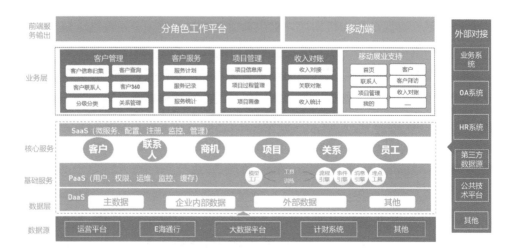

图 11-2　海通证券支持机构服务员工平台的整体架构

在实现上述目标的基础上，还实现了下述功能。

- **数据隔离的共建共享机制。**在合规和有效数据隔离的前提下，打通数据壁垒，逐步实现客户信息统一共享，从内部高效互通和协同开始，做到一体化服务机构客户。

- **宏观看板全面把握进程。**可视化展示客户需求情况、客户服务记录、业务条线占比，支持图形化分析展示，实时把握机构业务发展与客户服务情况，有利于决策布局。

- **机构客户信息统一管理。**通过数字技术，实现对机构客户基本信息全貌、企业图谱，联系人、服务记录等统一记录和管理，帮助提升服务转化率。

- **助力需求侧与供给侧快速对接。**通过商机发布功能，实现客户潜在需求信息的共享，并支持信息的跨部门传递，帮助海通证券更好地发掘服务机遇，在满足客户需求的同时，助力业务发展，打造双赢局面。

- **项目管理智能决策。**根据机构客户项目类型和全周期推进情况进行阶段化、智能化的管理和关联，辅助业务人员做出相关决策。

赋能投研：实现投资研究与基金评价等专业能力智能化

海通证券的投研平台建设已围绕以下三个方向展开。

方向一：研究工作系统化。通过信息系统实现研究管理流程的电子化，主要包括以下几个方面。

1.研究报告生命周期管理的系统化。研究报告的发布部门通过系统能够实现报告审阅、发布、留痕等工作。通过与隔离墙系统等的联动，确保研究报告及投资咨询信息不存在相关的冲突。

2.研究报告生成过程的系统化。如图 11-3 所示，通过事先设定好的各类报告模板，方便分析师快速生成研究报告，并能通过数据对接引擎，实现与资讯中心、金融工程数据库的对接，及时对市场信息、市场表现等情况进行更新。

图 11-3 研究报告生成过程的工具

3.公司估值更新的自动化。境内公司类报告，可以与估值模型对接，做输出表的数据更新。

4.客户关系管理的系统化。在向公司内部、外部客户提供全方位的专业研究服务时，能够通过系统进行服务过程的记录。同时，能够支持对联系人、客户需求、路演信息、会务报名、个性化服务、合同协议等信息的管理。

5.研究部门日常工作管理的系统化。实现对报告发布相关人员及行为的统一管理，加强合规管理人员、风险与质量控制人员、研究团队之间的协同效率，维护信息隔离墙的名单，监控报告发布流程。实现对分析师、研究人员工作量统计及量化评价。

方向二：研究服务线上化。为了更好地服务客户，进一步拓展服务的广度和深度，海通证券建设了研究服务线上化工具，如图11-4所示。线上化的研究服务，能够拓展研究所的服务渠道，贴近基金公司、保险、银行、社保等机构客户需求，让机构客户更便捷、更及时地阅读研究所的研究报告，也提升了机构客户与海通证券研究部门的沟通效率，让机构客户能够更及时了解并参与研究所的会议、研究所的活动等。

图 11-4　海通证券研究服务线上化程序界面

研究服务支持系统在2019年上线后一年内，提供了超过1万篇研究报告，涉及宏观经济、固定收益、行业研究、公司研究等40多个类型，通过OCR和NLP等技术，为用户方便定位所需信息提供了便利；结合海通资讯中心持续引入的外部优质宏观、行业等资讯数据，为集团用户提供全面、高质量、智能化的投研服务支持。

方向三：基金评价智能化。作为协会颁布的首批基金评价业务资格机构之一，凭借多年来的专业研究，海通证券研究所金融产品研究中心在基金研究领域获得了基金公司、保险、银行、社保等机构客户的高度认可，成为众多机构客户最为信任的评价机构之一。机构客户对于海通在基金评价方面提供的服务需求极大。

为了更好地服务基金公司、保险、银行等专业机构投资者，及时展示海通基金研究团队最新研究成果、海通证券打造了智能化的基金评级系统，其界面如图 11-5 所示。该系统极大地拓展了服务的广度和个性化，给客户更好的使用体验。

图 11-5　海通证券基金评价系统界面

基金评价系统按机构客户实际需求以及研究所业务开展需要，提供以下服务。

1. 基金投研分析服务：包括基金筛选、基金评级、基金风格、组合构建、研究报告、标准化指标、基金测评等功能。将研究团队的研究成果通过相关的服务系统，为基金公司、保险、银行等机构客户提供资讯服务，满足其基金分析的需求。

2. 基金投研的相关后台服务：账户和权限管理、关注基金基础数据管理、基金业绩比较基准配置信息维护、手工整理数据的导入和维护、分析师对基金公司调研的纪要模板生成等。

该系统的功能视图如图 11-6 所示。

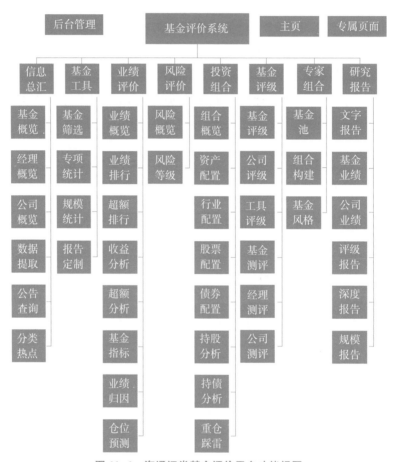

图 11-6　海通证券基金评价平台功能视图

未来，在投资研究领域，海通证券将在下述几方面加大探索力度。

- 投研分析。构建强大的研究资源中台，整合外部第三方数据、内部业务数据、内部知识数据，从而达到数据打通、信息打通、知识沉淀、资源共享、成果复用的效果。同时，整合公司研究资源，构建投研知识库，以沉淀研究框架、海量研究报告、研究底稿、盈利预测模型等。
- 组合管理。提供投前决策、投中执行、投后分析全链条的服务。投前决策包括投资计划构建、组合试算、组合调整、市场研判、晨会纪要，投委会流程等。投中执行包括头寸管理、指令管理、组合盯盘、投顾建议等。投后分析包括组合分析、绩效归因、组合合规、组合风险管理、高管驾驶舱等。

- 合规与风险管理。通过构建高效、准确的监管报送机器人，灵活可配置的风控指标体系，大数据舆情监控等手段，实现节约人力成本、提升响应速度、规避操作风险的目的。这些灵活配置的风控指标包括资产负债匹配度，资产配置类型占比以及监管要求的其他指标。

- 研报的自动化生成。通过搜集大量高品质数据以建立一个庞大的数据库，例如财经领域所涉及的每股收益、股价变化等数据，借助算法在海量数据中寻找价值数据，即一些偏离常态的"异常数据"，然后根据数据的重要性对各种可能发生的事件进行排序后，形成文章的整体架构，最后再根据机器训练好的模仿某种写作手法的文档模板，得到可读性较强的报告。

- 更接近实际的金融产品价格预测。结合行情、资讯、事件等数据，利用机器学习算法对资本市场的金融产品进行分析、模拟和价格预测，为投资者提供参考。

智能投研可以提升投研所需数据的处理能力，降低研究人员主观偏见、知识面等对投研决策结果的影响，大幅提升投研的效率。因此，其必将作为投研服务领域的重要发展方向，也是未来投研领域研究的重点。海通证券也将加大智能投研的力度，借助人工智能、机器学习等技术，推进投研服务的智能化进程，不断开发、优化多市场多元化的投资策略，帮助投研人员有效分散投资风险，丰富收益来源。

第 12 章
投行投资业务转型赋能

过去，证券公司投行类业务的数字化程度并不高，投行业务领域的科技投入也不大，相关的业务流程主要以简单的电子化方式来实现（如通过微软的Excel办公软件），缺少业务流程的管理系统、工作底稿和投行项目管理的工具，这一状况亟须发生改变。

本章从投行业务发展态势入手，基于海通证券投行业务的数字化转型实践，介绍证券公司的投行业务转型赋能工作。

虽然从广义的投行业务定义来看，投行业务应当包括股权融资、债权融资、并购融资等类型，但由于业务和流程上的一些共性，某一类业务数字化转型的实践经验也可以被其他投行类业务借鉴。本书将以股权融资业务为主来进行介绍。

作为资本市场不可或缺的金融工具之一，私募股权（Private Equity，简称PE）投资基金在发展与创造企业价值、强化公司治理、改善资本配置、优化产业结构与促进经济发展等方面都起着重要的作用。本章以海通证券的PE业务数字化转型实践为例，介绍相关的转型经验。

12.1 投行业务数字化转型

投行业务数字化转型的方向

随着我国多层次资本市场战略的不断推进，客户对综合金融服务的需求也日益增加。近年来，证券公司投行项目数量明显增加，加速推进投行类业务数字化转型的需求越发迫切。在当下新的发展态势下，投行类业务迎来良好的发展机遇，但同时面临的挑战也不容忽视。

1. 投行业务发展新态势

态势一：科创板并试点注册制提供了战略机遇。上海证券交易所设立科创板并试点注册制，是党中央、国务院的重大战略决策，也是完善中国多层次资本市场基础设施的重要举措，具有极强的现实意义和深远的历史意义。中长期来看，科创板并试点注册制将重塑证券行业生态，在促使证券公司发挥资本市场的核心功能、深度融入并推动市场化改革进程的同时，还要求其打造并持续提升综合多元金融服务能力（包括专业能力、定价与销售能力、合规风控能力、综合金融服务能力等），促进内部资源整合、组织架构和流程的优化、协同能力的提升。证券公司作为这项制度变革的核心参与者和受益者，将迎来转型与高质量发展的历史性战略机遇。

在科创板并试点注册制的改革当中，证券公司有机会充分发挥金融中介的功能，深入参与并推动资本市场向市场化、法治化方向发展。同时，推动自身专业能力、定价及销售能力、合规风控能力为核心的综合金融服务能力的提升，充分发挥证券公司的价值发现功能，严把项目风险关，作为总协调人推动督促发行人、其他中介机构、战略配售者、一般投资人等各参与方切实尽责，提高信息披露质量，促进市场健康发展。

在这样的背景下，提升企业价值的发现能力、价格发现能力、尽职调查能力、发行承销能力正成为证券公司开展投资银行业务、进一步发挥金融运行体系中枢纽作用的重要抓手。

态势二：创业板和新三板的改革进一步提高了中小企业融资效率。紧随着科创板的推出并试点注册制，创业板注册制改革也在 2020 年内落地，并定位于深入贯彻创新驱动发展战略、服务成长型创新创业企业，从而将与科创板发展一起，进一步促进落实中国资本市场服务实体经济的功能，推进实现提高直接融资比例、提升融资效率、降低融资成本的目标。

中小企业一直是中国经济发展中极其重要的微观主体，是中国经济的基本盘，而创新型中小企业更是重中之重。2021 年 9 月北交所设立后，将服务重心放在了创新型中小企业之上，将进一步促进科技创新，激活实体经济发展，扩大市场直接融资比重。

态势三：行业对开展股权融资业务的内控措施提出了更高要求。一方面，证券市场从法规、制度乃至操作层面对于中介机构股权融资业务执业中的责任要求不断趋严、压实。新《证券法》通过明确证券服务机构所应履行的基本义务，加大保荐人、承销商及其直接责任人员未履行职责的处罚力度、提高证券服务机构未履行勤勉尽责义务的违法处罚幅度等方面，进一步压实了中介机构的责任。中国证监会《证券公司投资银行类业务内部控制指引》强调要以保荐项目风险控制为核心，建立健全保荐业务的内部控制制度，增强自我约束和风险控制能力，切实提高保荐项目执业质量。2019年出台的科创板及试点注册制配套制度中明确加大对于保荐人、证券服务机构以及相关责任人员违法违规行为的追责力度。另外，监管机构对于证券市场主体以及首次公开募股（Initial Public Offering，简称IPO）等项目的现场检查趋于常态化。

另一方面，伴随着科创板、注册制改革，证券市场门槛不断拓宽。越来越多的科创型、创新型、未盈利企业涌入。它们与以往投行服务的传统企业差别较大，使中介机构理解企业经营模式、判断企业经营能力、识别企业经营风险的难度相应增加，执业风险明显加大。

在上述两方面的压力下，做好风险控制与合规的制度建设并加强落实与执行，持续提升风险管控水平，更好地履行保荐承销等各项职责，将是证券公司未来股权融资业务健康开展的基础和必要条件。

态势四：综合金融服务能力成为开展投行业务的核心竞争力。近年来，企业客户的需求逐渐从简单的融资服务转向基于全产业链、价值链的一体化综合金融服务，这就要求证券公司能够推动资源整合，以提供需要跨业务线协同、能够服务于企业客户全生命周期的综合金融服务，并尝试构建基于全产业链、价值链的客户生态圈。

2. 投行业务数字化转型面临的挑战

挑战一：业务线上化水平有待提高。在投资银行业务领域，仍旧存在大量需要手工处理的业务场景，承做人员面临大量低端重复性劳动，无论是底稿的搜集整理，还是申报文件的协同编辑，都缺少线上化的解决方案，承揽人员也无法通过信息技术手段对客户需求进行全面的剖析。随着投行发行数量的快速增加，目前的管理与工作方式已经不能支持日益复杂的业务需求。因此，传统投资银行业务亟须通过使用技术手段来提高效率，解放人力。

挑战二：以客户为中心的服务理念有待进一步深化。证券公司以业务线为单位的客户服务模式还是大量存在，业务线之间信息共享不足，客户信息和客户需求无法有效整合。一方面，割裂服务给客户带来的体验不佳；另一方面，证券公司无法通过对客户信息的统筹管理来获取客户偏好和潜在需要，从而挖掘交叉销售的机会。

为实现以客户为中心，证券公司需要将企业或机构客户的基础信息、交易信息、行为信息、联系人等内容进行整合，形成企业客户画像，并推动证券公司客户信息和客户需求的合理共享。同时，需要持续跟踪所服务的企业或机构，帮助挖掘这些客户不同阶段的需求。

挑战三：定价与销售能力需要更加专业化。客户类型的日益丰富和差异化，以及股权融资业务进一步的市场化，对证券公司估值与承销能力提出了更高的要求。国内证券公司需要聚焦重点行业，深挖估值定价逻辑，同时，学习国外领先投行的估值定价经验，不断优化相应的模型。

挑战四：科技助力合规与风险管理的手段有待进一步完善。注册制强调以信息披露为核心，《证券法》的修订加大了对证券违法行为的处罚力度，对投行项目的质量、投行业务流程的合规性和业务过程的风险管理也提出了较高的要求。证券公司需要通过科技手段，将合规检查点与风险控制点通过系统化的方式融入投行业务流程，以进一步加强合规与风险管控的力度，增加管理过程的透明性，降低相应的风险。同时，加快推进新技术的应用，如建立企业客户知识图谱，以帮助投行业务的经办人员识别企业与企业、企业与实际控制人等的关系，并根据外界舆情变化情况，对客户风险进行分析和跟踪，对标的资产潜在的影响进行判断，进而制订相应的应对方案。

证券公司实践案例

1. 总体思路

以中国证监会发布的《证券公司投资银行类业务内部控制指引》为契机，海通证券对投行类业务的数字化能力建设进行了统筹规划，重点是实现以下四个方面的目标。

目标一：证券发行电子化。实现股票、债券等证券首发、增发等工作的电子化，并提供网上询价功能。

目标二：底稿管理系统化。通过技术平台，支持涵盖股权融资、并购融资、债券融资、新三板等投行内控体系的建立，实现投行底稿电子化，改变原有以纸质底稿为主的运营模式，为项目持续督导、后期管理等提供技术手段，更有效地支持投行业务三道内部控制防线。

目标三：项目管理一体化。投行项目管理一体化主要围绕如下三个方面开展：一是实现对所有投行项目进展的全方位、多角度的记录；二是实现投行日常运营、发行过程的线上化，便于信息的共享和管理层及时、准确掌握项目动态；三是改善投行业务办理效率，降低重复劳动的工作量，增加项目吞吐率。

目标四：技术应用场景化。在提升定价能力方面，通过技术手段，收集分析不同行业、不同企业的经营情况，促进建立专业知识库，为提高尽调和定价能力进行数据累积。一方面，系统化地记录所承做的项目，逐步形成相应的企业信息库；另一方面，随着投资人信息库的不断完善和项目询价反馈、客户融资成本预期等信息的记录，实现对项目发行定价的预判和指导，提升投行定价能力。

在协同营销方面，构建数据共享平台，一方面，提升在客户识别、投资者偏好分析方面的能力和为客户服务的协同效率；另一方面也从侧面帮助提升投行业务的展业范围。

在合规与风险管理方面，基于大数据平台，借助区块链等新兴技术，加强信息收集，提高数据透明性，提高质控准确性以及信用分析和风险定价能力，强化风险管理。同时，通过舆情监测，实现对项目负面舆情的自动监测；通过使用智能文档语义系统，实现对项目材料的智能校验，提升了承做效率和材料质量。

如图 12-1 所示，对于海通证券来讲，投行电子发行系统、投行类业务工作底稿管理系统和投资业务信息管理系统构成了其投行数字化能力建设的核心。

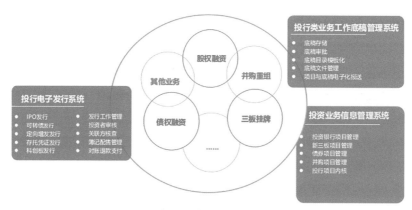

图 12-1　海通证券投行业务数字化能力

由于业务的共性，这些平台工具和相应的机制，不仅适用于股权融资领域，也可以用于债权融资等其他投行类业务领域。

2. 证券发行电子化

围绕投行核心业务流程开展，辅助股票、债券发行等的簿记建档工作，海通证券于 2016 年 12 月启动投行电子发行系统建设，围绕投行业务的核心流程，实现在上海、深圳证券交易所多种股票、债券发行工作的电子化，系统界面如图 12-2 所示。

图 12-2　海通证券电子化发行系统界面

2017 年，海通证券的电子发行系统上线可转债、非公开发行模块，基本实现了对 IPO 发行和债券项目的电子化管理，提高了工作效率和透明度。2018 年，完成电子发行可转债改版，2020 年新三板发行模块投产，实现在上海、深圳证券交易所多种股票、债券发行工作的电子化，为发行业务提供发行申请、初步询价、申购、配售等全过程的支持，提供发行价格、有效申购等信息的展示，在投资人审查、有效询价筛查、有效申购筛查、配售等相关环节帮助业务人员显著提升处理效率。

3.底稿管理系统化

2018 年，中国证监会下发《关于建立上市公司重大资产重组独立财务顾问工作底稿科技管理系统的通知》，这是首次以成文的形式要求对工作底稿进行电子化管控。2020 年 2 月，中国证券业协会发布《证券公司投资银行类业务工作底稿电子化管理系统建设指引》，进一步规范相关管理制度，明确提出工作底稿管理系统需要具备的功能和作用，要求证券公司加强内部控制，履行好资本市场"守门人"的职责。

针对投行各类业务特点，以及工作底稿在收集、整理、审核、归档、借阅过程中存在的问题和难点，海通证券搭建了一套符合监管要求、行业协会指引的投行业务底稿管理系统，系统界面如图 12-3 所示。该系统实现了对投资银行类业务项目承揽、项目承做、发行承销、持续督导等业务阶段的过程电子化管理，能够动态反映项目整个生命周期，达到业务流程清晰、控制流程完整、底稿管理严格的目的，实现业务数据、历史资料的共享，并有力支撑公司战略决策和业务运营。

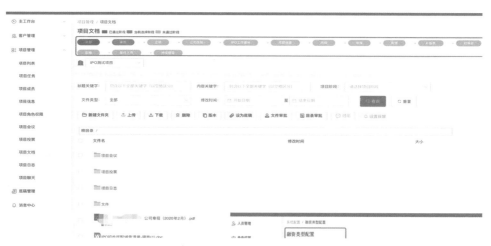

图 12-3　海通证券投行电子底稿管理系统界面

海通的投行业务底稿管理系统在两个方面取得了突破。

1）标准化报送审批流程

为增强内控管理，防止漏报、错报等，在向监管系统报送前，投行电子底稿以项目为维度，经项目负责人、二级部负责人、质控人员、质控负责人、部门负责人、内核主审、内核负责人等逐级审批，而不同业务类型的报送审批流程存在差异。针对上述情况，海通的投行业务底稿管理系统支持报送审批流程的灵活配置，以满足内控管理，有效控制报送项目信息正确性及底稿齐备性。

2）基于字符识别的内容关键字检索功能

项目制作底稿量大，人工查找定位底稿关键内容难度大，针对这一问题，海通的投行业务底稿管理系统利用光学字符识别（Optical Character Recognition，简称 OCR）技术，对纸质扫描文档中的文字进行识别和转换，一键式检索整套底稿文档中的内容关键字，快速定位到包含关键内容的底稿，内容查找高效，索引定位准确。该项关键字检索功能目前日均使用百余次，有效提高了内容查找的效率。

4. 项目管理一体化

海通证券通过集中建设，实现了对所有投行项目的全周期电子化管理，为投行业务快速发展提供了平台支持。

以 IPO 项目为例，投行项目完整生命周期应包含承揽、承做、发行与承销、持续督导四个阶段，上述阶段又可细分为包括"项目承揽""项目立项""项目辅导""尽职调查""申报""内核""反馈意见处理""发行上市""持续督导"等主要环节，如图 12-4 所示。

图 12-4　投行项目的一般流程

投行业务中，核心是人，需要通过专业服务和客户建立信任关系以便达成合作，面对面服务依然是客户的核心诉求之一。投行服务既有统一的合规、流程规范要求，又有高度个性化的特点，每个项目的客户都有自身的需求，因此转化为标准化的科技化需求存在困难。显然，投行科技化的主要目标应以面向证券公司员工的赋能为主。一线员工希望可以减少手工劳动，提升工作效率；

管理者希望能够实时掌握业务数据，支持决策；发行人希望了解融资情况，令投资者可以快速了解产品，传递投资意向。

结合业务环节及以上三类用户不同的诉求，海通证券将投行业务流程集成至一个系统中，覆盖了承揽、承做、承销发行、持续督导四个阶段，打通业务流程中各相关方的交互通道。

第一阶段：承揽。这一阶段需要为项目组提供尽调数据搜集支持，包括企业图谱、参考案例，智能挖掘企业匹配方案；为发行人提供尽调数据及材料，展示项目发行整体进度等信息。该阶段存在大量文档收集及协调编辑工作，相关的技术系统应为项目组及发行人提供便捷文件上传与共享方式，并且支持对文件的版本管理、协调编辑、关联、断点续传等一系列功能。

第二阶段：承做。承做阶段的所有核查工作都应在系统中完成，核查过程被记录、可追溯，核查结果同样存储在统一平台，支持全文检索。相关的技术系统需要为项目组提供便捷的核查工具，包括结合 NLP 完成底稿智能审核、OCR 智能识别纸质银行流水完成流水核查、电子签章、合同管理及财务分析等。

在这一阶段，项目组要撰写大量的申报材料，技术系统能够有效地为承做工作提质增效。通过引入人工智能辅助申报材料撰写，申报材料中 70% 以上的内容可以自动生成。同时，能够自动完成财务数据钩稽关系测算，自动核对全套申报材料中的数据一致性，对波动较大的财务科目可形成自动预警。

此外，海通证券的投行业务信息管理系统内置行业分析、风险因素参考内容及数据，并通过对企业的分析，构建企业分析案例库，方便项目组人员在撰写中参考、引用。

第三阶段：承销发行。承销发行阶段，相关的技术系统为项目组提供有效分析，并通过专门的模型辅助发行精准定价，以提升估值定价能力。

第四阶段：持续督导。持续督导阶段，通过数字化的手段，建立企业看板，搭建预警模型跟踪企业风险，并提供关注池及舆情实时推送功能。

根据上述四个阶段过程中的数字化生产要素，海通证券建立了投行业务信息管理系统，系统界面如图 12-5 所示。从项目追踪开始，对项目的进展进行全方位、多角度的记录，便于信息的共享和管理层及时、准确掌握项目动态。有效地为分管领导、项目经理、客户经理、项目成员、内控管理部门等提供统一、集成的协同工作平台。

图 12-5　海通证券投行业务信息管理系统界面

同时，投行项目管理的全面数字化，有助于构建相关业务的内控体系，具体涵盖立项、质量控制、合规检查、风险控制、内核、稽核监督、利益冲突防控、持续督导、保荐业务文件管理、持续培训等环节。相关人员可以全面了解项目的所有关联要素，同时满足证监会对项目尽职调查、内部核查、尽职推荐、持续督导、工作底稿等方面的内控要求。基于系统提供的工作底稿核查清单、尽职调查方法核算清单、重点关注问题核算清单、备忘录、会议或访谈纪要、核算清单等内容，能够相当程度上降低过往执业过程中相同业务品种各个项目组差异较大的问题，确保各项目组能达到统一的质量要求。

5. 技术应用场景化

场景一：人工智能用于投行文本的审核。投行发行文档涉及各类数据，有大量的底稿，人工处理十分耗时且容易出现错误和遗漏。结合监管要求和业务需求，海通证券在投行主文档和底稿关联审核中通过应用深度学习技术对文档原始图像和文本信息进行建模训练，从数据钩稽关系、元素块相似性、语义单元格自动匹配核对等方面进行底稿关联审核，在提升投行发行文档合规性及文档处理效率等方面展现了较好的应用价值。

场景二：电子底稿通过区块链平台上链存证。2021 年，中国证券业协会在"证联链"上发布首个应用——投行业务电子底稿监管系统，标志着投行业务电子底稿上链存证功能的正式启用。海通证券投行电子底稿系统在电子底稿目录报送、文件抽查等业务场景对接监管渠道，加强自律管理的同时提升配合监管的效率。

12.2 投资业务数字化转型

投资业务数字化转型的方向

注册制改革的全面推进将为私募股权投资市场拓宽退出通道，也使得处于不同发展阶段且拥有发展潜力的企业能够在科创板或未来实施注册制的板块上市。私募投资业务迎来专业化发展契机的同时，也对私募基金管理人的专业化投资、基金运营管理等能力提出更高要求。

第一，通过技术手段提升 PE 业务流程线上化、标准化的需求更加凸显。

一般情况下，各 PE 投资机构每年都有新的投资基金募集成立。PE 业务的性质决定了项目存续周期通常在 3 年至 5 年，甚至更久。由于有不少项目都处于成长期或培养阶段，未进入退出阶段，这导致尽管 PE 投资机构每年投资项目的数量相对稳定，但其累积的存量项目数量可能不断增加，给基金有限合伙人（Limited Partnership，简称 LP）及基金管理公司的日常运营、风控都带来一定压力。

面对投资项目及存量项目数量增多的趋势，项目投资各项流程需要进一步优化。依靠"邮件＋人工纸质流转审核签批＋人工跟踪督促＋手工编号归档"的传统运营及内控管理模式显得相对低效，且存在一定程度的疏漏或执行不到位的情况。

第二，提高业务开展过程中的信息透明度，提升数据应用能力的需求更加迫切。

尽管通过人工梳理，手动汇总等方式能够对 PE 业务流程的数据进行一定的汇聚，但由于相关数据相对分散，仍存在汇总信息滞后、决策者无法及时对项目进行充分了解等问题。各 PE 投资机构需要通过数字化手段，及时了解板块的基金募集情况、项目投资情况、投后管理情况等，以为业务的开展提供决策依据。

第三，向上级单位和监管部门报送各项数据的及时性、准确性需要进一步提高。

监管部门对私募基金业务的管理监管逐步加强，陆续出台了一系列规范要求，开展 PE 业务的机构，需要定期上报各类财务或业务或管理报告，以及相关公司的重大事项变更、新基金注册等情况。若以传统的人工报送方式，工作量较大。

中信金石、深创投、东方富海、投中资本等一些知名的 PE 投资机构在 2017 年之前，就已采用了系统化的管理方式，通过系统模块外购和定制化开发相结合的方式，建设了自己的业务管理、办公协同等系统，实现了无纸化办公、项目信息系统化留痕及电子档案的归档。

证券公司实践案例

海通证券的 PE 业务最早始于 2004 年，作为中国—比利时直接股权投资基金（以下简称"中比基金"）的管理人，海富产业投资基金有限公司（以下简称"海富产业基金"）正式运作。2008 年，证券公司直投业务放开后，经中国证监会批准，设立海通开元投资有限公司（以下简称"海通开元"）作为私募股权投资业务平台，开展直投业务。之后，通过海通开元作为统一的出资平台，先后设立了多家管理公司，管理了多支基金。

根据海通证券总体战略部署，为配合海通 PE 业务中后台集中的业务需要，同时进一步提升 PE 业务数字化水平，海通证券的 PE 业务从 2017 年起，开始了数字化转型之路。

在开展数字化转型之前，海通证券在不同的 PE 业务领域拥有相对独立的团队。虽然海通 PE 业务有相对完善的机制与流程，但在实际业务执行中不同团队间主要通过邮件往来、纸质文件交互等完成项目从立项、尽调到投资决策、协议用印及行政用印的过程。各团队均配有特定的人员来负责业务审核、用印审核等流程的管理和跟踪，显然以人工流转为主的模式已跟不上业务发展的步伐。

2017 年 7 月，海通 PE 板块业务数字化系统的建设工作正式启动。基于前期调研和对私募股权投资行业的认识，海通在系统开发之初就确定了相关建设的目标和定位。在投资业务管理领域，实现项目收集、项目投资、项目管理及退出管理等流程的线上化；在基金业务管理领域，实现包括基金收集、基金设立立项、基金运营管理及基金清算、注销等流程的系统化。

海通 PE 板块的业务流程数字化工作已取得了如下成效。

第一，搭建了覆盖全业务流程"募、投、管、退"的投资管理信息化系统，规范海通投资管理作业流程，并通过该信息化系统加以固化，实现了投资业务管理全过程留痕，进一步增强投资业务合规性，实现公司投资专业化、管理规范化、运作市场化。

第二，对经营数据进行挖掘和整理，形成资源信息库，对拟投资行业进行深入研究，并形成研究报告，作为最终决策项目投资的重要依据。

第三，实现对历史项目数据的动态积累，令其成为数据分析挖掘的基础，并为未来持续、规模化的发展提供重要支持。

第四，支持移动办公，提升投资决策效率。

第五，实现公司印章集中保管，业务用印和行政用印规范性进一步加强，尽最大可能杜绝违规用印情况的发生。

海通证券的 PE 业务以"科技赋能，提升投资管理工作精细化"为方向，全面提升了投资管理工作的完整性和精细化水平。对标国内国外领先的投行，海通证券 PE 业务的数字化转型任重而道远，未来仍将砥砺前行。

第 13 章
资管业务转型赋能

资产管理业务是指银行、信托、证券、基金、期货、保险资产管理机构、金融资产投资公司等金融机构接受投资者委托，对受托的投资者财产进行投资和管理的金融服务。

与更关注大类资产的配置以及如何为合适的产品找到合适客户的财富管理不同，资产管理需要把握产品的收益与风险，这涉及资管机构的产品设计能力、投研能力和风控能力，更注重专业的深度。在数字化的浪潮下，资产管理机构纷纷推进销售、投研、数据、运营等方面的技术系统建设，以期变革资管业务发展模式、提升管理水平。

本章以海通证券的资管、公募基金子公司数字化转型案例入手，介绍数字化全面赋能资管业务的实践经验。

13.1 资管业务数字化转型的方向

2018 年 4 月，《关于规范金融机构资产管理业务的指导意见》（以下简称"资管新规"）正式稿落地，资管行业迈入统一监管时代。资管新规是防范化解金融风险的一项重要举措，主要从打破刚性兑付、规范非标准化债权类资产投资、抑制通道业务、禁止资金池业务、提高合格投资者门槛等方面对资管行业进行约束。同时，为适应新形势下资管业务的发展需求，监管机构延长了资管新规的过渡期，给予资管机构充足的时间进行转型和调整。

资管新规出台以来，相应的监管体系不断完善，前期若干行业乱象得到有效治理，资管行业进入了良性的发展轨道，行业格局呈现出全新的特征。

一是行业规模企稳回升。资管市场在 2017 之前处于泛资管时期，通道和预期收益产品占主导。2018 年，在"回归本源、强化约束"的宏观政策下，去通道、降杠杆等举措使得当年资管行业规模明显下降，但随着改革推进，行业进入了高质量发展的新阶段，管理资产的规模企稳回升。中国光大银行与波士顿咨询公司发布的研究报告显示，截至 2020 年年末，我国资管市场规模近 122 万亿元，行业总体规模已超过资管新规实施前的 2017 年。

二是资管机构发展出现分化。从 2017 年和 2020 年各细分行业规模的变化中，可以看到各类资管机构在资管新规下的适应能力不同。一方面，公募基金、私募基金、保险资管的资产管理规模保持增长，其中保险资管实现三年累计增幅超过 40%，公募和私募相应增幅更均超 50%；另一方面，银行理财、信托的资产管理规模略有下降，券商资管受资管新规影响较大，资产管理规模降幅甚至达到 50%。图 13-1 展示了近年来券商资管、公募基金、私募基金等不同类型机构的资产管理规模。

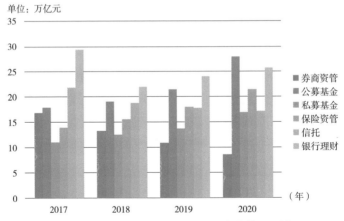

单位：万亿元

图 13-1   2017—2020 年部分机构资产管理规模
（数据来源：2021 年 5 月波士顿咨询公司（BCG）与中国光大银行合作编写的研究报告
《中国资产管理市场 2020》）

三是资金供给保持增长、结构趋于稳定。在资金规模方面，资管市场的资金端供给实现持续增长，2020 年突破 107 万亿元，同比增长 15%。在资金结构方面，近年来资金结构整体保持稳定，零售端资金占比超过 50%，2020 年零售端贡献近 60 万亿元；机构端的养老与保险资金规模保持较高增速。

面对新的监管环境、市场需求，资管机构正在加快内部业务模式调整与配套机制完善，而提升数字化能力无疑是资管机构打造核心竞争力的重要手段。根据麦肯锡调研，全球的领先资管机构正在积极推动数字技术在资管全价值链的应用。在销售和营销方面，全球已经有 60% 的领先资管机构开始推动数字化直销平台的建设，40% 的领先资管机构开始推动 B2B2C 分销数字化举措的实施。在投研和投资管理方面，已有 36% 的全球领先资管机构开始在投研和投资管理领域应用数字化技术，以期输出长期稳定的超额业绩。在数据应用方面，数字化领先资管机构在数据领域的科技投入已经超过其他科技投入，达到整体科技支出的 30%，远远超过市场平均水平。在业务运营方面，全球领先资管机构正在积极推动以流程优化为目标，依托自然语言处理、机器人流程自动化等技术的运营自动化改造，以提升效率、降低差错率、改善客户和员工体验。

借鉴全球领先资管机构的数字化实施经验，资管业务的数字化转型应重点关注以下四个方面。

一是形成数字化营销体系。销售和营销领域是数字化战略落地的重点，我国资管机构早期存在自建平台体验欠佳、服务相对单一、客户服务能力有待提高等问题。不过近年来，它们已逐渐重视销售领域的数字化转型，探索打通客户、产品、服务、流程等环节，为客户提供从售前、售中到售后的全方位服务。

二是形成一体化投研平台。投研和投资管理能力是资管机构在差异化竞争中打造优势的关键，之前国内资管机构普遍通过多套孤立的信息系统支持投研业务，造成决策效率、风险管理能力和业务承载能力受限。在资产管理规模扩大、信息披露和流程规范要求强化、投资者的投资理念愈发成熟的背景下，资管机构需要搭建体系化平台驱动投研能力提升。

三是形成统一的数据中台。数据应用是推动数字化战略的焦点，由于历史原因，中国资管机构内部往往存在占多数的外购系统和占少数的自建系统平行运作的情况，这带来了流程割裂、效率低下、数据孤岛等一系列问题。为解决上述问题，构建企业级数据中台势在必行。

四是形成高效的运营体系。高效的数字化业务运营能力是资管业务健康发展的有力保障，国内资管机构也在逐步推进运营工作的线上化和自动化，以提升运营的效能。

13.2　实践案例

赋能线上业务开展

近年来，资管产品线上零售兴起，资管机构纷纷搭建直销平台、布局线上营销。数字化应用的规模化落地促使产品融合越加多元与完善，技术创新与商业模式融合演进，提升线上零售体验成为资管业务数字化转型的关键点。

搭建直销平台，满足客户需求。在电商直销领域，海通资管为个人投资者和机构投资者提供了网上交易和直销柜台的一站式服务系统，方便投资者购买资管产品。该系统以"满足用户需求、变用户为客户、满足客户需求、实现商业目标"为路径持续迭代，提供账户开户、资产展示、产品交易、持仓收益、客户中心等核心功能，充分满足用户投资交易需求。该系统提供多维度的产品展示和便捷的购买流程，同时支持线上支付和线下转账，从而吸引用户入金，实现"变用户为客户"。另外，系统增加了自选、收益等模块，支持每日查看盈亏，方便客户进行个性化资产配置，提高客户黏性。同时，紧跟资管新规要求，将销售适当性贯穿投资交易的整个流程。

重构电商系统，实现统一管理。海富通基金一方面加强与主要互联网渠道的合作，借助互联网巨头的流量优势链接线上的广阔资金端；另一方面重构电商系统，打造平台、产品、场景三位一体的互联网服务平台，进一步提升客户体验。新电商销售平台构建了一个技术和业务领先的框架，建立以客户为中心、全生命周期管理的账户体系，加强用户管理、账户管理等核心功能，实现不同交易渠道用户共享与统一管理；推出金账户特色服务，为客户余额理财和购买权益类基金提供更好的体验，丰富支付渠道解决交易金额的限额问题，并通过数据分析主动协助解决客户交易中的困惑。

打造品牌特色，推出创新服务。富国基金立足直销业务，推出以富国富钱包 App、目标盈定投为代表的特色品牌和产品，保障互联网中心入口流量转化顺畅。在客户服务方面，富国基金推出智能客服功能，为客户提供全天候、智能化的在线服务，并有效降低人工在线客服的工作量。另外，开展了支付网关的微服务改造工作，为电商部门提供便利的日间垫资运营管理系统功能，通过向银行提出日间清算申请，支持客户快速赎回。该项服务凭借无差错运作保障和快捷配置上线的优秀体验，已成为电商渠道方面的重点，为公司市场部门赢得优质客户和资金来源。

赋能投研能力提升

提供覆盖多业务品种的研究决策支持。早期资管机构的投研系统较为割裂和分散，仅能支持业务链条中的部分环节，或仅能覆盖部分业务品种，投研工作仍需要人工进行大量的重复性操作，工作效率低且存在一定的风险隐患。在数字化转型中，海通资管围绕各类业务特点，将业务需求与系统能力有机结合，在支持更多业务品种的同时，加强投资管理和监督，有效提升研究工作的效率和质量。

对于固收业务，账户管理、场外交易、场外交收的效率决定了产品和日交易笔数的容量。海通资管通过自研 BSP（Business Support Platform）系统让公司产品的账户管理流程更加可控，也提高了开户效率；通过自研实时数据交换功能、对接资产管理和估值系统，配合 RPA 抓取三方交收页面数据，提高交易所和银行间固收场外业务的交收效率；自研针对产品头寸和交收的监控体系，提高固收交易交收的稳定度；推出固收产品的投前查询分析、投资运作监测、投后产品风险收益指标、投决会数据支持等模块，打造投前、投中、投后的一体化分析功能，提高固收投资经理的决策效率。

对于权益业务，海通资管一方面丰富了对科创板、期货、融资融券等交易品种的支持；另一方面，通过构建投资经理画像体系来刻画投资经理的风格特征，先后推出基于时间序列的投资经理调仓、选股与择时能力分析、大类资产业绩分解分析等模型。

对于另类业务，海通资管全面加强了对投顾、票据、ABS、股权质押等业务的支持。特别地，对于以股权质押作为主要投资品种的报价类产品流动性管理，自建了产品层面的资产负债管理系统，以辅助中台做出负债端的市场报价安排和投资端股权质押项目管理。

在投资管理方面，海通资管增强了投资和研究的联动，让研究的成果能及时转换和共享，以为投资决策服务；推出了信用评级、模拟组合、行业研究、盈利预测、证券推荐、交易对手管理、投资库管理、研究员考核等功能，帮助提升投研效率。

推进投研一体化平台建设。大资管时代，资管机构更需要加快投研一体化的进程，推动集投资研究、组合管理、头寸管理、交易管理、合规风控、清算交收、绩效归因等于一体的技术平台建设，为基金经理与研究员提供服务，为交易及风控等业务条线的投资决策过程有效赋能。

近年来，富国基金集中 IT 资源在该领域持续发力，在底层大数据平台、投研数据集市、指标引擎、上层应用一体化工作台等方面进行规划建设。在底层大数据中心方面，富国基金着力打造了集贴源数据集成、CDM（Common Dimenions Model，即公共数据层）模型清洗加工、实时和批量数据推送、各类报表加工等功能齐全的大数据中心，为上层应用提供强有力的支持。目前，富国新一代固收研究一体化工作台、权益组合系统、固收货币组合系统、合规风控平台、清算交收平台等均已建成投产，模拟组合、海外债交易、绩效归因平台等新一代业务子系统也已逐步推进落地。另外，投研集市的统一资讯中心（统一机构主数据、统一证券主数据）建设已初见成效；统一交易网关系统已基本完成与交易支持平台、固收货币实时组合系统的数据接入。

赋能数据资产管理

总体来说，资管行业的核心业务系统以成熟产品采购为主，存在业务数据相对分散、数据一致性不佳、系统架构老化、系统迭代速度难以满足业务快速发展等问题。如何有效整合业务数据，提升数据处理及分析能力，更高效地挖掘数据价值并加以利用是各家资管机构都在思考的一个问题。在数字化转型的背景下，各家资管机构纷纷加强对数据资产的管理和应用。

1.技术方案

海富通基金新一代数据综合平台（以下简称 DIP 系统）选择了 MPP（Massively Parallel Processing，即大规模并行处理）架构的 Greenplum 和开源 Kettle 技术，在充分满足当前的系统建设需要的同时，也能在未来五年稳定支撑公司的业务增长。同时，DIP 系统的整体架构上也为未来系统升级做了预留，尽管未直接套用当前流行的 Hadoop 框架，但支持融入其生态圈。未来，Greenplum 平台将主要作为实时指标计算和查询平台，而 Hadoop 将作为底层数据处理平台。这种技术升级的方案只需更新数据处理层即可大幅提升平台的存储、计算能力，而面向应用端的部分可充分沿用现有技术栈。这样一来，无论从交付效率上，还是用户体验上，都极具性价比。

富国基金从业务需求满足度、技术成熟度、技术学习曲线、项目开发成本以及实施周期和风险等多个角度出发，对比评估了传统行式数据库、MPP 分布式数据库和开源 Hadoop 等平台和框架，最终选用基于开放平台的 MPP 分布式数据库作为建设数据仓库的技术方案，解决了传统 SMP（Symmetric Multi-Processor，即对称多处理器结构）关系型数据库分析性能较差、专用设备封闭费用高、数据处理不及时的问题。基于开放平台的 MPP 架构的分析型列式数据库对海量数据进行加载并进行库内转换，充分发挥其在 OLAP（Online Analytical Processing，即联机分析处理）分析型应用场景中的查询和计算优势，大幅降低了数据处理过程中的 I/O 消耗，将以往需要数小时的数据处理任务，缩短到分钟级甚至秒级完成。

2. 数据赋能

通过 DIP 系统，海富通基金在公司层面实现了管理数据口径的统一。DIP 系统一是为管理层提供各种经营数据，包括公司产品数量、规模、管理费、不同团队贡献等，满足日常决策需要；二是提供灵活的业绩拆分功能，跟踪销售成员当年任意时间点的业绩指标，为销售经理提供客户或渠道的申赎、保有、收入贡献等数据，提升销售管理工作效率；三是结合内外部数据，为投研部门提供利差分析、债券信用分析、集中度分析、持仓债券评级变化分析等功能，提升投研部门信息化程度，提高工作效率；四是为风控部门实现系统化的交易监控（公平交易、异常交易、交易对手）、风险监控（市场、信用、流动性）、限额监控、债券评级变化监控等各类风险管理功能，在组合资产归因方面提供多套资产分类，以便于风控部门更好地监控公募基金、养老金系列产品。另外，利用微服务技术，有效地将 DIP 数据融入机构服务平台、场外系统、产品生命周期系统的各个应用场景，真正实现数据影响业务、赋能业务。

在对数据资产的管理中，富国基金重点针对行业和公司的业务数据进行了全面梳理，按照主题抽象并归纳设计了当事人、产品、协议、内部组织机构、事件、营销活动、渠道、当事人资产八大主题域，并将核心业务系统数据全部整合入其中，实现了稳定、可扩展的企业级统一化数据逻辑视图。同时，根据数据需求梳理各维度的业务关系，将以往聚沙成塔的数据应用构建方式转变为模块化的建设方式，大幅提升数据应用开发效率与质量。目前数据服务平台已经加工生成了超过 500 个指标，开放超过 200 个指标供投研、风控等业务用户使用，既提高了报表的开发效率，也极大便利了业务人员的查询需求和功能操作。

通过长期对业务需求的归纳以及对数据服务的研究，借助敏捷 BI 的基本理念，富国基金数据服务平台提供个人仪表盘、报表、多维分析、自助查询、自助分析、数据实验室、Excel 插件等分层次的数据服务形式。平台既满足了定制化报表等常规需求，又支持分析人员选择自己熟悉的方式和工具（如 R、MATLAB、Python 等）通过拖拽方式生成自定义报表。通过数据服务平台的建设，存量手工报表明显减少，业务需求实现了快速响应，IT 开发和运维人员的工作负载显著降低，进而令工作重心能够向高附加值的业务应用转移。

赋能运营提质增效

资管机构日常运营工作繁多、业务模块复杂、中后台系统庞大，再加上监管日趋严格，因此资管机构中后台的部门压力越来越重，现有操作模式的局限性愈发突出。为切实提高后台部门的服务水平，降低运营成本和操作风险，中后台转型工作迫在眉睫。

海富通基金将重复、人工介入少的操作通过自动化系统实现，并重塑各类规则，整合上下游协同工作，带来更深层次的流程优化。通过自动化估值、划款指令电子化、场外交易交收监控等功能，将人工操作直接转换为标准化工作流程，降低操作风险；通过业务运营管控，实现对各个业务节点的实时业务监控、数据核对、算法校验等，提高事务处理的规范性，降低业务风险。

富国基金围绕运营的注册登记、销售清算、投资清算、估值核算以及信息披露五大职能，将各条线业务进行标准化后，落地成基础业务系统。这些基础业务系统的搭建都是以数据的深度应用为导向，实现各上下游关联业务系统的直连，形成规范化的业务操作，同时支持风险监控、任务监控及指标监控等功能。后续将以新业务发展或新数据的开发为契机，持续迭代基础业务系统，使其更加灵活及多能，覆盖全业务品种。

未来，富国基金还将提升数字化基金运营体验，主要从运营一体化平台的建设着手，实现以下目标：一是系统一体化，即各基础业务系统可在一体化平台统一访问；二是业务纵向深度扩展一体化，将某项业务的流程化操作与风险控制部分相结合，最终形成该项业务职能的全方位综合展现及追踪；三是业务横向广度扩展一体化，即打破原各职能岗位的壁垒，以产品生命周期为轴线，形成覆盖运营全流程的一体化展示平台。

管理提升篇

第 14 章
业务运营能力提升

运营是针对企业所有要素的计划、组织和控制行为。运营对一个企业，尤其是金融企业来讲，其重要性不言而喻。影响企业的生存要素有很多：资本、人力、产品、市场、技术、运营等，其中，运营承担了联接其他要素的职责。所以，从这个意义上来讲，运营能力的高低一定程度上将决定一个企业的成败。

运营过程从微观视角来看，其目标是追求低成本、高效率，所以目前证券行业在大量推进有关自动化运营甚至智慧运营方面的工作；而站在行业视角，面对数字化转型的浪潮和市场激烈的竞争，证券公司更应该思考运营模式该如何转型的问题。

本章首先介绍了不同阶段证券公司业务运营的核心特征以及数字化能力能够提供的支持；接着，介绍了海通证券的业务运营从分散到集中，再从集中到智能化转变过程中的实践经验。

14.1　业务运营数字化转型的方向

伴随着证券行业的发展历程，证券公司的运营模式经历了不同的阶段，其正从分散运营转变为集中运营，而智慧运营已成为证券公司业务运营数字化转型的方向。

从分散运营到集中运营

过去，大部分证券公司多采取"小而全"的网点运营模式，采用独立系统配置、独立功能布局、独立财务核算等机制。随着证券行业业务模式的变革，非现场交易的比重不断扩大，对客户的服务由提供通道的传统模式逐步转向以满足客户需求为核心的财富管理模式。面对服务模式的改变，证券公司的运营模式也需要进行相应的转型。在确保安全、高效的前提下，证券公司通过平台建设改变业务办理模式，将业务受理与业务处理分离，逐步将实体网点转变为客户的接触点、服务的落地点、产品的销售点、团队的培训点，从而步入集中运营模式。

集中运营的核心是通过业务流程与系统资源的不断整合，形成"分散受理＋集中处理"的业务办理模式，从而实现加强统一管控、提高运营效率、提升用户体验的目标。集中运营的优点主要体现在：业务办理全渠道化和中后台管理集中化。

业务办理全渠道化。通过建立统一的业务受理入口和业务处理流程，形成统一接入技术规范及标准，实现临柜、见证、网上等全方位业务办理渠道。

中后台管理集中化。一方面，证券公司在产品（特别是私募产品或资管产品）的发行和销售过程中，需要严格遵守投资者适当性以及资管新规等监管要求。在合格投资者认定、产品的推介销售方式，风险匹配方面都有明确规定。因此，证券公司通过建立产品中心，与客户服务平台、各交易渠道对接的方式实现统一管理。另一方面，证券公司建立了档案中心，统一管理各类表单模板，规范化签名方式，实现业务办理过程中的业务表单、风险揭示书、产品说明书、客户签名等资料的集中留存和归档，以确保在各渠道的版本一致性、技术一致性和归档一致性。中后台管理的集中化提升了管理效率，确保了业务开展的合规性。

为了实现集中运营，很多证券公司建立了经纪业务客户服务平台，其在前台方面，与网上营业厅、手机 App、客服中心统一对接；在中台方面，做好业务调度与流程管控；在后台方面，整合集中交易、融资融券、期权、贵金属等业务系统，以及产品中心、档案中心等业务支撑系统，最终实现对账户、资产、产品、档案、交易、清算、交收、监控的统一管理。

从集中运营到智慧运营

随着证券业的快速发展和客户体量的快速增加，证券公司的集中运营管理也面临着越来越大的挑战。

首先，监管体系日趋完善，运营管理合规要求更加严格。证券行业是强监管行业，随着业务的不断发展，监管规定也在不断细化严格，其对包括客户信息（个人信息收集、适当性管理等）等诸多方面提出了更高的要求。2017年以来，监管部门对行业内一系列重要管理制度做了修订，包括《证券公司和证券投资基金合规管理办法》《证券期货投资者适当性管理办法》《证券公司参与股票质押式回购交易风险管理指引》等，涉及证券行业经纪、投行、资管和融资等广泛业务领域，这些制度对证券公司在业务开展、业务定位和业务风险管理等方面都提出了更严格的要求。只有在运营过程中做好各类风险的识别、计量和及时化解，才能使证券公司的业务能够持续、健康开展。

其次，运营压力高涨，服务能力亟须提升。随着竞争的加剧，证券公司纷纷进入差异化竞争赛道，这就更需要进一步提升自身的运营能力，以支撑业务和服务的创新。进入移动互联时代后，一方面，客户的业务习惯也发生了一定的变化，业务办理的方式由原先以临柜办理为主，逐渐过渡到以网上营业厅、移动端业务办理等各类非现场渠道为主。证券公司的运营模式如果不进行进一步改变，将无法有效应对线上业务量的快速增长。另一方面，线上业务办理改变了原先员工与客户面对面服务的方式，而如果证券公司不能及时了解客户的需求、困惑，并帮助客户解决问题，客户的体验会大大降低。因此，在线上业务的办理过程中，证券公司需要通过技术手段，及时洞察客户需求并响应，以此来提升客户的满意度，降低客户流失风险。

最后，业务流程复杂，体验和效率有待改善。证券公司在经历了高速的规模扩张后，原有粗放运营模式导致成本高企的问题开始显现，需要建立更精细化的管理方式来加强业务发展和经营管理过程中的成本控制。

在业务发展过程中，业务办理时间长、相关手续复杂等问题一直是证券公司客户抱怨的焦点。虽然伴随着业务办理流程的不断优化和业务数字化进程的推进，业务办理的效率和用户体验有了一定的改善，但是改进的空间还很大。人工智能等新兴技术的应用又给业务流程的改进不断提供新思路和新工具。

为应对业务运营管理所遇到的挑战，证券公司开始尝试创新和转变管理模式，推动业务运营向智能化方向发展，而证券公司业务运营的模式也逐渐进入了新阶段。近年来，新技术的场景应用推动了各行业的进步，也促进了证券公司的运营管理在集中化的基础上，向自动化、智能化方向发展。随着运营过程的线上线下不断融合，证券公司逐渐开启了智慧运营的新模式。

所谓智慧运营，就是通过数据获得洞察，更快速、更全面、更准确地了解企业自身的各个环节，在风险可控和确保合规的前提下，做出最优决策，为企业实现增效率、降成本、控风险的目标。

智慧运营的主要特征体现在四个方面：一是流程自动化，即业务流程的自动运转。通过提升对文本、语音、图像等非结构化数据的处理能力，完善系统间的互联互通，实现业务流程的自动化处理。二是业务全景化，即实施掌握企业业务现状。在流程自动处理的基础上，监控各类业务的关键节点、开展情况，实时提供多维分析。三是决策数智化，即利用智能技术辅助企业业务开展过程中的决策。借助内外部数据，运用人工智能技术，提升数据分析能力，科学指导经营决策。四是管控实时化，即保证业务合规开展和风险可控。梳理业务流程中的所有风险点和合规要求，并进行系统化监控，实现业务开展过程中风险和合规问题的及时发现和预警。

智慧运营代表的是一种高度自动、透明、科学的经营管理方式。但值得注意的是，高度自动化并不意味着完全取代人的工作，而是要在符合监管要求的前提下，推动管理模式创新，辅以支持人工审核的智能化工具，塑造"以人为本、科技为辅"的人机协同工作模式。

14.2 证券公司实践案例

智慧运营平台助力业务运营智能化

围绕满足监管、严控风险、提升效率、改善体验四个目标，海通证券按照"以客户为中心，服务下沉、管控上收"的原则，通过优化管理流程和建设智慧运营平台，将分散在近 300 家营业部的业务处理功能集中到 5 个区域处理中心，实现了后台自动化、智能化的审核和业务流程检查。同时，还实现了总部对业务办理全流程的一屏式监测，不仅优化了公司人员和业务资源配置，还提高了流程管控力度，降低了运营风险。智慧运营平台利用智能调度算法、语音识别、自然语言处理、人脸识别、光学字符识别（Optical Character Recognition，简称OCR）、数据挖掘、机器人流程自动化（Robotic Process Automation，简称RPA）等关键技术，配套"任务分发、参数配置、逻辑校验、应急预案"等支撑机制，不仅严格贯彻运营管理与业务办理、客户服务、合规风控等全面结合的要求，还显著提升了证券公司运营的主动化管理、标准化管理和精细化管理水平，从而实现"满足监管要求、加强风险管控、降低操作风险、提高工作效率、提升用户体验"的智慧运营管理目标。

如图 14-1 所示，智慧运营平台由智能监控、智能审核、智能分析、智能操作四个核心模块构成。

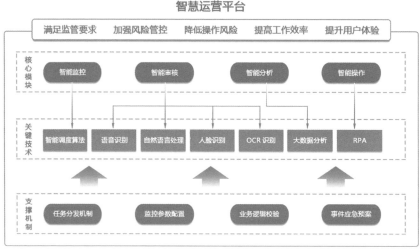

图 14-1　智慧运营平台架构视图

模块一：智能监控。对交易所重点关注及异常交易的账户、人民银行反洗钱黑名单账户、中国结算违反实名制账户进行监控。智能识别异常数据，监测交易动态，防范违规行为。

模块二：智能审核。在开户等环节引入智能审核功能，通过多种识别方式（见图 14-2），为人工审核客户身份、信息准确性、账户有效性等提供辅助依据。同时，能够对智能审核结果及效率进行实时监控。

模块三：智能分析。通过智能分析，及时发现各类业务及管理流程中的薄弱环节，采取有效防范措施，杜绝重大风险及事故产生；通过智能分析，绘制客户画像，为客户提供主动精准营销等服务。

模块四：智能操作。把日常重复烦琐的人工操作（如文件的导入、导出、拆分和合并等）纳入智能操作流程管理，有效识别流程进度，监控日志文件内容，对运营清算交收及投保数据报送步骤进行控制、检查和预警。

在构建过程中，海通证券的智慧运营平台用到了如下七个关键技术。

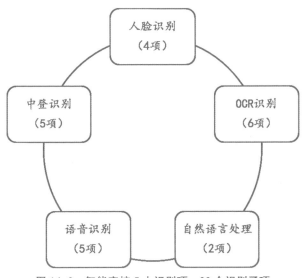

图 14-2　智能审核 5 大识别项，22 个识别子项

1）智能调度算法

智能调度算法能够支持调度任务触发条件的灵活扩展与调度流程的图形化配置；同时，支持跨平台、跨系统的调度对象管理。一方面，提供了灵活多样的作业调度监控机制，既可以根据在交易日历上配置的关键时间点，也可以根据特定条件来触发调度任务。另一方面，通过系统日志保留、关键节点操作截屏、流程执行全程录像等安全审计机制，实现对全过程的留痕监控。不仅如此，智能调度算法还支持对异常情况下的自动化流程关键节点的人工干预。

2）语音识别

客户在办理业务，特别是开户过程中，与业务人员的对话虽然遵循特定的话术要求，但是同样包含方言特征、声音特征和语言组织形式等多样化因素。利用人工智能对开户对话进行识别，其核心在于构建定制化的语音识别引擎。智慧运营平台将语言模型和声学模型纳入语音识别引擎，利用大量音频样本和特定话术样本，进行深度学习和持续修正，形成符合特定场景和广泛声学特征的语音识别引擎。

语音识别的过程大致如下：首先对客户开户对话音频进行预处理，滤除环境噪声，识别音频有效语音片段；计算音频的特征值，语音识别引擎基于语言模型和声学模型，结合语境将音频识别为对应的文字并辅以对识别结果的可信度评价。识别结果按照知识库和语义关联性进行调整，对同音词、文字顺序和标点符号等进行校对，从而完成识别过程。

3）自然语言处理

语音识别得到的文本属于非结构化数据，需要对其进行自然语言处理，结合上下文语句关系和语义特征，划分单词边界，消除对话中的语言歧义等，转化为计算机可理解的、结构化的问答形式。

4）人脸识别

业务处理中心在审核客户身份时，需要将客户的身份证件照、视频截图和公安部照片等进行比对，确认客户身份信息。通过人脸接口精确定位到人的五官，提取人脸关键点，通过活体检测技术防止利用人脸照片、视频和面具进行的身份伪造。

5）OCR

通过 OCR 技术，将证照图像转换成结构化客户信息，简化了业务办理过程中的填写和审批过程。OCR 识别过程如图 14-3 所示，首先，对客户上传的图像文件进行图像信息预处理，消除图像模糊、反光和倾斜等影响；其次，进行字符分割，截取有限字符域；再次，运用归一化方法消除字符大小、字体、颜色和分辨率等不同导致的影响，提高识别的准确度；最后，通过提取归一化的字符集，提取特征值在语言库中进行特征识别，得到正确的匹配文字。

图像信息预处理　　字符分割　　归一化　　特征识别

图 14-3　OCR 识别过程

6）大数据分析

智慧运营平台对业务办理流程进行数据集中化处理，借助大数据分析技术，对生产系统数据、日志数据等进行采集、存储、分析与计算，高效地理解业务、研究业务发生过程、分析业务特点，将数据驱动的思想引入到业务运营流程中，分别从客户、业务、过程和时间等维度，展现各处理中心业务处理效率、业务退回情况、业务处理时长等，多方位分析业务处理特点和客户行为。

7）RPA

机器人流程自动化（Robotic Process Automation，RPA）是基于人工智能和自动化技术，依据预先设定的流程，精准完成预期任务的技术，它可以帮助证券公司减少人工操作，提高生产效率。智慧运营平台封装了近1 000条常用的自动化函数，可对窗口、菜单、按钮等元素进行操控，实现业务系统的操作过程模拟封装，具有流程配置灵活和可拓展性强的特点。

打造智慧网点新格局

为改变营业网点以现场一对一、面对面的形式为主导的线下服务模式，向客户提供效率和质量并重的服务，海通证券以信息化、轻型化、标准化为目标，通过业务办理区智能化、投教信息展示电子化、装修改造标准化，建设符合现代投行要求的智慧网点（见图14-4）。2020年，启动"智慧通"项目，通过增设智能服务区，让客户通过"智慧通"专用设备，根据标准化、智能化的引导界面自助完成常规业务办理申请、对账单查询等流程，提升了业务办理效率和客户体验。"智慧通"的全面推广使得海通证券能够将更多的人力资源投入客户服务、营销支持等工作，为分支机构财富管理转型及公司高质量发展提供了有力支持。

图14-4　海通证券智慧网点

业务运营智慧化的成效

智慧运营带来的业务价值主要体现在以下几个方面。

第一，提升合规与风险管控能力。

通过智慧运营平台，对交易所重点监控及异常交易账户、人民银行反洗钱黑名单账户、中国结算违反实名制账户、清算交收步骤、投保数据报送过程等实施智能化、多方位监控，有效满足监管要求，及时防范风险隐患，夯实基础管理工作，助力各项业务拓展。

第二，降低业务办理的差错率。

智慧运营平台智能审核和质检等功能的应用，使得分支机构业务办理全流程得到有效控制，降低操作风险。如图 14-5 所示，以新开户为例，基本实现零差错。

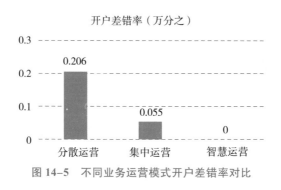

图 14-5　不同业务运营模式开户差错率对比

第三，提高业务办理效率。

通过智慧运营平台，实现智能审核、智能处理，大幅度提高了工作效率。如图 14-6 所示，以人均日处理量为例，从过去的 36 笔提升至 733 笔，提高了近 20 倍。如图 14-7 所示，以网上开户为例，通过智能处理，预开户失败及存管异常处理效率明显提高，较人工处理方式处理量提升 53%，处理时长缩短 35%。

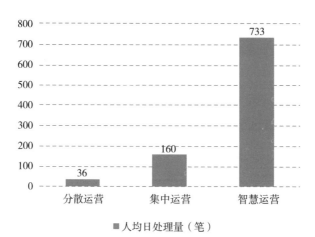

图 14-6　不同业务运营模式的人均日处理量对比

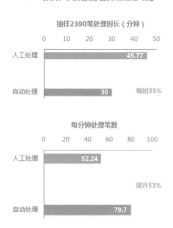

图 14-7　网上开户流程优化

第四，提升客户体验。

通过智慧运营平台，业务办理时长缩短，增加了客户满意度，改善了客户在业务办理过程中的体验。如图 14-8 所示，以每次开户时长为例，平均处理时长从原来的 1.65 分钟减少至 0.65 分钟，减少超过 60% 的处理时间。

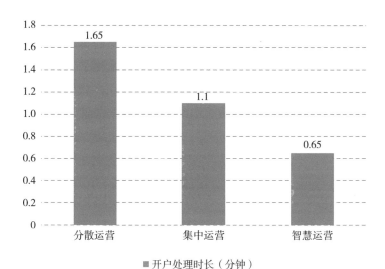

■开户处理时长（分钟）

图 14-8　不同业务运营模式的开户处理时长对比

14.3　业务运营数字化转型的未来展望

　　未来，在业务运营领域，证券公司将进一步深化金融科技应用，稳健有序地开展前瞻性研究，不断优化业务运营的流程和模式，以进一步提高业务运营的自动化、智能化水平。

　　在管理思路转变上，通过进一步借助语义分析、人机交互等智能化技术，实现运营管理模式的创新：第一，通过加强线上线下协同，保障用户线上线下业务办理流程的无缝衔接；第二，通过建立运营资源共享机制，加强业务运营的集中、一体化管理；第三，通过完善账户管理类业务的技术手段，推进智能技术在业务办理过程中的应用，为账户管理类业务提质增效，为"全面互联互通、智能用户洞察、精准营销服务"等业务运营的目标提供工具支撑。

　　特别地，智能质检、知识图谱、专家系统等在实际场景中的应用，将是未来业务运营数字化转型的重点。

　　在智能质检模式的扩展上，档案作为业务办理的留痕凭证，其重要性不言而喻，因此，丰富档案管理手段，提升档案管理质量会愈加受到监管机构和证券公司的重视。随着证券行业业务的不断发展，档案管理涉及的内容也变得更加复杂，而人工智能技术为档案管理过程的优化提供了新思路。以智能质检为例，智能质检可以及时、有效发现电子档案常见的清晰度不足、漏扫、错扫、被篡改等问题，明显提升档案管理过程中质检的有效性。

　　在知识图谱的构建和应用上，一是通过相对全面的数据体系，客观、全面地反映出企业的关联关系全貌；二是通过风险传导路径，判断出不同的风险对不同企业的影响；三是通过构建的知识图谱，了解企业的实际受益人是否同时是其他企业的实际控制人等，以便于在复杂的股权投资关系中追溯企业的最终控制人；四是通过企业事件库，全面了解企业的违规失信等不良记录，以有效规避对应的风险；五是通过图谱的形式更加清晰展示出分支机构在业务处理中的优点与不足，从而进行针对性的改善；六是可以为优化业务全流程有效赋能，包括潜客挖掘、开户信息预填充和校验、客户尽调、风险跟踪、舆情监控、客户评价等。

　　在专家系统的构建和使用上，将互联网、业务指南、问答社区等多种数据来源中获取的知识信息汇集起来，构建知识库，以专业化、客观的方式提供专家问答服务。基于各领域知识库系统搭建个性化专家系统，不仅为业务培训、问题咨询和应急处理等带来极大的便利，而且可以支撑后台日志的专业化分析，充分及时地了解各业务的实时运营状态，为有效解决流程问题提供了有力保障。展望未来，专家系统会不断扩充和完善，并应用于智慧前台、智能客服等领域，为客户提供快捷、方便的前后台服务。

业务运营的数字化转型会不断扩充智慧运营的内涵和外延，给证券公司的相关工作赋予新的含义，其为证券公司带来运营效率的提升，促进业务和管理模式的变革，从而推动证券公司更加高质量的发展。

第 15 章
合规风控能力提升

与传统的合规与风险管理模式相比，大数据、人工智能等新兴数字技术正在合规与风险管理的技术体系建设中发挥着越来越重要的作用。证券公司不断增强海量数据的管理能力和应用水平，并通过运用先进算法，对数据进行智能化分析和处理。在此基础上，一方面，通过构建全面的风险控制指标，识别具有潜在风险的行为，提升风险管理的有效性；另一方面，更加高效地开展异常交易监控、反洗钱等合规管控工作，不断提升合规管理力度，并适度推进合规管控工作的前移。

金融科技的快速发展很大程度上提高了金融服务的效率，但其固有的去中心化、传播速度快、风险隐蔽性强、易产生链式反应等特点也带来了潜在的合规与风险隐患，增加了经营过程中的不确定性。当前，金融科技已成为境内外监管机构关注的新重点。中国人民银行提出，要建立健全的金融科技监管规则体系，打造中国版金融科技"监管沙盒"，按照金融科技的金融属性把所有的金融活动纳入统一的监管范围。

证券公司在数字化转型过程中应密切关注金融科技的合规性问题，界定金融科技创新的合规边界，避免粗放式、低层次的泡沫化发展，合理平衡科技创新同金融安全的关系，守住不发生系统性风险的底线。

本章将从支持全面风险管理的技术体系和支持集中合规管理的技术体系两方面，结合海通实践，对证券公司提升合规风控能力的相关工作进行介绍。

15.1　支持全面风险管理的技术体系

行业风险管理呈现的新特征

1. 业务创新给风险管理带来更大挑战

证券行业创新业务如另类投资、融资融券、场外市场等的快速发展一方面激发了市场活力，另一方面对证券公司应用信息技术手段进行市场、信用、流动性及操作风险的管理提出了新要求。而证券公司集团化、国际化发展的趋势在满足其自身业务创新需求的同时，也给其风险管理带来了巨大的挑战。优化风险计量指标，加速提升风险管理体系的有效性成为证券公司拓展业务时必须重点关注的问题。

2. 新技术应用带来新的业务和技术风险

人工智能、大数据等新兴技术在金融行业的深入应用，使得跨市、跨界的金融业务相互交叉，信用、流动性等传统金融风险在技术的助推下扩散速度更快、破坏性更强。部分金融创新产品过度包装，其风险被其表面所掩盖，难以识别和度量，风险的隐蔽性更强，传统的风控措施难以奏效。而且一旦发生风险事件可能产生"蝴蝶效应"，引发系统性金融风险。如果不提前做好预案，就无法在风险事件发生时进行有效应对，会影响安全生产、客户体验，甚至会造成一定的社会负面影响。因此，新技术应用带来的金融业务风险外溢不容忽视。

同时，由于证券公司对系统可靠性要求极高，诸如交易撮合、验资验券、风险监测等应用，一旦出现问题，会对证券公司本身甚至整个证券行业带来较大影响。而且新技术应用会带来运维难度的增加，比如，神经网络等智能模型的运行过程与结果输出缺乏运行机制方面的严密理论证明或可解释性方面的保证，这导致在设计、调试、运行和维护阶段，对系统正确性、适当性的评判难度较大，一旦出现问题，甚至很难进行问题排查。再比如复杂算法模型中大量的参数可能会导致过拟合等问题，使模型在已获取的训练样本集上表现近于完美，但在应用中缺乏泛化能力，从而引发生产上运行结果与设计时期望存在较大差异的隐患。

3. 行业对风险管理的要求进一步细化和明确

从监管视角来看，防范化解重大风险是近几年金融监管的重点。2016 年 12

月，中国证券业协会发布《证券公司全面风险管理规范》，要求证券公司董事会、经理层以及全体员工共同参与，对公司经营中的流动性风险、市场风险、信用风险、操作风险、声誉风险等各类风险，进行准确识别、审慎评估、动态监控、及时应对及全程管理。

证监会 2018 年末发布的《证券基金经营机构信息技术管理办法》中也明确指出，证券基金经营机构借助信息技术手段从事证券基金业务活动的，应当在业务系统上线时，同步上线与业务活动复杂程度和风险状况相适应的风险管理系统或相关功能，对风险进行识别、监控、预警和干预。这对拓展业务时进行相应的风险管理提出了更细致的要求。

风险管理数字化能力提升实践

1. 支持风险管理的技术体系概览

海通证券一贯重视风险管理领域的数字化能力建设，并先后建成了市场风险管理、操作风险管理、资产负债与流动性风险管理等相关的应用系统，形成了较为全面的风险管理体系（见图 15-1）。其中，操作风险管理系统能够覆盖操作风险的识别、评估、控制、监测、报告等环节，通过风险与控制自我评估（Risk Control Self Assessment，简称 RCSA）、损失数据收集（Loss Data Collection，

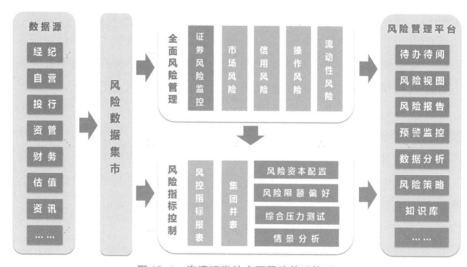

图 15-1　海通证券的全面风险管理体系

简称 LDC）、关键风险指标（Key Risk Indicators，简称 KRI）等模块实现操作风险的管理工作；资产负债与流动性风险管理系统在现金管理、预算管理、资金内部定价、资金管理、资产负债管理的基础上，实现了风险压力测试、应急预案管理、流动资产管理、抵押品管理、敏感性分析、流动性指标监控等功能。

同时，为了适应新业务拓展的需要，并更好地满足行业全面风险管理的要求，海通证券从建立全面风险管理技术体系的目标出发，不断完善市场风险、信用风险、操作风险的计量及管理方法，持续引进先进的风险计量引擎和管理工具，以实现准确识别、审慎评估、动态监控、及时应对和全程管理，通过量化风险指标，实现整体风险的可测和可控，并推动风险管理不断向主动识别、动态预警、积极防御的主动风险管理模式转变。

2. 标准化风险量表，实现集团风险控制指标集中监控

海通证券建立了风险控制指标管理系统，支持公司风险控制指标的监控、预警和报告，以及证券集中度管理、压力测试等工作，并根据行业《证券公司风险控制指标管理办法》持续完善。系统覆盖影响净资本和流动性等风险控制指标的各项业务数据，支持动态计算净资本和流动性等各项风险控制指标，在此基础上，支持按照预先设定的阈值和监控标准对净资本和流动性等风险控制指标进行自动预警，并生成对应的监控报告，以实现对净资本和流动性等风险控制指标的有效监控。

同时，风险控制指标管理系统实现了 T+1 日内向证监会在公司所在地派出机构上报公司净资本计算表、风险资本准备计算表、表内外资产总额计算表、流动性覆盖率计算表、净稳定资金率计算表、风险控制指标计算表等六张核心报表，实现对净资本和流动性等风险控制指标的及时报送。

不仅如此，根据行业风控管理的要求，2016 年 10 月，海通证券启动了风险控制指标集团并表工作，推动与子公司风险数据的对接，并将子公司风险纳入集团统一监控体系和风险报送体系。具体的方案是以海通证券总部风险数据集市为基础，设计集团子公司金融资产的基础数据模型层。基础数据模型层包括财务、金融资产、产品估值、对冲组合、负债和抵押品、融资租赁、机构授信、结算备付金等主题的数据。子公司能够根据总部定义的基础数据模型，建立子公司风险数据集市，并按照统一标准，推送至总部风险数据集市进行后续的集中管理和处理。

3. 整合风险数据，形成风险集市

海通证券以大数据平台为基础，建设了集中的风险数据集市。风险数据集市持续收集和分析可能影响经营目标实现的内外部风险因素，识别风险及其来源、特征、形成条件和潜在影响，并根据风险类别进行分类，为风险计量、合规管理、稽核等工作提供科学和准确的基础数据。它同时整合子公司风险管理数据，对风险事件、风险指标和风险管理过程进行集中汇总，实现同一业务、同一客户相关风险信息的集中管理和关联视图。图 15-2 展示了集团风险数据集市的数据流向。

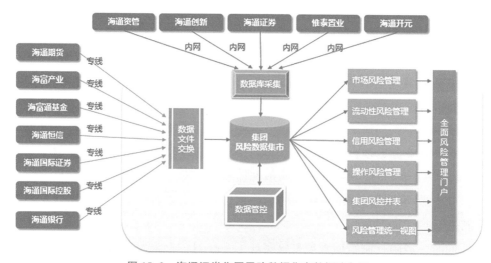

图 15-2　海通证券集团风险数据集市数据流向图

海通证券集团风险数据集市可 T+1 日获取子公司风险数据，涵盖子公司金融资产、产品估值、财务、流动性管理等各类明细层面数据。子公司 T+1 数据集市所覆盖的数据范围将包括集团下属所有子公司各类表内外、境内外、本外币业务风险数据。

同时，基于风险数据集市，海通证券通过风险管理驾驶舱，实现集团统一的风险视图展现，并推进风险策略管理、风险信息报告、风险知识库、风险管理流程、风险监控预警等应用场景的落地。

集团风险数据集市的建立和应用，能够及时和动态反映集团层面资本、风险、杠杆、流动性情况，为集团层面的风险管理提供了有力的工具。

4. 依托大数据技术，加强信用风险管理

海通证券于 2017 年 9 月启动信用风险管理系统的建设，系统建设分为三个阶段。第一阶段以客户内部评级为主，包括客户工商数据管理、内评流程管理、内评模型管理等功能模块，实现了同一客户识别与管理、客户准入管理与内部评级管理；第二阶段聚焦信用风险计量和监控，包括客户违约管理、授信管理、风险计量、信用预警、舆情监控、减值计提等功能模块，提升了公司在信用业务事前和事中的管理能力；第三阶段以集团风险数据集市为基础，将境内外子公司业务纳入信用管理系统，实现了集团同一客户、同一业务 T+1 日信用风险计量、汇总和监测，以及集团统一授信和风险限额管理的目标，满足《证券公司信用风险管理指引》对证券公司的要求。

在同一客户识别和管理方面，信用风险管理系统对海通集团范围内多个业务条线的客户信息进行分析及整合，通过客户三要素等关键信息，识别是否为同一客户。同时，系统通过公司内外部多个数据源，借助图计算技术，对客户关联关系、股权关系等进行分析，构建客户关系图谱，对同一客户的身份穿透识别，建立同一客户、关联客户的识别和认定机制，最终形成对关联客户、单一客户的统一视图。

在内部评级管理方面，信用风险管理系统落地了 16 个面向不同行业和自然人的内部评级模型。系统可对受评对象的评级所需数据（如工商信息、行业数据、财务数据等）进行自动采集，加工和处理，并支持灵活配置模型指标的计算逻辑，从而大大提升了内部评级管理的效率。同时，系统将内部评级结果广泛应用在客户准入管理、风险计量、风险监控等方面，为公司的信用风险管理体系建立提供了重要引擎。

在授信限额管理方面，信用风险管理系统支持客户授信限额管理、授信申请、额度调整、授信监控、超限提示等功能。当客户发生重大风险事件时，可由业务部门或风险管理部门发起额度调整流程。系统先通过公司内外部数据结合授信模型计算出客户的授信限额，再收集汇总各个业务系统的数据，计算出客户目前在整个集团的信用风险敞口，并与客户的授信限额进行比较。如果客户的信用风险敞口超过风险管理设定的阈值或预警值，系统会发出提示至相应业务部门和风险管理部门，提醒其及时进行处置。

在舆情监控方面，通过大数据技术汇集超过 1.2 万个相关网站（新闻、财经、资讯、微博、微信、论坛等）的信息，对超过 4 800 个上市公司和发债主体的舆

情数据进行监测，分析出 230 多个预警因子（如高管减持、股东变动、债务违约、实控人违法失信等）。系统结合文本处理、语义分析技术和预警因子模型，对舆情数据进行情感分类（正面、中性、负面）和标签化处理，实现对客户、产品、市场等舆情的动态分析和实时监测，并根据负面舆情的负面程度、传播范围、影响时长等对相关客户进行分析和预警。

5. 利用 AI 技术，提升风险管理智能化水平

海通证券在风险管理领域尝试通过智能技术与传统技术相结合，提升风险和合规管理的有效性。智能化的风险管理模式通过基于大数据的模型训练和融合，能够形成更加高效的风险识别和预警机制。

以债券违约风险防范为例，随着债券产品的日益多元化，债券业务风险管理的难度不断增加，若仍单纯依赖外部评级与内部专家经验开展信用分析，难以有效满足实际需求。传统信用分析的方式存在数据来源覆盖面狭窄、数据时效性不高、分析过程过于依赖于人员主观判断等问题，需要进一步改进。海通证券融合多维度信息（包括上市公司及发债企业发布的财务数据和财务指标，多种第三方权威评级数据，覆盖主流财经媒体、政府机构、社交媒体等来源的舆情数据，来自司法机关、监管机构、行业协会等机构的诚信数据等），构建预警因子体系，并在此基础上采用多种机器学习算法进行风险预警建模，通过集成学习技术，对模型进行融合以提升模型的精度和稳定性后，形成覆盖全市场信用债发行人和上市主体的智能风险监控模型。这种"数据、模型、应用"三位一体的债券信用风险预警体系，能够实现即时、精准、统一的全市场预警，有效提升债券产品的风险防范能力。

未来，海通证券将围绕下述两个重点领域，推进集团风险管理的数字化能力建设。

在风险数据的整合和应用能力提升方面，持续完善集团风险数据集市，提升数据质量和时效性，进一步深化风险数据集市在全面风险管理中的各项应用，提升集团范围风险监测、识别、计量、应对方面的能力。

在一体化风险管理平台建设方面，构建一体化的全面风险管理监测、计量、报告系统，促进传统风险控制系统的智能化升级。同时，不断提升风险计量能力，完善内部风险计量模型，累积经济资本数据，探索以经济资本计量为基础的风险管理体系，适时推进经济资本结果应用。

15.2　支持集中合规管理的技术体系

行业合规管理呈现的新特征

1. 证券行业法律体系日趋完善

2016 年以来，行业共出台近 200 部证监会令或证监会公告级别的制度，涉及投行、债券、资管、"两融"、股票质押、子公司、经纪、适当性、信息技术、合规、风控等主要业务线和内控管理线。资本市场顶层设计日趋完善，证券行业法律体系得到系统性重构，法律制度基础更加扎实。

一是资本市场基础性制度建设全面加强。证监会以新《证券法》实施为中心，以注册制和退市制度改革为抓手，带动发行承销、交易、信息披露、再融资、持续监管和退市等关键环节和重要领域的制度安排全面创新，进一步加强资本市场基础制度建设。

二是证券行业业务规则框架持续重构。近年来，业务规则改革以创新性与规范性为主基调，资管新规、资管细则重建财富管理格局，科创板、注册制顺利推进，金融市场双向开放不断提速，再融资政策全面松绑，沪伦通、场外衍生品等新规则、新业务、新模式频频出台。资本市场政策呈现出推动开放创新、便利股权融资、赋予市场更多自主权等全新特点。

三是证券公司合规内控体系迭代更新。证券公司合规内控管理进入 2.0 时代，合规新规、全面风险管理新规、信息技术新规、投行内控新规全面出台，在此基础上，监管机构以高频检查和从严处罚推动监管规则的落实，证券行业生态环境得到全面净化。

2. 证券公司合规管理机制优化健全

随着合规新规的落细、落实，证券行业开始构建集团合规管理 2.0 体系，在合规管理队伍、制度、文化、模式等方面深入探索，并迈向建设集团化、立体式合规管理的新时代。

首先，合规管理组织架构得到优化。根据 2019 年的统计，超过 90% 的证券公司设置了专门的合规部门，合规管理的独立性进一步加强、重要性进一步凸显。

其次，合规管理团队不断充实。证券公司合规管理人员整体数量显著增加，根据证券业协会统计，2011—2019 年，证券公司专职合规管理人员平均人数由 11 人上升至 111 人，证券公司专职合规管理人员总人数达到 12 795 人。同时，合规管理团队素质整体提高，人员基本具备三年以上金融、法律、会计、信息技术等工作经历。

最后，合规管理机制不断健全。证券公司合规管理全覆盖不断加强，多数证券公司根据合规新规，制订或修订了子公司管理办法，明确了对子公司的合规管控职能，探索适应性管理与垂直穿透管理相结合的集团合规管理新模式。

3. 合规管理职能履行求实求新

对照合规新规明确的合规审查、检查与监督三大合规管理职能，证券行业普遍通过制定合规管理制度、优化合规管理机制、执行合规管理政策等方式予以切实履行。

一是合规审查、检查、监测等传统合规管理职能履行日益完善。事前审核顺势而为，紧跟监管政策动向，审查流程不断优化，效率得到提升。事中监测扎实推进，异常交易监测监控系统、反洗钱系统等智能化平台不断增强风险隐患预判与防范能力。事后检查聚集合力，数据挖掘等科技手段大大丰富了合规检查方式。

二是反洗钱、信息隔离管控对标国际要求。紧跟证券行业的国际化步伐，头部证券公司逐步对标国际一流投行标准，建立集团中央控制室，制定适用于全集团的信息隔离墙限制名单、高风险国家或地区清单、反洗钱涉恐制裁名单、政治敏感人物名单等名单管理体系。

三是合规考核与问责执行力得到提升。2019 年，所有证券公司在对高级管理人员及下属单位的考核中均严格落实了合规性考核占绩效考核结果不低于 15% 的要求。同时，证券公司普遍加大了合规问责力度，构建及时追责、主动问责、尽职免责的合规问责机制，并将合规考核与问责结果与被考核对象的薪酬、绩效相挂钩，合规管理的威慑力与有效性不断增强。

4. 行动自觉，培育全员合规、主动合规新文化

2019 年，新《证券法》发布，证监会持续推进建设"合规、诚信、专业、稳健"的行业文化，证券行业的合规理念逐步由被动遵从变为自觉践行。同时，监管部门不断加重违法违规责任后果，证券公司被暂停业务资格、从业人员被市场禁入的重罚频出，起到了极大的行业警示效应。证券公司过往存在的"重业务、轻合规"的现象逐步得到扭转，证券从业人员对外部监管规则和内部规章制度

的敬畏心不断增强，普遍树立了"不越监管底线、不踩制度红线、不碰违法违规高压线"的合规底线意识。

合规管理数字化能力提升实践

针对合规管理职能履行的相关要求，海通证券持续推进合规管理的技术体系建设，在异常交易监测监控、反洗钱、利益冲突管控等方面取得了一定的突破，并建成了集团合规集中管理的中央控制室。

1. 客户异常交易监测监控

为了满足新形势下的监管及公司合规展业要求，海通证券结合异常交易行为监控管理的需要，不断完善客户异常交易监测监控系统，依托虚假申报、拉抬打压等异常交易行为监测指标，设定了相应的监控阈值，及时对客户账户发生的异常交易行为进行实时预警，帮助相关工作人员及时向客户警示交易风险，督促合规交易。

2. 反洗钱管理

在客户风险等级计算方面，支持客户反洗钱风险等级划分，能够根据证券公司客户的特点、资金和交易的实际情况，对客户可能涉及洗钱活动及恐怖融资活动的风险进行识别、评估和等级划分。客户风险评估指标体系包括客户特征、地域、业务、行业四类基本风险要素，目前，蕴含19个风险指标、113个风险指标因子。

在大额、可疑交易的监测方面，通过35个监测模型，能够对交易数据进行监控，并向相关管理部门进行线上化的报送。

同时，反洗钱系统构建了客户名单筛查引擎，满足不同的监控场景。通过不断优化，系统对全量客户的名单筛查任务执行时长已控制在半小时以内。筛查引擎的名单库能够同时支持外部标准化名单库和内部自建名单库，也能够纳入其他特殊名单。同时，提供了特殊名单的查询接口供外部系统调用，实现了集团内名单筛查规则的统一。

除了传统的基于规则的可疑交易模型外，海通证券还尝试基于自身的人工智能平台，通过机器学习算法对可疑交易行为进行监控，开展对客户自然属性、资产、交易金额、交易笔数、交易集中度、委托来源等特征的高效分析。

3. 集团合规中央控制室

为将主要业务信息、敏感信息予以集中，对部门、子公司等单位之间的信息隔离和利益冲突事项进行核查及监控管理，进一步防范业务条线之间的利益冲突等合规风险，海通证券建立了集团合规中央控制室。

合规中央控制室实现了研究报告境外发布利益冲突事项的集团化、统一化管理，帮助合规部门、海通研究所、境内外子公司按照"合规管理属地化"原则，对发布证券研究报告利益冲突事项进行核查，核查内容包括研究报告涉及的上市公司（可以不包括上市公司的母公司、子公司以及其他关联公司）与集团之间的持仓关系、业务关系、客户关系、酬金关系等内容。在系统的支持下，集团既可以定期对需要核查的境外发布证券研究报告进行全面核查，也可以对定期全面核查不能满足及时性要求的研究报告，以及影响研究报告独立性的重点风险因素进行及时、专项的核查。

合规中央控制室支持了投资银行业务利益冲突核查，通过系统对公司及主要子公司的持仓信息、融资担保及资产委托管理信息、负责人及董监高任职持股信息、公司股东信息、公司关联人信息等提供辅助核查，进行合规复核。

合规中央控制室实现了集团信息隔离墙功能，将原先人工报送、核查的私募大额持仓名单、另类大额持仓名单等升级为系统采集、核查及控制的智能化模式，提升集团信息隔离墙名单管理的准确性、及时性。

合规中央控制室支持私募、另类、定向投资、债券投资前利益冲突核查功能，进一步落实"公司应当对涉及债券交易的自营、资管账户及提供投资顾问服务的账户之间的交易实施有效监控，防范利益输送、利益冲突和风险传导"的监管要求，也增强海通集团对各相关部门、子公司对同一标的进行投资利益冲突的管理。

第 16 章
经营管理能力提升

经营管理能力的提升是证券公司数字化转型的目标之一。本章选择就证券公司经营管理转型中的两个关键领域——数字财务管理和线上协同办公进行介绍。

在企业数字化进程中，财务的数字化建设是不可或缺的基础环节。财务相关的数据收集、加工、分析、共享、管理的能力是企业数字化能力的重要体现，其信息的处理速度在一定程度上决定了企业整体的运作效率。企业进行财务数字化转型，不仅可以提高财务工作的处理效率，提升财务管理水平，强化财务管控，还可以推动企业高质量发展，创造更大的企业价值。本章将总结财务数字化的背景及现状，分析发展趋势，并就海通证券的财务数字化建设的过程、成果以及未来规划进行介绍，希望能够为金融服务企业的财务数字化建设工作提供一定的参考。

在数字化转型的过程中，传统工作模式必将改变，更高效、智能的协同办公将成为必然的发展方向。当前，证券公司的协同办公呈现出全面线上化、流程自动化、知识价值化等趋势。智能化的办公协同将有助于打破企业部门间的壁垒，提升企业内部资源整合的效率。

16.1 财务管理数字化

财务管理数字化转型的方向

一般来说，随着企业规模不断扩大和管理层级不断增多，企业财务管理的费用会快速增加。如何强化公司总部财务管控的能力，降低财务管理成本，成为横亘于企业面前的管理难题。而证券公司对财务数据及时性、准确性的要求不断提高，对灵活汇总和分析财务数据的需求更加迫切，这给证券公司的财务管理工作带来了严峻的挑战。因此，证券公司财务数字化转型的一项基础工作是建设财务共享中心，其有着如下的必要性。

1. 适应资本市场要求

目前我国多层次的资本市场体系不断完善，金融工具和创新业务进一步丰富，经营机构的竞争压力不断加大，证券公司为适应资本市场发展和有效应对竞争环境，需要打破业、财、税的数据壁垒，提升财务数据集成度，加快推进财务管理的精细化、智能化，而这些都要依赖于财务共享服务中心的建设。

2. 适应监管政策要求

近年来，国家层面更加重视通过科技手段推进财务共享服务中心的建设，财政部和国资委都相继出台了相关政策和指引，对企业实行财务共享提出要求，也指明了方向。

国务院国有资产监督管理委员会 2011 年 7 月份发布的《关于加强中央企业财务信息化工作的通知》中明确指出："具备条件的企业，应当在集团层面探索开展会计集中核算和共享会计服务。"上海国资委在 2016 年 1 月发布的《上海市国资委 2016 年度财务监管工作要点》中要求深入推进全面预算管理、资金集中管理、风险预警、内控制度建设、财务信息化"五位一体"的财务管控体系，切实发挥财务决策支持作用。财政部会计司在 2013 年 12 月和 2014 年 10 月分别发布了《企业会计信息化规范》和《关于全面推进管理会计体系建设的指导意见》，鼓励大型企业和企业集团充分利用专业化分工和信息技术优势，建立财务共享服务中心。

3. 适应财务管理模式由核算型向管理型转变

复杂的内外部环境要求证券公司构建越来越完备的财务职能体系，过去分散、网状的财务管理模式已经不能适应公司的快速发展，财务管理模式迫切需要从核算型向管理型转变：通过将财务人员从重复性的工作中释放出来，投身于决策支持和业务支持等活动中，为职能转型提供组织基础；通过将信息录入节点前移至业务端，既能收集财务口径的数据，又能收集管理口径的数据，为职能转型提供大数据基础；通过统一制度、统一流程、统一科目和统一系统，为职能转型提供管理基础。

4. 适应证券公司分支机构改革转型

为适应资本市场及客户需求变化的需要，解决分支机构经营中遇到的困难和问题，更好地发挥分公司对辖区机构各项业务的统筹推进职能，推进分支机构的改革转型至关重要。其中，对分支机构实行财务的后台统一集中便是重要的一环。

通过财务共享服务中心建设，一是可以实现基础职能与管理职能的分割，释放分支机构员工的精力，使其可以更加聚焦地去推进业务的拓展；二是通过标准化、流程化作业模式，使得企业更加灵活地应对业务扩张及市场波动；三是通过组织优化、业务流程再造、合理规划选址、信息系统完善等举措，实现管理模式优化和运营成本的降低；四是通过财务相关知识库的构建和推广，帮助企业降低合规和税务风险等。根据 2019 年《中央企业财务共享服务建设情况报告》统计，96 家中央企业中，已建成或正在建立共享服务中心（包括已建立、初步试点和规划中）的企业有 48 家，占比 50%。

证券公司实践案例

海通证券顺应这一发展趋势，积极探索实践，推动财务管理的数字化转型。财务数字化转型作为海通证券数字化转型发展规划的重要组成部分，它以财务数据化、财务数字化为工作重心，着力于完成公司财务信息架构搭建，构建财务共享中心。

1. 建设背景

海通证券自 2003 年开始建设集中的财务核算系统，并于 2007 年和 2010 年上线自营与清算两个业务核算模块。该系统的启用虽然提高了核算的自动化水平，但是仍无法满足日益增长的财务管理需求，主要体现在以下几个方面。

第一，财务系统的功能以会计核算为主。当时，海通证券财务系统的主要功能以会计核算类为主，辅助有一些业务核算类模块，如经纪业务清算、自营业务核算等。系统不仅无法自动生成各分公司的汇总报表，还缺少财务管控与管理会计类功能，如资金支付管理、预算管理、费用报销管理、资产管理、财务分析模块等。

第二，手工作业的事项相对偏多。预算管理、费用管理、财务分析、合并报表、绩效考核等大量业务需要财务人员手工核算，工作量较大。特别是在出具月报、季报、半年报以及年报期间，给财务管理人员带来时效性和工作量上的压力。

第三，支持分支机构转型的数字化能力不足。随着公司分支机构转型战略的推进，财务核算系统无法满足与之相适应的工作需求，甚至无法满足分公司财务集中后的费用报销和分公司汇总报表的功能需求。

2. 建设过程

基于对财务数字化能力差距的分析，海通证券在国家"十三五"期间，提出建设财务共享中心的规划，并明确要通过新建或完善总账、集团财务并表、网络报销、增值税管理等一系列财务管理类数字化系统，推进财务管理的信息化、数字化进程。

图 16-1 展现了海通证券财务共享中心的总体框架。

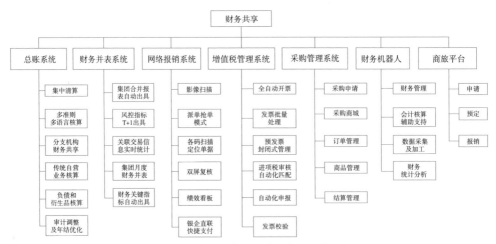

图 16-1　海通证券财务共享中心总体架构

1）总账系统

针对财务系统自动化程度低的现状，基于现有财务系统进行迭代优化和版本升级，实现海通证券集团下各分支机构的财务数据共享和集中清算。海通证券的分公司和经营网点遍布全球 14 个国家和地区，总账系统可以进行不同国家地区的多语言、多准则核算和审计，以及部分年结数据的自动调整。

2）财务并表系统

海通证券集团旗下子公司和分支机构众多，手工合并财务报表的工作量极大，且无法满足实时性要求。为解决这一痛点，海通证券建设了财务并表系统。财务并表系统一方面能够实现实时的数据汇总和每日集团合并报表的自动生成，另一方面也能够支持关联交易信息的实时采集、汇总和对 150 多项财务关键指标、风控指标的自动出具，极大地提升了财务的监控、预测和风险预警能力。

3）网络报销系统

在网络报销系统建成以前，费用管理、财务分析皆通过线下方式。这种模式存在如下缺点：一是给财务人员和报销审核人员带来较大的工作量，报销流程也比较长；二是无法满足分公司财务集中后的费用报销需求；三是资金支付需手工触发，存在一定的操作风险；四是对预算管理没有线上化的手段，管控力度较弱。

网络报销系统是海通证券财务共享服务中心的重要组成，在报销流程优化方面，通过将报销的全流程迁移至线上，并与办公系统等进行无缝对接，使得审批过程突破时间和空间限制，提升了报销效率；在资金支付方面，网络报销系统支持基于银企直联的资金支付，避免了大额违规风险；在预算管理方面，通过预算使用情况的及时查询和预算限额预警，有效加强对预算的管控力度。

4）增值税管理系统

为满足公司"营改增"与分支机构转型等需求，海通证券推进了增值税管理系统建设，支持报销的发票校验，预发票的封闭式管理等功能。增值税管理系统从业务端触发到开具增值税发票全过程线上化，具有税会稽核、在线开票检测、预开票管理、进项税审核自动匹配等功能，避免了不必要的人工干预，提升了业务流程的自动化率。

5）财务机器人

财务管理的相关流程经常涉及跨系统操作，且工作量较大，而财务机器人能够助力海通证券税务管理、会计核算辅助支持、数据采集及加工和财务统计分析等过程的自动化。以在税务管理方面的应用为例，财务机器人能够实现增值税发票验证、发票打印、纳税申报明细查询、进项发票查询、母公司税收缴纳数据查询、企债利息税客户申报信息获取等流程的自动化。目前，这种技术被应用于会计核算辅助支持、财务统计分析等 60 多个应用场景，能够明显提升财务工作的效率，为财务管理的进一步转型提供有力支持。

6）商旅平台

早期，海通证券使用第三方的商旅平台进行机票酒店预订等工作。而第三方系统与自身办公、网络报销等系统的集成度较低，使得从出差申请、机酒预订到报销对账等流程无法自动对接。海通证券通过自建商旅服务的技术平台，实现网络订票、预订住宿、打车等事项的事前审批、网络报销、自动记账功能，并支持 PC、移动 App 等多种方式的住宿、行程预定和改签，极大方便了员工的差旅出行。同时，引入多家商旅服务供应商，通过智能化的、自动化的服务商选择，有效节约公司的差旅费用。

7）采购管理系统

为实现采购过程管理的全面线上化，避免采购过程涉及的采购申请、寻源、签约、采购实施、资产入库、财务管理等环节相互脱节，海通证券推动了采购管理系统的建设工作，以实现集团物资采购过程中询价、招标流程等工作的线上化，降低合规风险。通过采购管理系统，加强了对采购工作的全生命周期管理，也实现了网络报销、总账、实物资产管理等系统的互联互通。

3. 财务共享服务产生的效益

财务共享中心的建设不仅推动了海通证券财务部门的转型，还为公司其他部门的业务拓展提供了助力。具体来说，财务共享服务的企业效益主要包括以下三方面。

一是提高财务工作效率，强化费用管控。通过财务共享中心，将财务人员从大量重复、繁杂的工作中解放出来，节约了工作时间，也使得财务人员对于自身定位从单纯的提高企业经济利益转变为支持企业整体发展，增加了财务工作的价值辐射。报销流程线上化、审核流程数字化等目标的达成，显著降低了人工操作中可能出现的不规范行为，降低了操作风险和合规风险。

二是助力分支机构节约人力成本，促进业财融合。海通证券从 2016 年开始实施财务"六集中"至今，先后建立了 28 个区域财务共享中心，财务人员的数量从原先的 400 人左右缩减至 100 多人，减少的人员被补充至营销管理、渠道销售、业务处理等岗位，有效地充实了一线的队伍。原财务人员能够利用其专业知识，协助所在机构强化费用管理、开展经营活动分析、发掘吸引优质客户等，实现了真正的业财融合。

三是促进总部财务的转型升级。在财务共享中心的辅助下，海通证券财务管理模式实现了从核算型向管理型的转变，形成以监督、支持、服务、增收、节支和风险防范为核心职能的新型财务管理模式。图 16-2 展现了经过标准化、流程重组、角色迁移等过程后，账务管理各类工作的比重变化。

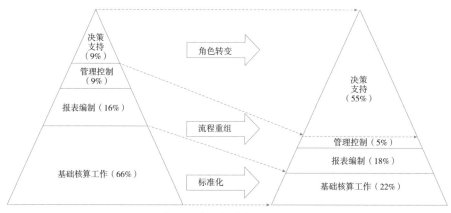

图 16-2　海通证券总部财务职能转变后的变化

财务管理数字化转型的未来展望

虽然各家证券公司在财务管理领域的数字化成熟度不同,但总体的方向和着力点是趋同的。根据中国证券业协会 2020 年年末开展的调研,建设数字化、共享化、智能化的财务信息系统正在成为证券公司普遍努力的方向。而本书认为,未来几年证券公司财务管理的数字化转型将围绕以下几方面重点展开。

第一,深化财务共享服务中心建设。财务共享服务中心对加强集团财务风险管控、降低运营成本等方面有着很大的促进作用。持续加强财务共享中心建设、推进档案电子化,将更多的财务工作纳入共享中心也是未来几年证券公司数字化的重点举措。以海通证券为例,在财务共享中心的完善上,一方面,将对已经建成运营的总账系统、财务并表系统、网络报销系统、增值税管理系统、采购管理系统、财务机器人、商旅平台等进行持续优化,不断完善功能和加强系统间的联动;另一方面,将推动合同管理和电子档案管理的配套系统建设,实现从采购审批、招标到报销核算的全流程管理、合同的全生命周期管理以及会计档案的全面电子化管理。

第二,推动财务管理向业务财务和战略财务转型。财务信息系统建设的快速发展,也将引发企业财务组织形式的变化,由传统的职能式财务组织转变为涵盖共享财务、业务财务、战略财务三大领域的新型组织。随着证券公司财务共享服务中心建设的不断推进,目前行业数字化程度较高的证券公司已基本实现共享财务的目标,下一步将通过信息化手段,进一步优化和规范相应的流程,实现会计信息的高效快速处理，让财务人员可以从大量的、繁杂的、传统的会计核算工作中解放出来，更多地参与到公司战略决策和业务管理中，实现财务部门的转型。

特别地，为实现向战略财务转型，证券公司将加强管理会计类系统的建设力度，通过全面预算管理、产品损益分析、企业绩效管理、全面成本管理等系统的建设，结合相应管理制度的落实和工作流程优化，满足管理会计工作和精细化财务管理的需要。

第三，深度结合前沿技术，打造智能财务。一方面，结合语音识别、图像识别等智能技术，打造智能商旅平台，实现智能报销、便捷商旅预订等功能，大幅提高员工的差旅体验，提升费用处理效率；另一方面，实现费用控制、发票识别、发票填写等流程的智能化，结合财务领域 RPA 的深化应用，提升财务工作效率；通过区块链等技术在财务领域的应用，进一步保障财务数据的真实性、可靠性，有效防范财务风险。

16.2　办公协同线上化

办公协同数字化转型的方向

现代化办公协同的模式是将计算机网络技术和各类办公协同软件的功能紧密结合。办公协同的发展跟随着信息化发展不断地演变和革新，而企业现代化的办公协同经历了如下几个阶段。

第一阶段：无纸化办公阶段。员工通过常用的 Microsoft Office、WPS、Adobe 等办公软件办公，此阶段只是单纯的个人事务电子化，尚无法实现多人协同。

第二阶段：流程型办公阶段。这一阶段从最初的关注个体、以办公文件为核心的文件型办公，慢慢开始朝着当前形态的流程型办公方向发展，此阶段开始实现协同，文件和流程等事务可以线上协同。

第三阶段：知识型办公阶段。随着办公协同的不断演进和发展，企业员工逐步依赖办公协同平台进行日常的事务处理，如文件审批、收发邮件、浏览公司最新新闻、通知、待办等。此阶段，企业已经离不开办公协同平台，办公平台开始逐步整合内部的应用和资源，逐渐演变成为知识型的办公协同平台。

第四阶段：智能型办公协同阶段。随着组织流程的不断优化和发展、知识的沉淀和应用、技术的创新和提升、应用的关联集成和组合，以及企业本身诉求的不断提高，企业不断朝着智能型办公协同平台发展。此阶段，平台将提供决策支持、知识挖掘和赋能、商业智能等服务，助力企业进行更高效的经营管理。

随着技术手段与管理模式的不断变革，数字时代下的智能办公协同呈现出全面线上化、高效协同、数智驱动、知识赋能的新趋势。

证券公司实践案例

1. 海通证券办公协同平台建设背景

海通证券的业务发展和集团化战略对办公协同的效率和质量提出了更高的要求，而公司原有的办公管理类系统由于缺少统一规划，存在功能相对分散、系统边界不清晰、技术相对陈旧、扩展性差、维护成本高等问题，已逐渐无法满足集团统一管理的战略要求和高效支撑业务发展的需要。

为进一步提高办公效率、优化系统边界，实现对办公类系统和各类环境终端的统一管理，提升集团管理一体化水平，亟须加强统筹规划，建设一个全新、智能化的办公协同平台。

2. 海通证券现代智能办公协同建设实践

海通证券以基础服务平台、移动端管理平台、集成平台、运维管理平台为基础，打造底层的办公技术平台体系；以流程引擎、知识服务、组织架构和沟通共享服务为支持构建办公协同的中台支撑体系；以基础办公、信息门户、协同集成、数字运营和智能服务为核心打造产品方案体系。

图 16-3　海通证券"e 海通办"功能架构图

　　基于办公协同的三个技术体系,海通证券现代智能办公协同平台"e海通办"逐步成型(见图16-4)。

　　系统围绕"1+3+8+N"的布局进行设计。其中,"1"是指海通证券办公协同的统一管理平台,支持全体员工的在线协作,是海通证券的集团化办公统一管理、数据、应用管理和存储平台。"3"是指"e海通办"具备开放化、数字化和智能化三个重要特征。"8"是指围绕一个综合平台形成的新闻中心、个人工作中心、资讯中心、报表中心、协同中心、知识中心、服务中心和应用中心(见图16-4),这八大中心提供了所有内部系统的统一入口,集成知识服务、内外部资讯等功能,作为统一的内部管理门户,为员工日常办公提供工具支持。"N"是指"e海通办"的N项能力,包括应用个性化配置、沟通线上化、应用快捷入口设置、多方式登录、业务流程动态分类、流程即插即用等基于"一平台八中心"的系统扩展能力。

图16-4 "e海通办"的八大中心

　　八大中心承载了"e海通办"的核心功能,具体来说:首页是总公司、子公司及分支机构的时效性新闻的展示页面;工作中心是个人的工作页面,日常的工作主要在这边完成,工作中心还集成了财务、科技、采购、IT服务管理等内部管理类系统的流程管理,是各类流程发起和办理的统一入口;资讯中心是海通证券内外部动态新闻、报告、财经和市场行情的汇聚展示之处;报表中心是经营生产运行情况相关数据呈现的载体,为公司管理层决策提供数据支持;协同中心支持高效、协同的线上办公,提供私有化部署的即时通信工具、电话会议、视频会议和移动办公会议等的工具;知识中心助力公司识别并沉淀组织核心知识资产,实现组织知识资产化；服务中心将公司线上线下的服务通过线上化的形式对外提供，切实提高日常办公效率和质量，并实现过程留痕；应用中心将所有内部管理类应用和数据集成到一个系统入口，并能够支持个性化的入口界面配置。

在八大中心建设的基础上，"e海通办"平台能够无缝对接财务、人力资源管理等系统，线下流程尽可能全部迁移到线上，并应用智能技术，支持文本检索、办公效率分析、员工画像分析等功能，并为流程优化不断提供数据依据。

海通证券智能协同平台建设以来，已能够支持集团内外部用户的使用，实现注册用户超过 7 000 人，手机端同时在线人数超过 400 人，日均在线人数超过 3 000 人，日均登录人次超过 1.6 万，日均处理流程超过 400 个，能够有效支撑海通证券的在线办公和相互协同。

办公协同数字化转型的未来展望

未来，智能协同办公平台将进一步朝着数字化、智能化、生态化的方向发展。

1. 全面数字化

在实现合同管理、公文管理、会议管理、规范制度等方面数字化的基础上，不断完善更多环节，如引入电子印章、电子签名、电子合同与收付款、电子存证等，彻底告别纸张办公，让组织的整个运营流程完全电子化。

在线上化的基础上，深化知识沉淀，逐渐形成知识仓库。加强知识分析和使用，实现知识赋能，包括：个人赋能，让岗位知识有效传承；团队赋能，让项目资产自动沉淀，协作更高效；业务赋能，用知识图谱支撑知识业务，精准智能；组织赋能，将知识嵌入日常协同，令其更加高效和合规。

2. 流程智能化

通过统一规则引擎、矩阵组织、智能审批助手、业务授权、让流程业务更智能；减少重复配置，提升工作效率；通过智能技术判断流程过程中的异常，确保办公流程有序执行；通过引入 RPA 自动化机器人、语义文本分析工具、数据行为算法分析等手段，实现办公要素填写、办公流程管理、语音辅助办公等智能化的服务。

3. 组织生态化

通过打通内部员工、客户和供应链的沟通联动渠道，实现业务链和生态协作的线上化、数字化。

第17章
科技管理能力提升

在证券公司的数字化转型中，需要基于现状和长远目标，在支撑业务稳健发展的前提下，实现创新实践的高效开展。而这离不开来自应用研发、测试管控、运行保障等方面科技管理能力的提升，本章将围绕这些内容进行介绍。

在应用研发方面，多模软件研发模式已成为潮流，其融合稳态和敏态，实现 CMMI 和敏捷、精益的互补，注重管控和赋能的兼顾，将持续改进的要求落实到研发的各个环节，为业务发展持续提供高价值的软件。

在测试管控方面，在金融监管趋严，金融创新快速发展的新形势下，证券公司更需要通过优化软件测试策略、提升测试管控效能、提高测试能力成熟度，构建更加完善的自动化测试体系，以提升软件的质量和可靠性。

在运行保障方面，随着信息系统在行业发展中重要性的不断提升以及系统的结构更加复杂，证券公司的运维管理和支持模式也在不断升级。证券公司通过大力开展生产运维平台的建设，持续提升运维管理标准化程度，以自动化、线上化、智能化的模式来保障信息系统的安全运行。

17.1　应用研发能力

软件研发模式的发展

数十年来，证券公司的软件研发从无到有、从弱变强，遵循"引进、消化吸收、创新"原则，其发展历程大体上可划分为三个阶段：软件研发 1.0 时代、软件研发 2.0 时代、软件研发 3.0 时代。

阶段一：软件研发1.0时代。利用信息与通信技术实现交易电子化和自动化，替代人工完成证券登记、交易、结算等业务。软件研发采用"速赢"和"拿来主义"策略，引进市场上成熟的软件产品快速部署并和已有系统集成。该模式是在当时业务发展和IT资源配备情况下的最优选择，优点是能够快速响应和支撑业务发展，缺点是严重依赖供应商，自主掌控能力弱，软件产品同质化严重。

阶段二：软件研发2.0时代。自2000年开始，随着互联网的兴起，软件研发进入2.0时代，证券公司开始利用互联网和移动设备为投资者提供线上服务，改善用户体验。业务差异化发展对软件研发提出了新要求，证券公司研发策略由"引进"转为"消化吸收"，由纯外包开发模式转向合作开发模式，借鉴厂商和同业先进经验，为自主研发积累经验并探索新路。

阶段三：软件研发3.0时代。2016年以来，大数据、人工智能等金融科技典型技术将软件研发推进到了3.0时代。信息科技已经成为公司的核心竞争力，软件研发作为重要抓手，必须加强自主研发和创新，并且针对业务差异具备定制能力，针对互联网金融发展具备敏捷能力，针对金融科技和创新业务的发展具备生态共生创新能力，针对跨界竞争及业务技术融合需求具备协同能力。

多模软件研发模式的内涵

目前，多模软件研发模式已成为行业潮流，其融合Gartner"双态IT"、CMMI（Capability Maturity Model Integration）、敏捷、精益等理念，结合公司业务多元化、国际化发展和数字化转型要求，做到"质量、约束、价值、能力"的平衡，核心是在特定约束条件下，减少"技术债"，控制软件产品遗留隐患对后续的影响，关注人员能力提升，尽可能实现IT价值最大化。其中技术债是指研发团队在设计或架构选型时从短期效用角度选择了一个易于实现的方案或者对最佳方案进行妥协；但长远来看，这种选择会给未来带来额外的开发负担和消极的影响。多模软件研发模式的主要内涵包括以下几个方面。

1. 稳态和敏态融合

软件研发以"服务客户、服务业务、服务管理"为落脚点，基于现实需求和长远发展目标，在确保支撑现有业务稳健发展的前提下，能够高效地开展创新实践，实现稳态和敏态的融合。对于业务单元稳定、需求明确的项目，采用传统稳态模式。对于业务模式和业务流程本身处于不断探索和优化的项目，采用"互联网+"的敏态模式。稳态以管控流程为主线，应用瀑布式、迭代式等传统开发方法，保证业务和流程的平稳运行，关注点是性价比高，过程可控。敏态以需求导向为主线，应用敏捷开发、持续交付等新兴开发方法，满足创新业务和对外探索的灵活创新与迭代，关注点是适应变化，提高用户的满意度。

2. CMMI 和敏捷、精益互补

能力成熟度模型集成 CMMI 是软件业界普遍认可的"最佳实践"，本质是通过过程管理指导软件研发过程的改进。多模研发模式博采 CMMI、敏捷、精益之长，采用 CMMI 解决"做什么"，敏捷解决"如何做"，精益解决价值最大化。首先，参照 CMMI 标准形成组织级的管控体系，建立规范的过程，将人、技术、工具集成在一起，软件研发遵循制定的过程并在实践中不断改进。其次，采用敏捷方法对具体研发过程进行优化，实现了"把事情做正确"，依赖做事的原则和人的经验快速交付产品，提升团队研发效能。最后，借鉴精益产品开发流程，注重软件质量、价值和人员能力提升，持续交付有价值的软件。

3. 管控和赋能并重

软件研发首先求"稳"，对于重要应用系统开发聚焦安全自主可控，采用管控模式，按部就班地将事情做好，提高软件产品可靠性、稳定性和安全性。其次求"快"，互联网金融和创新型需求需要敏捷治理，必须"小而精"，快速地将需求转化为产品。还要求"准"，准确理解和实现需求，尽量实现软件价值最大化。"快"和"准"过程中必须注重发挥个体主观能动性，属于赋能模式，其核心是激活研发人员跳出"舒适区"，自我驱动，提升自身业务和技术能力，从保守、求稳转变为开放合作、勇于创新。管控和赋能并重以形成稳健、发现、探索、创新的企业文化，让个体价值和集体智慧均得到发挥，在加强专业化分工的同时兼顾协同，形成多赢格局，产生更大的价值。

证券公司实践案例

海通证券持续加强在软件研发方面的投入，并不断自我完善和推陈出新，以提升自主研发能力和实现 IT 价值最大化为驱动，主动对标国际标准，积极吸取业界精髓，加强质量管控，持续推进需求、开发、测试的全流程管理体系建设。经过不懈努力，海通证券基于 CMMI 标准，参考业内最佳实践，结合敏捷、精益等多种方法，探索出符合公司发展现状并具有前瞻性的多模软件研发模式，形成了企业级研发流程体系 HOPE（Haitong Organizational Process of Engineering），实现了需求、开发、测试的规范化和标准化。作为多模软件研发模式，HOPE 构建了软件开发与管理的整体框架，制定了软件研发和项目管理流程，完善了研发管理的方式和方法，建立了全面有效的软件质量管控体系，强化了管理制度的落地，并将持续改进的要求落实到各个环节，切实提升软件开发的效率、质量和管理能力。

在符合监管要求的前提下，软件研发既要支撑现有业务稳健快速发展，保障客户、交易、资金的准确安全以及业务连续性运营；又要在激烈的竞争中实现业务转型和服务模式的创新。因此，需要多种模式融合来适应"变与不变"。

1. 建立了企业级研发流程体系 HOPE，形成企业级软件产品交付的基础设施

如图 17-1 所示，HOPE 制定了软件研发的方针和政策、生命周期模型、规范和流程，并建立了组织资产库，形成了企业级软件研发的基础设施。HOPE 纵向分为投资组合、项目集管理、项目管理、工程过程、支持过程、组织过程六个过程领域；横向按照生命周期分为项目集规划、项目策划、项目开发与实施、系统集成测试、上线发布、项目集收尾六个阶段。HOPE 共设计了 34 个流程，每个流程都包括规范、模板、使用指南等，其中双态流程 21 个，包括需求管理、项目集管理、风险管理、项目管理、测试管理、同行评审、配置管理、质量保

图 17-1　海通证券研发流程框架

证、度量分析、过程改进等；敏态流程 12 个，包括 SCRUM 项目策划、故事梳理、冲刺规划、冲刺回顾、冲刺评审、敏捷设计与开发、持续集成等。组织资产库涵盖流程库、管理文档库、质量文档库、培训库、风险库、度量库、经验交流库和项目历史数据库，用来统一管理和发布软件资产。

2. 建立过程改进组织和工作机制，推进各项改进措施落地

软件研发过程的持续优化需要组织保障和过程改进机制双管齐下。

在组织保障方面，如图 17-2 所示，一是部门层面建立了过程改进小组（EPG）组织，负责 HOPE 优化和研发过程持续改进工作以及优秀研发方法和工具等的引入落地。EPG 由来自研发一线、经验丰富的专家组成，专业领域涵盖需求、开发、测试、项目管理、质量保证、敏捷教练等。二是组建了质量保证组（PPQA）团队，负责软件质量体系保障，执行流程检查和审计，并按照审计结果辅导项目团队改进。三是形成了敏捷教练团队，作为敏捷实践的产生者、传播者和落地者，负责引入和推广业界先进的管理方法与实践，结合产品与团队实际情况，制订有针对性的效能提升方案。四是构建了组织级的 IT 培训管理员，打造线上 +

图 17-2　海通证券研发体系组织保障

线下完整的培训体系。五是强化配置管理，设立组织级配置管理员。

在过程改进机制方面，参照 CMMI 标准及公司的管理体系，海通证券制订了 HOPE 实施效果评估指标，并建立了一套过程改进的流程，通过收集经验教训、典型案例、改进建议、过程度量等数据，定期召开 EPG 会议，解决过程改进中的问题，推动改进措施落地，切实提升研发效率和质量。

3. 建设企业级研发管理协作平台，支撑并固化了流程的高效运作

软件研发实践离不开工具平台的支撑，在充分调研互联网和国内外知名软件企业的基础上，海通证券基于开源技术建设了企业级研发管理协作平台，并和办公自动化系统、自动化测试平台、配置管理系统等多个管理平台集成，实现了统一的需求管理、开发管理、测试管理和项目管理，能够从项目集、项目、系统、需求、任务、缺陷等多维度跟踪、监控和管理。研发管理协作平台初步建立了常态化的量化管理机制，并应用到项目管理、风险预测、过程优化、质量管理、研发效能度量中，有效支撑了自主研发水平提升。平台对研发过程进行事前、事中、事后管理，实现 IT 项目从立项、开发、测试、部署到运维的全流程中各个环节的高效衔接与协同，加强了对项目的整体把控，助力研发生产能效提升。

第一，以需求为导向，强化需求开发和需求管理。需求是软件研发的基础，多模软件研发始终以需求为出发点和落脚点，强化需求开发能力和需求管理能力。需求开发应用设计思维等方法挖掘和提炼用户需求，解决用户痛点问题，并把用户需求转为软件需求，避免因需求模糊不清或理解偏差造成的不良后果。HOPE 将需求自顶向下划分为史诗、特性、能力、故事四个层级，每个层级都确保干系人对需求描述理解的一致。HOPE 将非功能性需求纳入"使能"需求，建立了软件需求流转的敏捷需求层级体系，清晰地定义每一层级需求的颗粒度，明确了每一层级需求管理的责任；同时应用状态机实现了各层需求状态的联动和流转，使需求跟踪有"根"可循。在需求管理机制上，还制订了需求变更指南，规范了需求变更流程，减少需求变更对当前版本开发计划的影响。

第二，以开发为核心，传统与敏捷并举。多模开发要求传统与敏捷并举，在开发中学习、调整、完善和成长。每个研发团队养成每日站会的工作习惯，在站会上采用电子看板同步和协调工作，通过研发管理协作平台每日登记任务进度，及时发现风险和问题，提高团队透明性的同时提升团队士气和凝聚力。形成了固定的迭代开发周期和稳定的冲刺产出。每两周一个冲刺，形成一个迭

代版本，每个冲刺安排相应的计划、评审及回顾，每个版本在内部验证和试用后再提交给用户，以保证用户满意度。通过团队全员参与故事梳理和冲刺规划等活动，为团队成员提供参与需求分析、自我承诺的机会，充分调动了成员的积极性和主人翁意识。每个迭代版本均基于需求特性驱动，把开发重点放在实现有价值的需求上，避免盲目追求没有价值的度量指标而带病迭代。过程改进小组积极探索高效能研发方式，构建 DevOps 流水线，打通开发、测试、运维、持续交付的通道。通过评估团队持续集成和持续交付的成熟度，为每个团队分析差距并对症下药，为持续改进提供重要输入。

第三，以测试为保障，提升测试质量和效率。测试是软件质量保证的重要手段。对照《证券期货市场行业测试标准》，按级别将测试划分为：单元测试、系统测试、系统集成测试、验收测试、通关测试和全网测试，并为每种测试建立了相应的流程和规范，统一了测试用例、缺陷属性等。提升测试服务能力，实现测试全生命周期管理，建立了在需求、测试用例、测试用例执行、测试缺陷等方面的双向跟踪回溯机制，提升测试管理的效率，保证需求的测试覆盖率。建立了测试度量指标，通过研发管理协作平台为全部门测试用例和缺陷统计提供数据基础。加大安全测试力度，积极探索使用自动化测试、精准测试等新工具和新方法提质增效。

第四，强化研发过程的持续改进，形成信任、沟通、协作的氛围。IT 人员理念是决定软件研发未来发展的核心，海通证券的科技团队统一共识，积极践行。多模研发、持续改进思想已经深入人心，大家将组织的规范逐步固化为工作习惯，无论是项目经理，还是工程师，做事方法逐渐变得标准化、规范化。科技团队在多模研发实践中"摸着石头过河"，充分评估后引入业界优秀研发方法和工具，允许以较小的代价试错后持续改进。全员按照流程先固化后优化思路，从先知后行到知行合一，执着寻找适合海通证券的软件开发之道术，形成了自律、信任、沟通、协作、创新的文化氛围。目前，多模研发模式已得到大家的广泛认同，敏捷开发实践蔚然成风，项目开发效率和质量都有明显进步。

多模软件研发模式助力海通证券获得 CMMI3 级认证，标志着公司在过程组织、软件研发、项目管理、能力成熟度等方面的能力达到一个新的高度。多模研发模式吸收了众多软件工程的新方法和新思路，兼顾 IT 研发中的"稳与敏"，有效提升了 IT 自主研发能力，缩短了业务需求平均交付周期，减少了"技术债"，提升了研发质量，有效地为公司的数字化转型赋能。

17.2　测试管控能力

伴随着计算机软件研发技术的不断发展，软件测试的技术也在不断进步。在 20 世纪 50 年代开始的计算机软件早期开发过程中，软件的规模小、复杂度低，软件测试只涉及简单的调试，研发人员对此也不够重视；此后，随着软件的规模越来越大，软件的质量也变得越来越重要，开始出现了具备一定体系的软件测试理论；进入 21 世纪，互联网的蓬勃发展也带动了整个软件行业的高速增长，软件测试理论体系与相关技术工具也随之进入了发展的"快车道"，以 TMAP、TPI、TMMi 为代表的测试体系模型层出不穷，以自动化测试工具、性能测试工具、持续集成工具为代表的测试工具也在软件测试领域发挥着越来越重要的作用。

同样地，海通证券软件测试发展也经历了一个由简单到逐步完善的过程。在海通证券业务发展的初期，软件测试也只涉及简单的业务验收，没有专门的软件测试人员，更多依赖于供应商的产品质量管控；随着金融业务的不断发展、金融科技新技术和新应用的不断涌现，对于当下大量复杂应用系统的研发投产，简单的业务验收已经无法满足其对于软件质量的要求，在这样的形势下，海通证券组建了专门的软件质量保障团队，并在 2020 年将该团队进一步整合为软件测试团队，通过专门的人才队伍以专业的技术方法承担应用系统软件测试管理的各项工作。

作为海通证券内部企业级研发流程（HOPE）体系中的重要一环，软件测试团队一直在努力构建符合海通证券特色的应用系统测试管理体系。随着 HOPE 体系的不断建设完善，过程组织、软件技术研发、敏捷项目管理等各方面能力的不断提升，海通证券软件测试团队的能力也在持续增强。具体而言，海通证券主要从软件测试策略的持续优化、自动化测试的持续投入、安全测试的持续赋能、测试人员管理的持续提升几个方面来实现高效的质量保障能力体系建设。

优化软件测试策略

在软件测试实施过程中，综合运用测试策略的最终目标，就是根据项目的实际情况协调好手上有限的测试资源和要素，控制项目测试总体风险，在恰当的测试阶段运用恰当的测试方法和技术，面向目标，提纲挈领，让测试任务相关的人、事、物等要素发挥协同效应，在有效的时间内产生最佳的测试效率和测试交付。图17-3展示了测试策略综合分析与实施的过程。

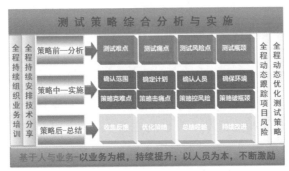

图 17-3　测试策略综合分析与实施

测试策略的综合运用，概括起来就是更有效地确定范围，更细致地准备业务知识，更合理地安排测试资源和进度，更有效地调动测试人员的积极性，最后集中优势兵力攻难点、破痛点、控风险，更早、更及时地找出系统问题。同时，持续开展业务学习和技术交流，提升团体战斗力，动态跟进项目风险点，并针对性地动态调整测试策略，最终高效地保证测试交付质量。以 PB 系统测试为例，一套有效的测试策略包括以下几个过程实践。

第一，基于稳定版本测试。节约测试资源，严格控制发版频率和质量，通过把关与问责，双管齐下，有效规避开发版本质量太差或缺少内部测试的风险。

第二，基于业务场景开展测试。请相关业务老师给测试人员做指导，理清业务流程，基于业务场景整理测试用例，确保业务覆盖率，通过让测试人员的技术和业务人员的业务知识有机结合，形成"1+1>2"的测试合力。

第三，基于业务划分的分批测试。测试组与开发组约定好交付计划，按从公共模块到高频业务模块再到低频业务模块的交付顺序，逐步安排测试，通过合理切割，集中兵力应对重点业务，分批有序执行，有效提高交付效率。

第四，基于业务波及分析的回归测试。由于有限的测试资源和时间无法全量回归，测试经理会先对代码开展黑盒与白盒两个层次的分析，精准确定需要回归的用例范围。通过调动周边开发资源，定向波及分析，有效定位回归范围，最大限度降低回归测试可能不充分的风险。

第五，基于交叉测试的快速执行。该环节强调执行效率和可见成果，通过抓测试重点，紧跟重点模块和缺陷模块，高效解决重点问题。每日站会同步进度和问题，测试用例重点强调业务场景分析和团队评审，测试缺陷跟踪强调解决问题，开发交付版本进入执行周期时强调普通模块快速测试与重点模块交叉测试相结合。

第六，通过必要场景有序测试和随机发散性测试两种测试方式的结合，既要保证正常需求覆盖率，也要保证异常处理的探索性测试，目标是有效降低漏测风险，培养测试人员跳出限定边界的测试思维习惯。

测试策略实施是测试管理实施的重要组成部分，理想的测试策略是用较小的资源投入覆盖更多的测试范围，在较短的测试周期内发现更多潜在问题，完成软件测试任务。测试策略的研究是一个逐步探索的过程，需要持续优化，以提升测试交付质量，以及最终的软件产品的质量。测试策略是测试实施的"纲"和"领"，针对不同的团队和项目，也可能需要采取不同的测试策略。"测"无定法，"测"必有法，作为测试工程师和测试管理者，优化测试实践、精进测试管理，任重道远，海通证券的测试团队也在不断探索测试策略的新模式、新方法，为项目研发保驾护航。

自动化改善测试效能

为提高公司信息系统的测试效率和测试质量，有效降低系统升级风险，加快业务需求响应，海通证券通过构建公司自动化测试能力，推进信息系统自动化测试体系建设，增强应用系统软件质量控制水平，提升系统测试工作效率。

自动化测试体系通过持续的应用反馈不断进行优化。通过 5 年实施，海通证券已将自动化测试推广至核心交易、客户服务、渠道等各种类型的应用系统，积累用例超过 2.5 万个。

自动化给测试能力提升带来如下收益。

第一，测试技能升级，赋能测试团队。随着软件功能测试需求复杂度和数量的急剧增加，增加测试人员和测试时间是常用的应对方法，但这样做会导致成本的上升。另外，若用例执行和分析设计的工作时间比重失调，会严重影响测试的质量；若被测系统应用开发技术差异大，会对一般测试人员提出过高的技能要求；若操作过于复杂，又会降低测试人员的积极性。而自动化测试工具可以通过创新设计解决上述的问题。

- 测试用例管理：通过无代码/脚本的自动化用例创建方式，分级封装 UI
  操作组件，通过组件组装用例。该方式大大降低了测试人员的技能门槛，
  当前，功能测试人员通过 1 个小时的试用体验，即可编写、执行用例。

- 测试执行管理：窗口类、移动类、WEB 类、接口类自动化执行采用统一
  的任务调度引擎，并支持执行策略扩展定制。测试执行资源按需分配，
  测试任务以分布式并发模式执行，实现效率显著提升。比如，在采用并
  发式自动化工具后，针对 2 600 个 ESB（Enterprise Service Bus，企业服
  务总线）接口用例的测试执行仅需耗时 1 分半钟，针对 300 个 "e 海通财"
  PC 端 UI 用例的测试执行仅需耗时约 1 小时；与之对比，在人工执行情
  况下，比较高效的测试人员不管是测试接口用例还是测试 PC 端 UI 用例
  平均都需要 1 分钟 1 个，而且需要同时投入 5 个人。

第二，持续测试反馈，赋能开发团队。打通系统开发过程中代码提交、打包、
安装、测试、生成报告等各个节点，支持通过集成测试实现快速反馈、持续测试。
结合 DevOps 平台的扩展，自动化测试平台可实现接口用例版本化管理，可查询、
回滚到指定历史版本。

第三，测试基建建设，赋能专业规范。通过开发具有通用性、基础性的功
能，实现自动化管理规范化、标准化。例如，在数据管理方面，通过声明式的
测试数据定义，运行时智能分配测试数据，提高了用例数据资源的利用率。在
基础数据完善的条件下，一套标准的用例可以支持多套环境切换执行。平台也
进一步打通了海通证券现有的功能测试数据管理脚本，实现测试资产的重复利
用，降低资源重复投入。

随着自动化体系的逐渐完善，自动化用例占总用例的比例也在逐年提升，
目前，海通证券的自动化测试比例已经提升到 80%；仅 2020 年一年，新增自动
化用例就达到 15 000 条，极大地丰富了软件测试自动化生态能力。

在现有的自动化能力基础上，自动化平台也在持续探索以下工作。

- 测试自动化工作扩展：探索基于业务要素的建模分析，自动生成接口自
  动化用例；

- 基于日志的用例生成：尝试通过日志自动解析，并生成自动化接口用例。

通过自动化平台的建设，海通证券测试团队将依托深厚的测试技能积累，
融合开发与测试工具能力，为持续提升测试效率而努力。

提升测试能力成熟度

经过多年的持续建设，海通证券的应用系统，特别是重要应用系统的质量有了长足的进步。在测试团队覆盖的重要系统数量不断增长的情况下，重要系统总体缺陷逃逸率始终控制在 5% 以下，有效保障了应用系统的平稳运行。

金融强监管的形势对应用软件的可靠性、安全性提出了更高要求，测试作为保障软件质量的重要手段，在提升公司软件产品质量方面发挥着更加关键的作用。而站在规范化、专业化的 HOPE 流程体系新高度上，日益成熟的科技管理体系也对测试提出了更高的要求。特别是在当前海通证券的研发项目采取稳态与敏态并行的双态开发模式的场景下，不同项目的业务与技术要求不一，为了应对严峻的挑战，更好地体现科技部门的专业化水平，海通证券通过与 CMMI 成熟度模型互补的测试能力成熟度三级（Test Maturity Model integration Level 3，以下简称"TMMi 3"）的对标建设，进一步完善了整个研发体系，实现了标准化测试管理体系的构建，并获得了 TMMi 3 级的认证。

17.3 运行保障能力

生产运行保障的三大挑战

证券行业正加速利用现代科技促进资本市场业务发展和监管变革。面对新形势，行业应用系统的发展呈现出以下的趋势：一是核心交易系统稳核心敏外围的双态发展模式更加清晰；二是证券互联网化对应用系统生态化发展的要求更加明确；三是金融科技的广泛应用使得在应用系统中融入新科技元素成为必须，云计算成为新的基础设施，智能算法为应用系统的中台增添了新的动力。

随着行业信息化建设的深入，相伴而来的是系统架构的复杂度不断提高、跨系统的联动更加紧密、运维和排查生产问题的难度不断加大，因此对相关业务系统中可能存在的风险隐患需要更加重视。而 IT 运维工作在证券信息化建设过程中将面对各种挑战。

挑战一：信息系统快速增长，结构日趋复杂。

证券公司开展业务和加强管理需要信息技术的支持，随着新业务的不断产生和管理要求的逐渐提高，证券公司的应用系统数量也在快速增加。以海通证券为例，根据 2020 年年末的统计，有各类应用系统近 200 套，涉及经纪业务、投行业务、资管业务、直投业务等各个业务领域。快速增长、结构复杂的系统为运行保障带来了极大的压力。

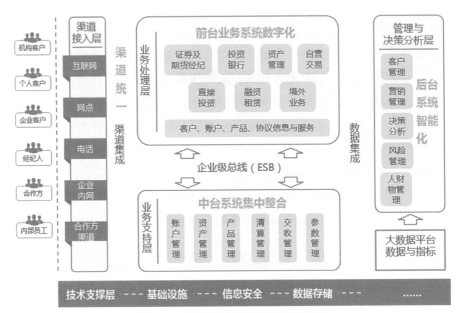

图 17-4 海通证券应用系统整体视图

挑战二：业务的发展对信息系统更加依赖。

证券公司核心业务中的交易服务、自营业务等，对系统的时效性、可靠性要求极高，很多交易必须在毫秒内完成。这类系统自身就比较复杂，又涉及交易网关、行情与资讯接口，且需要与交易所、中国证券登记结算公司等行业核心机构、银行等同业机构进行交互，运维和排查问题涉及的链路长。然而，这些系统一旦出现生产问题，又必须在极短的时间内进行响应。

挑战三：信息系统的运行保障能力亟须提高。

首先，运维管理工作的线上化程度较低。事件管理、变更管理、问题管理、服务台等运行还大量依赖台账，缺少有效的线上化手段，导致手工录入工作量大，部分操作无留痕，工作无法追溯，集中管控、流程管理、协同的能力相对薄弱。高水平的运维管理需要有效的工具作为支撑，虽然多年来证券公司针对各自的情况开发了很多运维相关的工具，但总体来说整合程度不够，自动化程度不高，无法支持统一运维的管理要求。

其次，信息系统的监控手段尚不完善，系统监控的覆盖率不高。这就导致了生产事件发现滞后，很多时候需要用户在使用中发现问题报告后才开始处置，这影响了用户体验，增加了内外部的投诉。部分证券公司系统生产问题告警分类分级和过滤能力不足，导致运维人员需要处理大量的告警，海量的告警会降低人员的警觉度，而真正需要引起重视的告警也容易被忽略。同时，系统监控和网络、动环监控隔离，使得运维人员无法通盘掌控网络和系统运行情况，导致对引发事件的原因界定困难，排查时间长。

最后，系统运维例行作业的自动化水平不高。虽然开市、收市等日常操作基本通过自动化实现，但仍旧有很多日常的任务需要手工进行，比如，特定程序的定期重新加载、对数据采集任务执行情况的巡检等。

与此同时，受到各种内外部因素制约，尽管快速增长的运维总量给运维工作带来了巨大的压力，大多数证券公司的 IT 运维人员数量无法进行同比的扩充。过去受限于证券公司自身的 IT 开发能力，包括核心生产系统在内的各类应用系统大部分依赖于外购，自主可控和整合共享程度偏弱，并且存在严重异构的问题。加之部分系统的版本已经多年没有升级，与现有的操作系统、数据库存在兼容性隐患，增加了运维的复杂程度，也对运维人员的技术能力提出了要求。应用系统的快速发展正在倒逼证券公司做出改变：运维管理模式从技术条线竖井式、属地化向一体化、集约化转变，支持模式逐步将从人工运维和人海战术转向线上化、移动化、自动化和智能化。众多的证券公司将建立一体化运维管理体系，打造统一的生产运维平台成为信息系统运维领域的重点工作。

证券公司实践案例

1. 建设一体化运维平台

证券公司信息系统的运维平台建设主要围绕如下三个点展开。一是实现信息系统的集中监控。通过提供能够横向打通的统一监控工具，实现各类监控数据的有效整合，形成全局化的统一监控视图。二是提升运维工作的自动化、智能化水平。包括实现例行化作业的自动运行、系统健康检查的定期执行、系统运行问题的提前预警等，减少运维中的手工操作，降低操作风险，并通过预警策略过滤等手段，提升预警的有效性。三是实现生产运维管理流程的线上化。

包括生产事件处置、问题管理、变更管理等，加强运行规范，提升标准化运作能力，支持运维管理模式从按行政、区域的分散管理向集中属地解耦的集中管理转型。

根据对行业以及自身运维管理痛点、问题和建设要求的理解分析，海通证券结合"异地多中心"基础设施的战略布局，从统一运维、统一管理角度出发，于 2017 年启动了统一生产运维平台——"e 海智维"的建设工作。

通过建立运维管理门户、完善各类监控、推进例行作业自动化进程、落实流程管理全面线上化等措施，提升了运维管理的数字化能力。"e 海智维"作为一线运维、二线运维和生产管理的统一工作平台，实现基础设施监控全覆盖；从交易类和对客类的重要系统入手，逐步实现应用监控全覆盖；通过对运维管理流程和规范的线上化，提高操作和变更发布的自动化率。

平台基于微服务和总线型架构，实现了集中监控、自动作业、智能巡检、流程管理和性能容量管理等功能。从高效、实用的视角来设计系统的总体结构，并充分考虑与其他信息系统之间的联动。同时，通过模块化设计，使其具有良好的可扩展性和可伸缩性，便于分步实施和未来扩展。由于要进行跨数据中心的管理和监控，监控数据和管理指令需要跨数据中心传输，这对数据中心之间的网络负载会带来一定压力。因此，在技术工具的选择上，尽可能采用支持分布式部署的工具，将大部分的原始数据的处理留在某个数据中心内部，跨数据中心传输的是加工、过滤、压缩后的数据。

"e 海智维"平台的总体架构如图 17-5 所示。在统一监控方面，通过完善监控指标体系，实现对各类业务的实时监控，结合独有的旁路监控技术，实现对封闭应用的运行情况采集和监控。结合多种图形化展现形式提供所见即所得的各类生产运行情况报告，并支持自主分析、实时巡检报表生成等功能，结合可视化监控大屏，实时掌控流程运行情况，并对异常情况及时告警，提醒操作人员及时干预，保障流程稳定运行。此外，在对服务器、网络、数据库、中间件等 IT 基础设施的监控之上，从业务视角扩充业务系统监控模式。在网络抓包、图像识别等采集技术的支撑下，完成了全面的业务应用监控数据的采集，实现从业务出发的运行状态的实时监控及告警，以业务监控数据为基础，结合全方位的运维管理数据，实现多个业务系统的监控信息展示，具体如图 17-6 所示。

在数据处理方面，为解决大规模运维时序数据的处理问题，平台基于数据总线模式构建了运维数据处理模块。通过数据总线建设完成了运维性能数据、

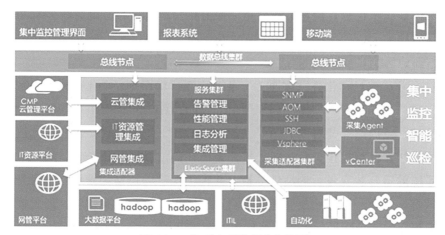

图 17-5 "e 海智维"平台架构图

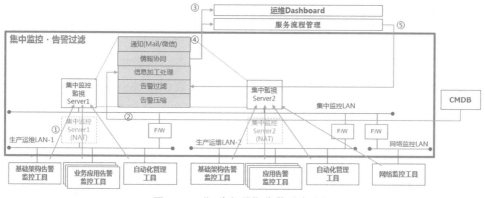

图 17-6 "e 海智维"告警过滤流程

运维告警数据及运维日志数据的统一传输，为一体化平台提供了完备的数据基础。

此外，通过搭建配置管理数据库（CMDB），解决数据中心运维管理人员各自为政、运维管理对象之间关系复杂抽象的难题，将数据中心的所有对象（组织机构、人员、服务、业务系统、中间件及操作系统、服务器、网络设备、存储、配件、文档、其他非 IT 资产等）分类建档、集中存储，以管理其属性信息和关联关系；通过版本管理功能查询其历史变化轨迹和变化原因；通过自动采集技术协助 IT 部门定期更新台账；通过多种查询统计工具帮助 IT 部门完成 IT 资产的可用性、容量统计；通过运维管理对象之间的关联分析，在产生故障时能够迅速定位到故障位置，协助分析受影响服务的深度和广度；通过校验机制，实现对网络地址、资产基础信息、监控采集信息、自定义资产标识和网络地址匹配等方面的检验。

在提升运维自动化程度方面：一是推动例行化作业自动化、标准化、智能化的实现，包括对业务应用的远程开启和关闭操作、对运维主机的远程开启和关闭管理，一键业务开启及关闭等重复劳动操作，以有效提高信息系统执行效率和可靠性，杜绝操作风险；二是建立智能化的自动巡检体系，自动地对各类应用系统的运行状况进行周期性巡检，并提供相应的巡检记录和巡检报告；三是实现容灾切换和故障切换管理的半自动化，以及演练的自动化。通过提供容灾切换流程的向导管理、容灾切换状态的实时监控、容灾切换流程的自动执行，构建标准化、智能化、可视化的切换管理工具，缩短故障处理时间及容灾切换时间。

海通证券一体化生产运维平台的建设取得了如下的成效。

1）实现了生产系统运行监控全覆盖

通过把各种孤立、分散的运维对象的运行状态、告警事件在一个平台上进行统一管理。系统建立了基于数据总线的松耦合数据集成模式，完成了监控数据的全方位集成，解决了传统监控系统在多头告警、分散管理等方面的缺陷，实现了对所有监控对象的一体化监控。

依托"e海智维"集中监控系统，实现了生产系统集中监控，涵盖近200套应用系统，监控对象超过1万个，已全面覆盖对海通证券信息系统的基础监控。同时通过对接带外管理系统，实现基础设施的自动化巡检，提升巡检效率，降低机房人力资源投入。同时，通过日志分析、历史数据积累、系统异常监控规则设定等，实现系统的自动巡检和系统运行问题的提前预警，降低运维人力投入的同时，提高系统故障发现的时效性，为系统故障排除争取到了时间。不仅如此，还通过技术手段进行异常站点的自动过滤，根据站点实时性能情况，提前对高负载服务器进行引流，降低服务器故障率，并减少服务器故障对用户的影响。

2）实现了信息系统批量作业的自动化处理

依托"e海智维"自动化作业平台将信息系统例行作业进行集中化、自动化处理，自动化处理手段的实现明显改善了信息系统作业对人工依赖性强、作业管理标准不统一、执行效率低的情况。通过系统功能的联动，实现自动化脚本的规范化和组件化管理，涵盖自动化操作6 000多个、自动化标准组件700多个，例行操作自动化率已超过90%，基本完成了相关例行操作流程的全面托管。

3）实现了生产运维管理流程的全面线上化

依托"e海智维"IT服务流程管理平台，生产运维管理流程实现了全面线上化，如图17-7所示。流程管控更加高效、快捷；运维工作更加规范、标准；运维操作更加合规、有据。特别在生产事件、变更、问题管理流程方面，通过线上化，改变了以往运维工作靠主观判断、没有统计数据支持的局面，减少了人工统计容易出现疏漏的可能，实现了对全流程的可视化跟踪与管理。

图17-7　生产运维管理的线上化

经过几年的持续建设，"e海智维"平台从无到有逐步建设，形成了集"监""管""控"于一体的企业级生产运维平台，为保障系统可靠性和服务能力的提高提供了有力保障。

2. 提升运维管理标准化程度

为有效应对行业运维工作复杂度增加带来的挑战，同时，建立起符合行业监管要求的运维管理制度规范，将运维管理的责任落到实处，行业有条件的经营机构纷纷引入国际国内的IT服务管理和信息安全管理标准，构建贴合自身运维情况和发展要求的运维管理体系，实现运维管理的标准化。

为提高IT运维管理水平，提升运维服务人员标准化和规范化管理意识，规范 IT 运维工作，提高工作效率，有效防范信息安全技术风险，海通证券以 ISO 20000 和 ISO 27001 国际标准为依据，结合公司实际情况，参考业内最佳实践，同时充分融合国家、行业以及上级监管单位的相关指引规范，建立了与自身业务需求相匹配的一体化 IT 运维管理体系；优化和完善了原有的服务管理制度、流程和工具，提高了服务水平。

在 IT 运维管理体系构建过程中，形成了一体化的运维管理制度、分阶分级的管控机制。总部高层组织整体管控运维管理方面的总纲性制度；运行管理部门负责制订遵循总纲性文件的具体管理要求，并对执行团队进行管理要求的宣贯；执行团队则负责编制满足管理要求的标准作业程序，实现落地执行。为了避免"两张皮"现象，执行情况的统计指标将在公司各层管理例会中得到体现，并针对其中不足之处分析原因，进而实现运维管理体系优化。同时，体系的运行还通过第三方的督导部门进行审计检查的方式，持续维护和改进管理体系的有效性。通过这套管控机制的执行，确保运维管理体系真正做到一体化的上行下达，能够在运行中发现问题、解决问题并进行持续优化和改进。

目前，海通证券已建立起一支高效、精干的 IT 服务及服务管理队伍。运行管理团队全程主导体系的建设、落地和优化；体系执行部门通过体系宣贯和导入，更进一步地理解管控要求，并将其融入标准作业程序和运维管理工具建设中。

3. 科技运营数字化转型的未来展望

随着技术的发展和运维管理手段的丰富，业内各证券公司都在尝试将智能化手段引入生产运维的管理和支持当中，持续优化相关能力，有效支持运维管理，保障安全生产。一方面，通过不断完善和增强对日志、告警等运维数据的分析能力，细化网络监控模式，进一步提升对生产运维的监控、分析和预警的能力；另一方面，不断提升运维工具的智能化水平，将传统运维与人工智能技术的结合，利用大数据、机器学习等技术来自动化管理运维方面事务性的工作，逐步实现智能运维（AIOps）。

以海通证券为例，目前正在探索下述三个智能运维场景的落地，并已在实验环境中进行了有效性验证。

场景一：对事件的根因进行分析。根据海量强关联的监控预警信息，运用数据挖掘及算法分析技术，剖析问题的根本原因所在。

场景二：对性能容量的预测。通过研究历史数据，利用 AI 模型算法，实现容量信息的提前预警。以网上交易系统和资金管理系统为试点，选取 QPS、

CPU 利用率和内存使用量三个指标进行分析，其预测值和真实值吻合程度均较高，平均绝对百分比误差（MAPE）也在预期范围内。这样，可以为关于系统负载情况的预警提供有用的信息。

场景三：智能运维知识库的构建。结合传统知识库和机器学习算法的双重优势，通过对信息系统运维情况进行画像，融合通用运维知识图谱，实现知识的高效共享与解决方案的快速匹配。

第 18 章
安全管控能力提升

我国网络安全形势日益复杂，国家与行业层面对于安全问题均予以了高度的重视。面对安全领域的严峻挑战，证券公司积极引入前沿技术，变革安全管控模式，提升安全行为感知能力，增强安全对抗能力。通过建设基于大数据及智能分析技术的新一代安全管控中心，提升安全防御、风险识别、自动化响应和处置能力，持续完善网络安全防御体系，为业务发展和持续经营保驾护航。

本章将结合行业网络安全发展态势和能力要求，以及海通证券实践经验，展开相关介绍。

18.1　行业网络安全发展态势和能力要求

近年来，网络安全（在本书中指"Cyber Security"，而不是狭义的"Network Security"）形势更加复杂，网络攻击破坏活动不断增多，影响力和破坏力显著增强，网络违法犯罪呈现快速增长态势。国家对于网络安全的重视程度日益加深，一方面，各项法律法规更加完善，《中华人民共和国网络安全法》（英文版官方翻译为《Cyber Security Law of the People's Republic of China》)、《数据安全法》等法律法规的出台，对建立健全网络安全保障体系、强化网络安全保护能力，提出了更加细致和明确的要求；另一方面，国家对于相关网络安全重点单位定期开展网攻防实战演练，检验企业的安全运营能力和水平，这也标志着国家层面相关的执行机制正在不断完善。

证券公司在网络安全领域面临的核心风险主要有以下几方面：一是黑色、灰色产业已形成全产业链，且在快速发展；二是黑客经济商业化趋势日益明显，各类网络攻击,勒索邮件手法不断更新,攻击手段更加先进、传播速度更加迅速;三是传统网络安全风险边界更加模糊,云计算、大数据、SDN、NFV(Network Functions Virtualization,即网络功能虚拟化)等新技术使用产生的网络安全风险也逐步纳入网络安全防御的工作范围,给证券公司的安全团队带来更大挑战;四是安全风险的跨域传播更加频繁,行业相关方的有争论行为(例如"大数据营销"产业对证券业客户的骚扰)、信息技术合作伙伴方的漏洞(如第三方交易软件接口漏洞)所引发的证券公司的安全风险更加不容忽视。

同时,随着行业的快速发展,证券公司信息系统的技术架构日趋复杂,资产范围不断扩大,以往安全管控的资产范围主要偏物理意义上的实体类主机资产,而现在其已涉及移动 App、H5 小程序、自带设备(Bring Your Own Device,简称 BYOD)、外部接口等。显然,随着资产规模越来越大、资产种类越来越多,证券公司面临安全管控的难度也越大。

18.2 证券公司实践案例

传统安全管控中心的局限

传统的安全管控中心是基于安全信息和事件管理(Security Information Event Management,简称 SIEM)系统打造的,然而,它在面对海量数据、各类孤立事件和指标场景下,对安全威胁和漏洞检测、发现能力方面愈来愈难以满足当前形势下的安全防范需要。以海通证券为例,随着公司信息系统的不断扩展,以及外部安全形势的变化,原有安全管控中心逐渐暴露出如下问题。

第一,缺乏安全攻防对抗的能力。随着近两年有关部门每年都组织网络安全实战演练,安全运营正由原来的被动检测逐渐演进为主动防御,而传统的安全管控中心以安全日志和事件的采集为基础,被动进行事件分析和响应,没有从威胁来源和攻击视角来分析问题。从黑客攻击杀伤链来看,检测点和响应措施严重不足。

第二,缺乏大数据处理能力。原有安全管控中心以关系型数据库为底层数据架构,处理能力相当有限,在当前海量数据、异构数据、多维数据的情况下,无法满采集、分析、处理、存储全过程的要求。

第三，缺乏安全智能分析的能力。原有安全管控中心以采集安全设备报警日志进行关联分析为主，只能识别已知并且已经描述的攻击，缺乏流量检测，难以识别复杂的攻击和未知的攻击；缺乏内外部威胁情报的导入，难以满足当前的类似于高级持续性威胁（Advanced Persistent Threat，简称 APT）类的攻防对抗环境。

第四，缺乏有效响应协作能力。缺乏响应协同的工具和流程，无法做到网关设备、终端检测与响应（Endpoint Detection and Response，简称 EDR）系统等的联动，以及与企业内外部资源共享威胁情报、协同处置安全威胁。

证券公司应对方案

为有效满足新形势下网络安全防护的需要，弥补网络安全运营工作当中面临的不足，海通证券在 2018 年年底开始参考 Gartner 自适应安全架构，从防御、检测、响应、预测四个维度，全面评估传统网络安全运营的不足，引入新一代安全管控中心，打造海通安全"大脑"，满足新形势下海量安全数据处理、快速安全检测、响应以及实战级别安全对抗演练等方面的网络安全要求。

该平台具体的建设思路可以概括为以下三点。

第一，引入智能分析技术，提升威胁检测能力。目前对各类威胁检测主要依赖传统安全设备，但是这些设备的各种局限性导致其无法满足证券公司新形势下的要求，因此需要引入新的威胁检测的技术手段，通过某种方式将各类安全孤岛的威胁检测能力予以整合优化，并引入新型的大数据、人工智能等技术，从全局、整体来实现威胁检测。

第二，改变安全运维模式，提升网络安全行为感知能力。传统安全运维以漏洞补丁为核心，日常工作以安全设备运维为主线，而新时代特点下的信息安全防护能力要求各机构逐步改变传统安全运维模式，令其逐渐向持续化的网络安全行为感知进化，以证券业务发展为基础、以证券安全威胁为核心、以安全威胁事件核查为线索、以攻防能力提升为关键、以持续优化为根本，跟进证券业务发展并提供细化分工的安全服务并持续提升。

第三，转变网络安全工作思路，提升安全对抗能力。传统证券安全工作主要的特点是"防""堵"，企业安全防护框架始终以防御者的角度来规划、设计、评估和改进。这种思路已经无法满足新时代信息安全防护的要求，需要各公司转换安全管理工作思路，站在攻击者的角度，站在"黑产""灰产"的角度来构建企业安全防护框架以及网络安全行为感知的能力，因此需要将安全对抗能力纳入自身信息安全防护能力建设的范畴之中。

海通证券的新一代安控中心

2019 年年初，海通证券开始以开源技术为基础框架，以智能分析技术为核心引擎，开展面向海量数据的新一代安全管控中心建设。该中心承载公司日常安全运营，支持各项网络安全的核心能力需要。

海通证券新一代安全管控中心框架自下而上分为三层，如图 18-1 所示。

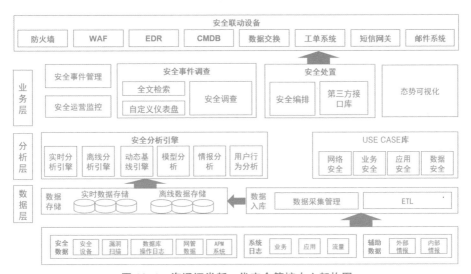

图 18-1　海通证券新一代安全管控中心架构图

数据层：具备多源异构数据的采集、处理、汇聚、存储、检索能力，并向上提供数据订阅接口。其中，数据采集来源主要为各种安全数据、系统日志及内外部情报信息等。

分析层：主要包含系统的各种分析引擎和知识沉淀，其中分析引擎包含实时分析引擎、离线分析引擎、动态基线引擎、模型分析、情报分析、用户行为分析、异常用户分析等多种分析方式。对网络安全进行了全方位的分析。

业务层：涵盖了安全态势展示、调查分析、智能搜索、安全威胁情报管理、安全态势大屏展示、安全事件处置、系统管理等功能，以及相关接口，能直观地展示出各种安全事件，并对其进行处置。

　　随着云计算、大数据、人工智能等技术平台的不断完善，安全管控中心的建设将重点着力在实现如下目标。一是逐渐覆盖全集团。安全管控中心未来将延伸、覆盖至集团各子公司的网络边界中，对子公司最易受到攻击的网络边界安全数据进行采集、预警并协同响应，子公司在面临安全威胁时，能够实现集团层面的联防联控、快速响应。二是实现行为感知。实现对可监控资产的全覆盖监控，并在防御、预警、检测、响应等各个环节中实现一二三线的技术协防。在此基础上，将威胁信息关联企业信息系统、业务场景上下文，通过大数据分析、风险画像、行为建模等手段，实现对安全风险行为的感知。三是将安全防御技术与业务相结合。通过安全管控中心提供的数据分析和模型输出，落地符合业务需要的安全预警场景，比如反欺诈、财务内控、供应链安全等。

　　新一代安全管控中心的建设将围绕以下三个方面重点展开。

　　第一，融合公司大数据处理能力。随着安全管控范围的扩大，海量的安全数据需要处理，传统的关系型数据库的处理能力已经难以满足新一代安全管控中心的需要，这种情况下，采用基于 Hadoop/Spark 大数据分布式计算框架成为主要手段。海通证券已经构建了企业级的大数据平台，为了避免重复建设，海通的安全运营平台采用和公司大数据平台一致的 Hadoop 开源大数据技术架构，在建设时充分利用现有的统一大数据平台资源，如公司大数据平台的 Kafka、Hbase、ElasticSearch、Spark Stream、Spark Mllib 等组件。其覆盖了安全管控中心必要的

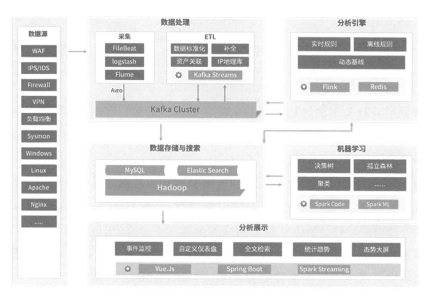

图 18-2　海通证券安全管控平台融合大数据处理能力

数据收集、存储、分析、展示等各个基础环节，既满足了自身对于多样化数据的快速处理需要，又复用了公司大数据平台提供的资源组件，实现了高度的扩展性和弹性。图18-2展示了安全管控中心如何融合公司的大数据处理能力。

第二，形成多源情报融合驱动。新一代安全管控中心的安全分析能够有效地落地，依赖于安全情报的时效性和质量，也需要将多源情报进行有效整合。如图18-3所示，安全管控中心将事件探针发现的预警事件与多源情报进行整合，能够快速定位风险点，并形成风险画像。同时利用热点情报进行提前的防御部署，也可降低外部入侵的风险。通过多源情报的整合，提升安全管控中心的分析效率。

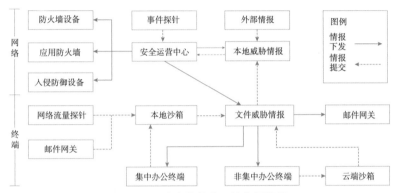

图18-3　安全管控中心的多源情报

新一代安全管控中采集海通内部纵深防御网络中的各类安全设备所产生的报警日志、主机类日志、通信网络安全日志、终端与用户行为日志等，覆盖预警、防护、监测、响应各个环节，同时能够集成资产配置库、漏洞管理、配置核查、身份管理等数据源，涵盖如图18-4所示的应用安全、系统安全、网络安全、业务安全、

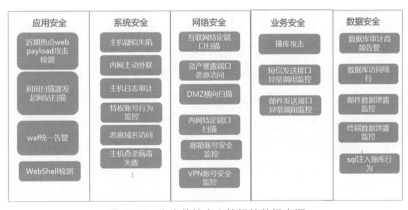

图18-4　安全管控中心情报的数据来源

数据安全各个安全环节，并引入外部威胁情报数据，进行主动的预警和防御。

第三，实现安全态势可视化。如图18-5所示，在安全态势信息的展示方面，海通证券的安全运营平台将交互式设计纳入态势大屏展示，让复杂、专业化的安全态势信息直观地展现在决策者面前，增加人与数据的互动性，在安全数据爆炸式增长的情况下，缩短决策者理解数据的时间，帮助其更好地利用数据分析安全态势、更敏锐地掌握企业安全环境。

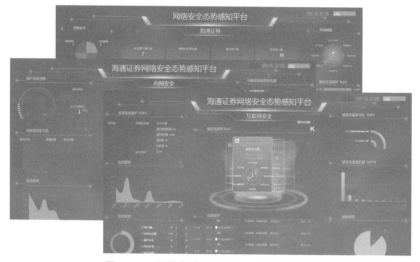

图18-5　网络安全态势感知的可视化界面

建设成效：实现三个维度的安控能力提升

随着平台的不断迭代开发，以及各类安全日志的采集、分析、安全编排与自动化响应（Security Orchestration Automation and Response，简称 SOAR）模式的建立，新一代安全管控中心在安全防御能力、风险识别能力、自动化响应处置能力等方面得到了不断提高，具体表现在以下三个方面。

第一，提升安全威胁数据的处理能力。通过全网安全要素信息（目标为全流量和全日志）的采集和统一存储，实现对各类安全场景的全面覆盖。将各类现有和在建的安全检测资源予以整合，解决安全数据碎片化问题，实现对安全数据的统一管理。打破孤立设备仅在特定领域发挥能效的限制，通过对各系统数据的按需调配来建立关联场景，还原整个攻击链，以支撑网络安全防御的分析、决策和策略的触发，提升安全防御的有效性。

第二，提升网络安全风险的识别能力。通过对安全威胁的实时感知，使防护工作从被动响应的模式转为主动发现的模式。通过引入多种基于人工智能的分析模型，加以融合，针对重点、难点安全场景识别异常访问，从而可以发现未知或难以检测的安全威胁，如图 18-6 所示。相比传统的安全防护模式，构建在大数据分析下的安全威胁检测，在全面性和有效性方面有了明显的提高。

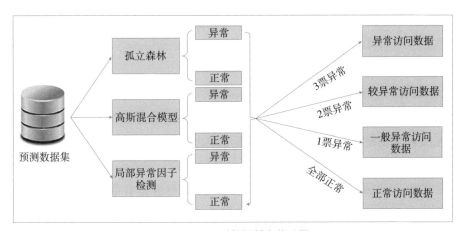

图 18-6　预测数据判定关系图

安全防护的工作贯穿于业务应用系统建设的始终，实现了威胁检测对业务系统的全覆盖，使得安全管理从传统模式逐步过渡到能够应对复杂安全威胁的新型模式，从而最终实现对企业内外部安全威胁行为的全面态势感知。

第三，提升对安全威胁的自动化响应和处置能力。随着网络安全攻防对抗的日趋激烈，网络安全策略中关于攻击检测与响应的部分越发重要。企业和组织要针对可能遭受的攻击构建集阻止、检测、响应和预防于一体的全新安全防护体系。

如图 18-7 所示，自动化响应处置过程分为三部分：静态处置、动态处置和审查动作。静态处置涵盖短信、微信、邮件三个处置原子，可随时通知处置状态；动态处置可配置安全策略进行阻断、监听或放行操作；审查动作可为事件创建工单监控事件进度。这三部分合作形成完整的自动化处置过程。首先，发现事件并根据安全策略推送动态处置流程；然后，创建工单并通过短信等手段通知到相应负责人进行处理；随后，可通过工单查看相关工作完成进度；最后，在处理完成后推送开放策略。

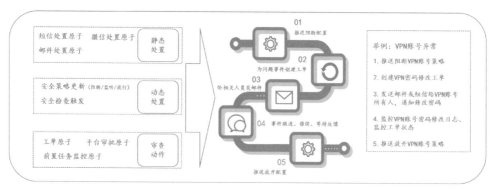

图 18-7　自动化响应处置过程

安全运营平台综合各类安全要素信息,构建海通证券智能安全大脑。一方面,通过汇聚各类安全要素信息,跨越时间、空间、技术的限制进行威胁深度检测。同时将智慧分析结果注入各类安全设备,通过与安全设备的联动,实现智能化、自动化的安全威胁检测与响应。另一方面,通过提升现有数据处理能力,有效发现可能与高级、持续的敏感信息泄露相关的网络异常事件与业务操作的全局轨迹,并且及时发现它们之间的联系,逐步实现覆盖安全监测、态势分析和风险感知的集中化监管模式。

随着新一代安全管控中心的启用和不断完善,海通证券实现了对所有安全设备日志、主干节点网络流量数据、多套数据库日志、应用系统试点数据的集中采集,日均数据容量近百GB,系统所支持的安全威胁过滤规则和异常监测算法模型已达近百个。

在安全事件处理方面,针对分散、难以统计的问题,实现了集中记录和统计分析;通过流程的制定与优化,事件处理效率得到明显提升,平均每个事件处理时间在30分钟内。目前该平台支撑了海通证券安全团队日常安全运营主要工作的开展。

该平台还承担了对海通证券互联网侧的安全监测,覆盖海通证券门户网站、网上交易、资管平台等重要业务系统的安全监测,确保公司各项业务在日益复杂的网络环境下能够安全可靠地运行与开展。通过对数据乃至业务安全状态和事态的感知与检测,使得公司信息泄露方面的风险得到有效控制,为提升海通证券网络安全防御能力、保障业务的可持续发展提供有力的支撑。

网络安全防御体系建设的未来展望

未来，海通证券将根据"网络安全建设体系化、网络安全对抗实战化、网络安全运营常态化"的指导方针，以"建立集团统一的信息安全威胁检测、态势感知、应急处置平台，形成统一的信息安全对抗团队，完善安全运营工具"为目标，持续完善网络安全防御体系。

1. 实现网络安全建设体系化

对标国际先进的 Gartner 适应性网络安全，需要分别从预测、检测、防护、响应、运营五个维度开展网络安全建设工作，形成公司网络安全领域能力建设图谱，用工程化的方法推进和落实。在集团内形成纵深立体的网络安全防护阵线，建立统一高效的网络安全风险报告机制、情报共享机制和研判处置机制，努力建设"全天候全方位感知网络安全态势"的能力，做到知己知彼，百战不殆。

2. 实现网络安全对抗实战化

网络安全的本质在于对抗，对抗的本质在于攻防两端能力较量。作为关键信息基础设施单位，证券公司网络安全工作需要继续贯彻以网络空间实战对抗为指导方向，加强人才引进培养和技术积累、重点提升攻防能力的建设，应对组织化攻击，应对云化挑战。通过组织实战化演练，标准化工作流程，提升协同联动和安全整体响应速度。在实战中加强对外交流，吸收先进技术，不断提升网络安全水平。

3. 实现网络安全运营常态化

网络安全工作具有很强的专业性，需要坚持对该领域进行常态化建设，通过完善网络安全制度流程，建设网络安全运营工具和支持平台，不断提升对网络安全风险的发现、响应、处置能力，做到"聪者听于无声，明者见于未形"，努力保持网络安全领域"天"以下的运营级别。

未来五年，国际百年未有之大变局将会加速演进，国内新旧动能转化和"双循环"发展新格局将逐步形成。从资本市场发展来看，直接融资比例将提升，注册制改革将深化，外资进入将加速，场外衍生品等创新业务将不断推出，市场监管将更加严格。作为资本市场的重要组成部分，证券公司的中介责任和价值将更加凸显。国内证券公司正在主动思考、积极谋划，推动价值理念从业务导向转为客户导向、管理模式从粗放型转向精细化、盈利模式从通道驱动转为专业化驱动的新一轮变革。在这一轮行业格局的变化中，科技与数据作为核心要素，将成为推动行业组织架构和业务模式创新的核心驱动力，行业的数字化发展也将呈现以下五大发展趋势。

1. 科技业务融合化。数字化转型的实质是核心业务和商业模式上的变化。目前证券行业的"融合业务"更多的是技术部门主动向业务部门前跨一步，以加强高效协同。但要进一步驱使业务的创新，催生新的服务模式，进而构筑新一轮的竞争优势，对于行业机构各业务条线来说，加强数字化转型职责落实，基于数字化思维重构业务流程、设计业务场景，将成为必然选择。

2. 数据要素资产化。企业发展中信息获取、资源整合、管理决策、组织服务等方面的问题，归根结底都在于数据的获取和应用问题。现在，数据作为新的生产要素已提升至国家战略高度。建立数据资产目录、完善数据标准、提升数据质量、加强数据价值挖掘，已成为金融机构实施数据驱动战略的主要突破点，而加强客户隐私保护、提升数据安全管理能力也将成为各服务机构的重要职责。

3. 信息系统智能化。数字化转型是为了实现生产力提升，对于大数据、人工智能等前沿技术的深入应用是达成这一目标的重要途径。从业务、运营到管理，金融机构全面智能化的步伐越来越快，具备在线思考力的系统平台建设很可能会成为未来工作的重点。另外，随着行业转型的深入，业内的竞争合作层次将上升到智能产品体系之间，目前行业内各头部机构已不满足于实现零碎、孤立的智能应用，而是试图构建体系化的智能金融服务能力。

4.科技发展生态化。随着转型的深入，行业愿景将被重塑，金融科技生态圈建设将成为共同努力的方向。一方面，各机构通过深化与同业、科技公司、科研机构等在科技发展、技术攻关、场景应用等方面的合作，推动全行业科技能力的发展。另一方面，通过与合作伙伴的生态合作，基于网络外部性快速扩大价值空间的能力也将在行业转型竞争中发挥着越来越重要的作用。

5.从严监管常态化。可以预计，针对金融科技发展过程中不可避免出现的新问题新情况，监管部门也会根据国情，加快数字化应用相关法律法规的制订与出台，为行业数字化转型工作提供规范和保障。另外，未来监管沙盒等手段的落地，将缓解创新应用与金融行业安全稳定需求的矛盾，进一步促进行业的健康发展。

未来，证券公司数字化转型要重点把握好以下几点：一是明确转型的目标定位，结合现阶段实际情况，把重点从业务数字化系统建设转向更好地支持公司高质量发展和改革转型。二是确保科技投入适度增长和数字化人才队伍进一步夯实，使之与未来几年数字化转型的核心任务相匹配。三是推动系统与数据双轮驱动。围绕前中后台业务板块，按照平台化战略，以数据为驱动，加大内外部数据的收集、整理、分析和应用能力，为前台营销、中台运营以及后台管理赋能，夯实转型的数字底座。四是坚持零售与机构客户并重发展，围绕零售业务转型，重点提升精准营销、客户服务、智能投顾等核心能力；围绕机构业务转型，重点提升交易撮合、托管服务、投研等核心能力，打造客户服务生态圈。五是加大科技与业务双向融合，推进跨部门需求的整合和产品设计。六是持续完善科技机制体制，重点推动人才招聘、考核评价、职业发展、科技奖励、创新研究、公司化运营等方面的制度完善和机制创新。七是深化开放证券的生态战略。以"开放、合作、生态、共赢、创新"为指引，通过服务接口构件化，以合规方式开放给生态合作伙伴；通过建立产学研联合创新机制，加大前沿和基础领域新技术的研究力度；通过"投资＋融资＋保荐"联动机制，为合作伙伴做大做强全面助力。

[1] 中国证券业协会.证券市场基础知识 [M].北京：中国金融出版社，2012.

[2] 陆雄文.大辞海：管理学卷（修订版）[M].上海：上海辞书出版社，2015.

[3] 高航，俞学劢，王毛路.区块链与新经济：数字货币 2.0 时代 [M].北京：电子工业出版社，2016.

[4] 汤任荣.海通创业往事 [M].上海：立信会计出版社，2018.

[5] 中国证券业协会.金融市场基础知识 [M].北京：中国财政经济出版社，2018.

[6] 中国证券业协会.创新与发展——中国证券业 2018 年论文集 [M].北京：中国财政经济出版社，2019.

[7] 李必信，廖力，王璐璐，等.软件架构理论与实践 [M].北京：机械工业出版社，2019.

[8] 中国证券业协会.创新与发展——中国证券业 2019 年论文集 [M].北京：中国财政经济出版社，2020.

[9] 何帆.变量：推演中国经济基本盘 [M].北京：中信出版集团，2020.

[10] 付晓岩.银行数字化转型 [M].北京：机械工业出版社，2020.

[11] 肖钢，等.中国智能金融发展报告 2019[M].北京：中国金融出版社，2020.

[12] 中国证券业协会.创新与发展——中国证券业 2020 年论文集 [M].北京：中国财政经济出版社，2021.

[13] 中国证券监督管理委员会.中国资本市场三十年 [M].北京：中国金融出版社，2021.

[14] 李德.中国金融改革开放四十年：下卷 [M].北京：中国金融出版社，2022.

[15] 中华人民共和国国家质量监督检验检疫总局，中国国家标准化管理委员会.GB/T 25486—2010 网络化制造技术术语 [S].北京：中国标准出版社，2011.

[16] 杨小薇，于江.从无到有 蹒跚上路 [J].IT 经理世界，2001（18）：29–39.

[17] NIHALANI N，SILAKARI S，MOTWANI M. Natural language interface for database：a brief review[J]. International Journal of Computer Science Issues，2011，8（2）：600–608.

[18] 王洪涛.证券业与大数据 [J].交易技术前沿，2013（4）：3–7.

[19] 毛宇星.新一代数据中心的规划与实践 [J].金融电子化，2016（2）：58–60.

[20] 李伟.金融科技发展与监管 [J].中国金融，2017（8）：14-16.

[21] 于鹏，刘绍晖，乐剑平.金融科技助力证券公司资讯服务智能化 [J].中国证券,2017(9)：46-53.

[22] 鲍清，王东，金宗敏，等.金融科技助力证券公司智慧运营转型研究 [J].中国证券，2018（11）：2-10.

[23] 刘铁斌.数字时代的资本市场发展和监管变革 [J].金融电子化，2019（2）：14-16.

[24] 王洪涛.金融科技助力智慧运营 [J].金融电子化，2019（2）：31-34.

[25] 黄成，李华，罗秋清，等.面向证券行业的智能运维模型及落地机制研究 [J].交易技术前沿，2019（1）：4-14.

[26] 周杰.把握机遇、回归本源、守住底线，更好服务实体经济 [J].中国证券，2019（3）：2-7.

[27] 毛宇星.推动大中台战略 加速数字化转型 [J].金融电子化，2019（6）：14-16.

[28] 杨松.冬虫夏草之技术路线图（一）[J].新金融世界，2019（7）：10-17.

[29] 罗秋清.科技助力服务提升——海通证券统一科技运维服务体系 [J].金融电子化，2019（8）：72-73.

[30] 韩维蜜.中国证券业信息化发展之路 [J].金融电子化，2019（10）：84-85.

[31] 姚前.区块链高质量发展与数据治理 [J].清华金融评论，2020（1）：88-90.

[32] 王洪涛，陆颂华，王朝阳.海通证券混合金融云平台 [J].金融电子化，2020（2）：69-70.

[33] 陆颂华，杨亚斌，乐剑平.SD-WAN 网络在证券行业的探索与实践 [J].交易技术前沿，2020（2）：38-40.

[34] 毛宇星.继往开来，砥砺奋进，努力开创证券公司科技发展新局面 [J].金融电子化，2021（6）：45-46.

[35] 林剑青，王施，等.金融资讯数据服务平台建设实践 [J].交易技术前沿，2021（3）：77-85.

[36] 应原,任荣,王东,等.基于大数据的智能化客户服务平台 [J].交易技术前沿,2020（3）：49-55.

[37] 罗秋清，魏安林，钱志强.安全与低碳并重 打造高质量数据中心 [J].金融电子化，2021（12）：32-33.

[38] 毛宇星.全面深化数字化转型 引领证券公司高质量发展 [J].中国金融电脑，2022（1）：26-28.

[39] 张楠.Gartner 陈勇释疑多模 IT[N].中国计算机报.2016-10-17（6）.

[40] 海通证券.海通证券股份有限公司 2020 年年度报告 [R].上海：海通证券股份有限公司，2021.

[41] 新浪证券.国联证券新一代极速交易系统（UST）刷新交易速度记录 [EB/OL].（2020-05-14）[2021-12-16].https://finance.sina.com.cn/stock/enterprise/hk/2020-05-14/doc-iircuyvi3065756.shtml.

[42] 波士顿咨询公司.2018 年 BCG 全球挑战者——数字化驱动：一日千里 [EB/OL].（2018-08-08）[2022-01-22]. https://web-assets.bcg.com/img-src/The-2018-BCG-Global-Challengers-Report_CHN_tcm9-198789.pdf.

[43] 罗荣亚，邵宇.证券业在金融科技转型中的发展思路 [EB/OL].（2020-06-24）[2021-11-01]. https://www.weiyangx.com/362695.html.

[44] 中国证券业协会.2019 年证券公司经营业绩排名情况 [EB/OL].（2020-07-10）[2022-01-22]. https://www.sac.net.cn/hysj/zqgsyjpm/202007/t20200710_143232.html.

[45] 券商中国.竞争加剧！又一券商发布极速交易平台，机构业务整合成行业大势所趋，这些券商也有布局 [EB/OL].券商中国微信公众号.（2020-10-22）[2021-12-16].

[46] 熵简科技.资管科技的明珠：智能投研 3.0 体系构建导论——价值、定义与方法论 [EB/OL].（2020-12-04）[2021-09-27].https://blog.csdn.net/shangjiankeji/article/details/110630840.

[47] 麦肯锡公司.全球资管行业数字化转型战略蓝图与实践 [EB/OL].（2020-12-28）[2021-12-10]. https://www.mckinsey.com.cn/《麦肯锡中国银行业 ceo 季刊》2020 年冬季刊-《全球 /.

[48] 段海波.信息化的东风 vs. 数字化的西风：压倒 or 融合？ [EB/OL].数字孪生体实验室微信公众号.（2021-03-26）[2021-11-2].

[49] 投资时报.布局"全业务链机构服务"新生态 东方证券如何打造机构合作行业顶流？｜券商 [EB/OL].（2021-04-26）[2021-12-17].http://k.sina.com.cn/article_3815062128_e3653a70019012uqw.html?sudaref=www.baidu.com&display=0&retcode=0.

[50] 中国证券业协会.2020 年证券公司经营业绩排名情况 [EB/OL].（2021-06-18）[2022-01-22]. https://www.sac.net.cn/hysj/zqgsyjpm/202106/t20210618_146750.html.

[51] 王和全.哪家券商数字化程度最高？答案就在上市券商的年报里 [EB/OL].（2021-07-12）[2021-11-09]. https://www.weiyangx.com/389715.html.